순간과 영원

질 들뢰즈의 시간론

SHUNKAN TO EIEN: GILLES DELEUZE NO JIKANRON
by Tatsuya Higaki

Copyright © 2010 by Tatsuya Higaki
First published 2010 by Iwanami Shoten, Publishers, Tokyo.
This Korean edition published 2021
by Greenbee Publishing CO., Seoul
by arrangement with the proprietor c/o Iwanami Shoten, Publishers, Tokyo
through Shinwon Agency Co., Seoul.

리좀총서 II·13

순간과 영원: 질 들뢰즈의 시간론

초판1쇄 펴냄 2021년 3월 5일

지은이 히가키 다쓰야
옮긴이 이규원
펴낸이 유재건
펴낸곳 그린비
주소 서울시 마포구 와우산로 180, 4층
대표전화 02-702-2717 | **팩스** 02-703-0272
홈페이지 www.greenbee.co.kr
원고투고 및 문의 editor@greenbee.co.kr

주간 임유진 | **편집** 홍민기, 신효섭, 구세주 | **디자인** 권희원 | **마케팅** 유하나
물류유통 유재영, 한동훈 | **경영관리** 유수진

學問思辨行 독자의 학문사변행을 돕는 든든한 책

그린비 철학, 예술, 고전, 인문교양 브랜드
엑스북스 책읽기, 글쓰기에 대한 거의 모든 것
곰세마리 책으로 통하는 세대공감, 가족이 함께 읽는 책

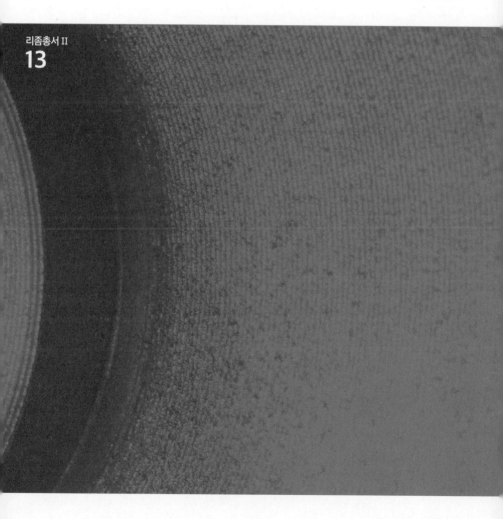

순간과 영원

질 들뢰즈의 시간론

히가키 다쓰야 지음
이규원 옮김

리좀총서 II
13

그린비

차례

순간과 영원

질 들뢰즈의 시간론

| 일러두기 |

들뢰즈 및 들뢰즈/가타리의 저작은 아래의 기호와 쪽수로 해당 부분을 표시하고 참조의
편의를 위해 번역본의 해당 쪽수를 병기했다[이 책에서는 한국어판 쪽수를 병기했다]. 번역
문에 관해서는 번역본을 참조했지만 저자가 변경한 경우도 있다.

B = Gilles Deleuze, *Le Bergsonisme*, PUF, 1966. (『ベルクソンの哲学』, 宇波彰 訳, 法政大学出版局, 1974;
『베르그송주의』, 김재인 옮김, 문학과지성사, 1996)

DR = Gilles Deleuze, *Différence et répétition*, PUF, 1968. (『差異と反復』全二冊, 財津理 訳, 河出書房
新社, 2007; 『차이와 반복』, 김상환 옮김, 민음사, 2004)

LS = Gilles Deleuze, *Logique du sens*, Minuit, 1969. (『意味の論理学』全二冊, 小泉義之 訳, 河出書房新
社, 2007; 『의미의 논리』, 이정우 옮김, 한길사, 1999)

CI = Gilles Deleuze, *Cinéma 1: L'Image-mouvement*, Minuit, 1983. (『シネマ1 運動イメージ』, 財津
理・齋藤範 訳, 法政大学出版局, 2008; 『시네마 I: 운동-이미지』, 유진상 옮김, 시각과언어, 2002)

CII = Gilles Deleuze, *Cinéma 2: L'Image-temps*, Minuit, 1985. (『シネマ2 時間イメージ』, 宇野邦一・
石原陽一郎・江澤健一郎・大原理志・岡村民夫 訳, 法政大学出版局, 2006; 『시네마 II: 시간-이미지』, 이
정하 옮김, 시각과언어, 2005)

PP = Gilles Deleuze, *Pourparlers: 1972-1990*, Minuit, 1990. (『記号と事件 ―1972-1990年の対話』,
宮林寛 訳, 河出書房新社, 2007; 『대담 1972~1990』, 김종호 옮김, 솔, 1993)

AŒ = Gilles Deleuze et Félix Guattari, *L'Anti-Œdipe*, Minuit, 1972. (『アンチ・オイディプス ―資
本主義と分裂症』全二冊, 宇野邦一 訳, 河出書房新社, 2006; 『안티 오이디푸스』, 김재인 옮김, 민음사,
2014)

MP = Gilles Deleuze et Félix Guattari, *Mille plateaux*, Minuit, 1980. (『千のプラトー ―資本主義と
分裂症』全三冊, 宇野邦一・小沢秋広・田中敏彦・豊崎光一・宮林寛・守中高明 訳, 河出書房新社, 2010;
『천 개의 고원』, 김재인 옮김, 새물결, 2001)

QP = Gilles Deleuze et Félix Guattari, *Qu'est-ce que la philosophie?*, Minuit, 1991. (『哲学とは何
か』, 財津理 訳, 河出書房新社, 1997; 『철학이란 무엇인가』, 이정임・윤정임 옮김, 현대미학사, 1995)

서장 · 들뢰즈의 시간론이란 무엇인가

들어가며

질 들뢰즈Gilles Deleuze(1925~1995)라는 철학자는 20세기 후반에 생生의 철학에 의거한, 생성에 관한 새로운 형이상학을 창출했다. '철학의 죽음'이 요란하게 울려 퍼지고 '형이상학의 해체'가 소리 높여 논의된 이 시대에, 들뢰즈는 그러한 언명에 거의 가담하지 않았다. 물론 시대의 총아이기도 했던 그는 펠릭스 가타리Félix Guattari(1930~1992)와 공동으로 작업한 1970년대에 반-철학적인 스타일의 저술을 세상에 내놓았고, 포스트모던 사상가의 한 축이라 평가받기도 한다(자각적으로 그렇게 행동한 부분은 분명 있다). 하지만 만년에 『철학이란 무엇인가?』(1991, 가타리와의 공저)라는 저작을 출판한데서도 알 수 있듯이, 그에게 철학은 언제든 죽은 것이 아니었다. 그것은 '계속해서 생성하는' 것이며, 오히려 철학적 사유야말로 모든 의미에서 시대의 '새로움'을 보여 줄 수 있는 것이다. 후기자본주의의 물결 속에서 들뢰즈는 그 시대성을 분석하면서도 철저하게 긍정적으로 철학을 이야기해 왔다.

본서는 이러한 들뢰즈의 논의를 '시간론'이라는 방향에서 독해할 것이다. 들뢰즈가 한편으로는 자신의 '철학'의 핵심을 시간이라는 방향으로 설정한 듯 보이기 때문이다. 그런 의미에서 들뢰즈의 사유는 20세기의 다양한 시간론과 현상학을 하나의 유형으로 삼고, 또한 분석철학 및 과학철학적 생물철학과 연관된 시간론적 존재론과도 결부되는 측면이 있다. 들뢰즈의 철학은 바로 20세기의 철학이 가능케 한 존재론의 계보에, 물론 상호적인 비판과 함께 위치지어질 가능성을 지니고 있다.

그러나 동시에 들뢰즈의 시간론은 완전히 독자적인 철학사적 문맥을 갖추고 있다고도 생각된다. 그것은 '시간과 자기自己'라는 도식을 강력하게 제시해 온 현대사상의 문맥을 비자기적인 '자연'의 방향으로 펼치는 것이다. 따라서 거기서는 '공간'에 관한 독특한 사유가 논의의 중심에 놓이게 된다. 자연의 '공간성'을 강조하고 자기의 위상 자체를 '분산'시키는 데서 들뢰즈 고유의 강도=내포를 둘러싼 사유가 가능해진다고 할 수 있다.

바로크적인 시간론으로서의 '자연의 시간'을 논의하는 이러한 방향을, 여기서는 니시다 기타로西田幾多郎 및 벤야민Walter Benjamin과 연결시켜 전개하려고 한다. 벤야민, 나아가 레비스트로스Claude Lévi-Strauss와의 관련성은 추후 시간론의 관점에서 역사철학이나 자본주의적인 시간을 사유할 때 근간을 이루는 주제가 될 것이다.

이 점들에 관해 미리 약간의 정리를 해두자.

들뢰즈 사유의 많은 부분은 '생의 철학'으로 특징지어지는 앙리 베르그송Henri Bergson(1859~1941)의 논의를 계승한다. 들뢰즈의 저작을 채색하는 개념들 ─ '잠재성', '다의성', '차이' 그리고 '이질성' ─ 은, 물론 다른 여러 가지 논의의 맥락도 상정해야 하지만, 기본적으로 베르그송의 개념을 새로 파악한 것이다. 그렇지만 베르그송은 어디까지나 '시간'과 '생명'의 철학자였다. '지속'을 논의함으로써 심적인 것의 실재 및 그 신체와의 관계, 때로는 생명적 진화의 문제를 테마화한 베르그송은 시간적인 사상事象에 자기와 세계의 존재 원리를 설정하고 있었다. 이는 '생성'이라는 키워드가 들뢰즈에게 계승된다는 점, 그리고 생명의 생성이라는 테마가 들뢰즈의 철학에서도 하나의 기본축이었다는 점에서도 물론 짐작할 수 있다. 발생론적 자연철학이라는 측면을 들뢰즈는 늘 베르그송에게서 이어받고 있다.

그러나 들뢰즈는 이러한 자연적 발생이라는 존재 방식을 파고들기 위해 오히려 '시간'에 대해 '공간'이라는 사상을 마찬가지로 중요한 것으로 채택했다. 그것은 꼭 기하학화된 데 불과한 공간인 것은 아니다. 오히려 시간적인 생이 갖춘 '물질성', 혹은 거기서 발견되는 '생'에 대한 '죽음'이라는 방향성이, '공간'을 받드는 논의와 깊이 관련되어 있다(들뢰즈가 베르그송의 유심론에 대해 자신의 유물론성을 강조하는 문맥을 고려할 필요가 있다). 또한 들뢰즈는 이러한 '공간성'의 사유를 도입함으로써 베르그송의 형이상학에 함의되어 있는 시스템성을 더욱 광범위하게 펼치려고 한다. 이를테면 베르그송을 한편으로는 비판하고 다른 한편으로는 계승하면서, 우주론적이라고도 할 수 있는 자연론철학으로, 그리고 그것을 전제로 한 인류사적 전개로 사유를 자아낸다. 베르그송이 기술하는 생=시간이라는 계기契機의 논의만으로는 그가 본질적으로 간파하려 한 생성의 시스템에 다다르지 못한다는 논지가 거기에 담겨 있는 것이다.

왜인가. '공간'이란 이를테면 '죽은' 시간의 장면이다. 들뢰즈가 도입하는 시간론의 근간에 위치한 '세 번째 시간'이 '타나토스적'인 것이라 형용되듯이, 거기에는 시간적인 흐름의 극한이 그 정지에 이르는 사태가 포함된다. 이 논의에서는 영원의 정지가 어디선가 시간 그 자체에 들어가 있다. 하지만 동시에 정지에 의해 드러나는 물질성의 계기를 지니지 않는 한, 개체로서 현재에 존재하는 무언가가 영원의 시간 속에서 자기 전개하는 생성은 논의될 수 없다.

이는 들뢰즈뿐만 아니라 마찬가지로 베르그송의 생의 철학을 계승한 니시다 기타로(1870~1945)도 명확히 지적한다(니시다와 들뢰즈의 연관성은 뒤에서 기술할 철학의 바로크라는 큰 흐름을 생각할 때에도 중요하다). 니시다가 중기 이후의 사색에서 연속적으로 흐르는 시간을 절단하는 계기인 '공간성'을 중시하고 나아가 그러한 절단을 '죽음'이라는 사태와 결부시킨 것을, 이러한 사유를 전개하는 데 고려할 필요가 있다. 흐름만으로는 생성하는 개체를 논의할 수 없으며, 그것을 끌어내기 위해서는 흐름의 극한인 공간성을 죽음=영원성이라는 형태로, 그러나 그 흐름 속에서 포착해야 한다. 영원성이라는 시간의 반영을 통해, 무한에 가까운 시간의 흐름을 가진 자연의 다층성이라는 테마도 큰 의의를 갖고 떠오를 것이다. 그것은 자기의 시간이 아니라 자연의 시간을 가리키는 것이다.

순간과 영원

이러한 '시간'에 대한 '공간'의 계기는 반복하는데, 물론 단순히 기하학적으로 균질하게 포착되는 것은 아니다. 그것은 오히려 '공간'의 존재 방식을 다차원적인 구조로 변용시켜 시간론 속에 편입시키도록 그려져야 한다.

들뢰즈 자신이 이를 분명히 기술하는 것은 '크로노스'(현재적인 시간)와 '아이온'(영원의 시간)을 둘러싸고 다양하게 논의할 때, 혹은 후기작 『시네마』(1983~1985)에서 '시간-이미지'를 중심으로 영상을 논의할 때다. 크로노스와 아이온을 논의하는 『의미의 논리』(1969)에서는 시간이 '현실화'하는 데 반하는 '반-효과화'의 작용이, 즉 '현재'가 완전히는 실현되지 않는 (영원이라는 부재의) 시간이라는 것이 '잠재성'이라는 존재 영역의 문제와 함께 그려진다. 『시네마』의 문맥에서는 이러한 순간과 영원의 교차가 '결정체'와 '층'의 이미지로서, '현재' 속에서 보아낼 수 있는 '거울'의 무한반사로서 포착된다. 이는 '지금'에 '영원'이라는 계기가 편입된 것이다. 시간은 단지 영원이라는 형태로 공간화되는 것이 아니다. 오히려 현재라는 살아 있는 시간에서, 그것을 떠받치는 영원한 자연의 시간이 현재와는 다른 차원에 포함되는 것으로 제시되는 것이다. 거기서는 '순간'과 '영원'이 서로 어긋나면서 뒤얽혀 있다.

이 두 가지 시간의 존재 방식은 시간적이라기보다도 시공간적이라 해야 할 것이다.

'순간'이란 그 자체로서도 공간적인 '점'이다. 흘러가는 지속이 연속체인 데 대해 그 극한적인 한 계기를 보여 주는 것이다. 그리고 '영원'이란 점이 극단적으로 좁혀진 시공의 한 면이라고 할 때 그 뒷면이라고도 할 수 있다. '영원'에는 흐름의 극한으로서 무한이라는 사태가 관여하기 때문이다. 이러한 흐름의 무한에 관해 들뢰즈는 '세 번째 시간'의 논의에서 '직선'이라는 표현을 이용하는데, 그것은 무한히 늘어나는 선으로서, 결코 원환을 형성하지 않는 '영원회귀'='절대적인 차이'의 '반복'이라고 기술되기도 한다. '원환'인 시간은 항상 '순간'인 현재로 회귀하는 것에 불과하다(들뢰즈에 따르면 그것은 '동일성'을 확보하는 것일 뿐이다). 그러나 직선의 '영원회귀'는 무한한 영원으로서 '절대적인 차이'를 이끌고 늘 새로이 반복되는 현재를 재개시킨다.

이러한 공간으로서의 시간을 상정할 때, 순간이 갖는 다중적인 이미지가 전면에 드러난다. 순간은 그 자체가 수직적인 방향에서 영원과 겹치는 시간의 끝을 잠재적으로 포함한다. 혹은 그것을 순간인 자신의 반복 속에 겸비한다. 무한의 사상事象을 포함하므로 순간이 획득하는 깊이는 그 자체로 현실화되기를 거부하는 차원으로서 나타난다. 그것은 알이며 배아다. 혹은 들뢰즈 후기의 용어인 '매끄러운 공간'과 결부된 세계의 역동성의 '장소'인 것이다.

그러한 시간의 존재 방식을 가장 잘 보여 주는 것은 바로크적인 시간의식이라고 생각된다. 이와 같은 논의를 들뢰즈와 가까운 시대에서 찾아보면 니시다 기타로가 기술한 '영원의 지금', 또는 발터 벤야민(1892~1940)이 논의한 '정지 상태의 변증법'이나 역사의 '수축' 등이 곧바로 떠오른다. 이것들은 들뢰즈의 논의와 깊이 연관되어 있다고 생각된다. 들뢰즈 시간론의 대략적인 특징을 보여 주므로 이 장에서 약간의 해명을 시도할 것이다.

그리고 이어서 검토해야 할 것은 이처럼 '영원의 지금'이라 이야기할 수 있는 사태에서 시간으로서의 자기를 강조하는 20세기적인 문맥이 비판되고, 단순한 자기의 경험에서는 파악 불가능한 영원의 자연이 시간론 자체 속에서 전개된다는 것이다. 이는 영원과 그 현전에 조금이라도 관여하는 새로운 자연철학을 그려내기 위한 중요한 포석이 될 것이다. 또한 전기의 들뢰즈 철학에서 강조되는 '선험적 경험론'을 해명하기 위해 시간에 대한 이러한 경험 가능성과 경험 불가능한 자연=영원이 이루는 이중성의 구조도 상세히 논의되어야 한다. 이에 관해서는 이 장의 마지막 부분에서 정리할 것이다.

다른 방향에서도 검토해야 한다. 지금까지 기술한 것은 베르그송적 '흐름'으로서의 시간=지속이라는 사유에 대한 내재적인 전개였다. 하지만 동시에, 시간을 생각할 때는 20세기적인 다양한 발상에 대해 들뢰즈 고유의 위치를 규정할 필요도 있다. 들뢰즈의 논의는 맥타가트John M. E. McTaggart(1866~1925)로 대표되듯 퍼즐 같은 시간을 사고하는 분석철학계의 발상과는 다른 위치에서 시간관을 제시한다. 또한 현전이라는 사태를 중심에 두고 거기서 의식이라는 장면을 보아내는 현상학과도 다른 시간 개념을 제출한다.

'순간'과 '영원'이라는 두 영역을 중첩시키는 이 논의가 20세기의 다양한 시간론 사이에서 어떠한 특징을 갖춘 것으로 제시되는지, 먼저 그것부터 서술하기로 한다.

들뢰즈의 시간 개념은 베르그송이 논의한 '지속'(연속적인 흐름으로서의 시간)에 대해 '공간' 개념의 본질성을 강조하고 공간적인 강도=내포의 논의를 시간의 구성요건으로 보아내는 것이다. 그것은 순간에 포함되는 영원의 시간으로서 그려진다. 따라서 공간적인 순서관계를 '점'으로서의 순간 속에 새겨 넣는 논의를 함의하기도 한다. 즉 거기서는 일종의 '현재'주의를 배제한 '무한'한 시간의 설정이 현재를 중심으로 하는 시간의 성립과 공존하며, 그것이 현재라는 '살아 있는' 위상에 중첩되는 것이 드러난다. 이에 따라 '영원의 현재'라 할 수 있는 현재화될 수 없는 무한과 순간이 중층화된 시간론의 구도가 자연철학적인 범형으로서 나타난다. 이것이 지금까지 정리한 들뢰즈 시간론의 대략적인 개요다.

그렇다면 이는 현대적인 시간론에서 어떠한 위치를 점하는가. 두 가지의 주요한 논의를 매우 개괄적이기는 하지만 이와 대비시켜 생각해 보자.

하나는 존 맥타가트의 주장을 검토하는 분석철학계의 논의다. 그리고 다른 하나는 현상학적인 '살아 있는 현재'에 관한 논의다.

맥타가트의 주장을 검토하는 시간론의 계보는 영미계(분석철학)의 사유에서 중요하게 받아들여진다.[1] 이는 시간을 과거·현재·

---

1) 여기서는 中山康雄, 『時間論の構築』, 勁草書房, 2003 및 入不二基義, 『時間は実在するか』, 講談社(講談社現代新書), 2002 등을 참고했다.

미래라는 양상으로서 기술하는 'A 계열'과, 전후관계의 불변의 순서성을 기술하는 'B 계열'로 구분하여 논하는 것이다. 'A 계열'에서 사건의 시간은 변화하며, 변화를 경험하는 주체는 그것을 다른 관점에서 파악할 수 있다(이에 관해 나카야마 야스오中山康雄는 사건의 A 계열이 "변화 체험의 구조와 일치한다"고 했다). 'B 계열'에 관해서는 세계가 성립했을 때부터 결정되어 있으므로 시간의 상호 관계는 변화하지 않는다(이를 나카야마는 "변화의 체험을 보증하지 않는 정적인 기술"이라고 묘사했다).[2] 거기서는 사건이 시간의 양상을 잇달아 변화시키며, 변화해 가는 것이 문제가 되는 시간을 포착하는 방식과 그 자체는 결코 변화하지 않는 시간의 계열이 발견되는데, 그 양쪽의 계열이 시간을 이야기하는 축이 되는 것이다.

이때 시간 경험에서 기본적인 것은 'A 계열'이다. 그러나 'A 계열'은 그 자체로 과거·현재·미래라는 상호 배제적인 세 가지 양상을 포함하는 것으로서 사건을 파악하기 때문에 일종의 자기모순에 빠지게 된다. 그러므로 시간은 실재하지 않는다는 것이 맥타가트적 논의의 골자다. 이러한 귀결의 '기묘함'을 둘러싸고 다양한 논의가 전개되어 왔다.

분석철학계의 검토에서 빠질 수 없는 그러한 자세한 내용과는 상관없을지라도 이 논의에는 분명 시간에 관한 매우 귀중한 지적이 함의되어 있다고 생각된다. 언제나 시간은 그것을 경험하는 주체와

---

2) 中山康雄, 『時間論の構築』, 84頁.

그것이 보는 관점에 의거하지 않을 수 없지만(그러므로 시간은 항상 '지금'인데, 이 '지금'은 연속적인 변화로서만 파악될 수 있다), 동시에 시간의 흐름을 '말하기' 위해서는 그 자체는 흐르지 않는 시간계열이 그것을 경험하는 주체의 위상과는 관계없이 존재한다고 생각할 수밖에 없다(나카야마는 "A 변화[A 계열의 변화]는 세계 속의 시점에서 그려지고, B 변화[B 계열의 변화]는 세계 밖에서 그려진다"고 기술했다).[3] 이 두 시점의 교차와, 하지만 거기서 'A 변화'가 양립 불가능한 것을 실제로는 양립시켜 버리는 데 관한 해석이 논의의 열쇠가 된다.

거기서 밝혀내야 할 것은 결국 'A 계열'과 'B 계열'이라는, 시간에 대한 두 가지 표현 방식이 애초에 왜 가능하냐는 것일 테다.

이러한 논의를 곧바로 베르그송과 들뢰즈의 관점에서(분석철학의 입장에서는 결코 바라지 않으리라는 것을 염두에 두지 않고) 전개해 보자.

물론 베르그송과 들뢰즈에 기초하여 이러한 영미계의 사유를 검토한다면, (베르그송의 아인슈타인론에서 볼 수 있듯이[4]) 시간을 담론화·논리화하는 것과 시간의 경험과의 연관이 무엇보다 문제시될 것이다. 그때 맥타가트처럼 시간에 관한 견해의 논리화와 그 모순에 따른 사태의 처리를 처음부터 전제로 하는, 흐름의 '현재화'에 얽힌 문제가 첨예해질 것이다. 맥타가트가 추구하는 시간 개념과 그 모순

---

3) *Ibid.*

4) 물론 여기서는 베르그송의 『지속과 동시성』(*Durée et simultanéité*, 1922)을 염두에 두고 있다. 베르그송에게 아인슈타인의 논의는 전부 허구적인 시간의 처리이며, 현재화된 위상 이외에는 문제가 되지 않는다.

은 시간을 철저히 '현재'로 취급한 뒤에나 드러나는 것으로, 극히 한 정적인 논의라 여겨진다. 차라리 현재화를 떠받치지만 현재화되지는 않는, 담론화를 피하는 시간성이 고려되어야 할 것이다. 베르그송이라면 이 시간을 잠재적인 기억=과거라 기술할 것이다(그러한 입장에서는 맥타가트가 이야기하는 것 전부가 현실화된 현재에서의 관념적 구성물일 수밖에 없다). 그리고 동시에 시간의 문제란 이러한 잠재적인 기억이 현재화될 수 없는데도 어떻게 현실적인 위상과 관련되고 시간의 경험을 만들어내는지를 생각하는 데 있을 것이다.[5]

그러나 실제로는 베르그송에게서도 잠재적인 시간과 현실화된 시간이라는 시간의 이중성이 맥타가트와는 다른 형태이기는 하지만 그 모습을 드러내고 있다. 즉 한편으로 시간은 현재라는 흐름의 끝에 있는 '경험하는 지금'의 위상에 항상 의거할 수밖에 없지만, 다른 한편으로 이러한 시간의 흐름은 베르그송의 발상에서도 잠재적인(비현재적이고 비경험적인) 위상과 겹쳐져야만 파악할 수 있는 것이다. 그리고 그때 시간의 잠재성은 역시 독자적인 질서를 지니고 그에 따

---

5) 엘리 듀링(Elie During) 등에 의한 최근의 시도는 베르그송과 화이트헤드의 관련성을 찾고 영미철학과 과학철학까지 고려하면서 시공간에 관한 들뢰즈적 논의의 가능성을 탐색하는 것이다(「持續と同時性—ホワイトヘッドとベルクソンにおける時間的パースペクティヴと相対論的時間」, 森元斎·檜垣立哉 訳, 『思想』第1028号, 2009年 12月; Elie During, "Durations and Simultaneities: Temporal Perspectives and Relativistic Time in Whitehead and Bergson", in dir. Michel Weber, *Handbook of Whiteheadian Process Thought*, vol. 2, Ontos, 2008 등을 참조할 것). 듀링은 과학철학계의 연구(아인슈타인, 푸앵카레, 화이트헤드를 둘러싼 논고 및 베르그송 『지속과 동시성』의 PUF 교정판 등)와 미학영상적인 논의(Elie During, *Faux raccords: La coexistence des images*, Actes Sud, 2010)를 함께 구사하면서 들뢰즈 이후 사유의 장을 적극적으로 탐구하고 있어 주목할 만하다.

라 생성을 혹은 새로운 것의 발생을 가능케 한다.

베르그송에게도 지속을 살아가는 주체란 변화를 경험하는 주체다. 그러므로 주체며 현재라는 것은 시간의 흐름을 살아가는 것과 다름없다. 그것은 시간적인 관점이 변화하는 것을 경험하고 짊어지는 주체, 즉 안쪽에서 시간을 살아가는 주체다. 이는 'A 계열'의 시간 해석과 겹친다.

하지만 동시에 주체가 그렇게 시간을 살아가는 이상, 시간 그 자체는 이러한 시점視點의 바깥쪽에 존재할 것이기도 하다. 그것은 어떤 의미에서 변화를 떠받치는 변화하지 않는 것, 그로 인해 변화가 가능해지는 시간의 흐름 그 자체다. 이는 'B 계열'로서의 시간에 해당한다.

이 후자의 시간에 관해 베르그송은 기억의 잠재성이라는 방식으로만 제시했다. 그러나 베르그송이 기억을 과거의 모든 것이 유지되는 것이라 생각하고 또한 기억 자체에 관해서도 경험할 수 없었던 것의 기억으로서 절대적 과거라는 논의를 전개한 데서 오히려 'B 계열'에 가까운 내용을 읽어낼 수도 있다.

들뢰즈는 이러한 베르그송의 사유를 비판적으로 다루면서 더욱 명확하게 이러한 '외부의 시간'을 강조한다. 그것은 들뢰즈가 '세 번째 시간'으로서 이야기하는 시점 없는 부감俯瞰으로서의 시간계열(직선적 순서로서의 시간)이며, 이것이 칸트적인 틀을 이용하면서 베르그송적인 기억을 떠받치는 '이념'idée의 구조와 중첩되어 간다.

거기서 들뢰즈의 논의는 맥타가트의 'B 계열'적인 시간과 더욱 유사한 측면을 갖는다. 들뢰즈가 논의하는 것은 무한적인(직선적인) 서수ordinal의 시간이다. 그 자체는 절대적인 순서관계에 놓인 직선이며, 정점定點 없는 부감이, 시간을 살아가는 시점 같은 현재의 시간='첫 번째 시간'과 대비적으로 배치되어 논의된다.

즉 들뢰즈의 논의에서는 두 가지 위상, 바로 경험 가능한 시간으로서의 현재(관점의 현재, 살아 있는 현재=첫 번째 시간)와 경험 불가능한 한에서 선험성으로서 이야기되는 직선의 시간(순서의 시간이며 따라서 무한의 부감이기도 한 세 번째 시간)이 '두 번째 시간'(베르그송이 논의하는 기억=과거의 잠재성의 시간)을 매개로 하여 역설적으로 연관되어 있음을 알 수 있다.

들뢰즈는 잠재성의 형식적 극한을 채용하기 때문에 세계질서로서의 시간은 살 수 없는 외부에서 본 시간이며 그 부감이 시간의 성립에 불가결한 것이 된다. 다만 외부의 시간은 물론 주체의 시간에 포함되지 않는다. 거기서 주체를 이야기하면 '주체'가 '탈주체'화된 영역, 즉 시간이 '탈구'된 위상을 논의할 수밖에 없다. 하지만 그러한 절대적인 순서성을 띠는 부감이 조직되기 때문에 주체가 살아 있는 시간도 가능해졌다는 것이 어디까지나 역설적으로 제시된다.

맥타가트의 논의에 관해 이러한 관점에서 기술한다면 이렇게 될 것이다. 'B 계열' 시간의 '순서성'을 이야기하는 한, 시간을 부감적으로 보아내는 관찰자를 상정하겠지만, 그때 그것은 단순한 논리적 구성물로서만 파악된다(물론 'A 계열'도 시간적인 경험주체의 관점을 필요로 하겠지만 거기서도 'A 계열' 양상의 모순이 물어지듯이 실제 사유는 논리적 구성물의 수준에서만 전개된다). 오히려 여기서는 현재의 관점에 의거하지 않지만 시간의 존재를 가능케 하는 시간을, 현재

를 살아가는 것과는 다른 방식으로 살아 버리는 장면을 상정해야 할
것이다.

들뢰즈가 '선험적 경험론'이라는 그 자체로 모순된 표현을 이용
하여 시간을 살아가는 것의 관점성과 거기에 무한 부감이 철저히 조
직되는 것을 어긋남을 초래하면서까지 그려낼 수 있는 것은 현재성/
잠재성이라는 위상을 역설적으로 관련지었기 때문이다. 이를 위해
서는 현재에 있으면서 현재라고는 할 수 없는 다른 종류의 시간경험
이 필요해진다. 들뢰즈가 논의하는 시간은 그런 의미에서 니시다 기
타로가 말하는 '영원의 지금'처럼 무한직선의 강도=내포성을 지닌
'공간'이 그 자체의 부감이라는 존재 방식을 함축하고 현재라는 위
상에 얽혀 들어가는 사정을 그려낸 점에서 특징지어질 것이다. 'B 계
열'은 경험되지 않는 방식으로 살아지는 것이다.

들뢰즈 시간론의 정위 II

이제 현상학과 그 시간론에 대한 들뢰즈의 위치를 생각해 보자.

『차이와 반복』(1968)의 시간론이 '수동적 종합'이라는 표현을
많이 쓰는 것, 그리고 그 논의가 일종의 발생론적인 도식을 따르는
경향이 있는 것으로부터도 알 수 있듯이, 초기 들뢰즈의 논의에는 현
상학적인 문제설정의 영향이 강하게 나타난다. 그렇지만 중요한 것
은 들뢰즈가 '첫 번째 시간', '두 번째 시간', '세 번째 시간'이라며 깊
이 검토해 갈 때, 이른바 현상학적인 '살아 있는 현재'는 첫 번째 단
계인 '첫 번째 시간'과 거기서의 '습관화' 및 '능동적 종합'의 주제 계

얼로 세한되고, '두 번째 시간'(기억의 시간) 및 '세 번째 시간'(선험적인 시간)은 현상학적인 시간론에서 일탈해 간다는 것이다. 이는 무엇을 의미하는가.

후설Husserl적 '살아 있는 현재'에 대한 비판에는 여러 가지가 있다. 대표적인 것으로 그러한 '살아 있는 현재'를 성립시키는 시간의 자기촉발적인 구조를 '현전'의 형이상학의 산물로 기술하고 거기에 이미 '공간=간격'espacement의 개념이 포함되어 있다고 지적하는 자크 데리다Jacques Derrida(1930~2004)가 있다. 들뢰즈가 '살아 있는 시간'을 '첫 번째 시간'으로 설정하고 거기에 포괄되지 않는 현재화 불가능한 시간을 '세 번째 시간'으로 보아내는 논의는 '공간성'과의 관련이라는 측면에서도 데리다가 직접적인 촉발의 불가능성을 기술한 사태와 중첩된다. 들뢰즈처럼 살아 있는 시간에 '영원'의 시간을 끼워 넣는 것은 '살아 있는 현재'에 가능해지는 주체의 존재 방식을 그 불가능한 외부로 몰아붙이는 것이기도 하기 때문이다.

그러나 들뢰즈의 논의는 현상학이 '현전'에 의거하거나, 데리다처럼 그 불가능성을 논의하고 공간적인 간극에 에크리튀르와 타자로서의 '차이'를 끼워 넣는 것과는 다르다. 오히려 이와는 반대 방향의 벡터를 이룬다고도 할 수 있다.

분명 데리다와 들뢰즈는 니체와 아르토Antonin Artaud에 관해 이야기하는 등 논의하는 주제도 공통되는 부분이 있다. 하지만 데리다에게는 무한을 실재하는 강도=내포적인 공간성에 따라 파악하는 관점이 처음부터 결여되어 있다. 여기에는 데리다가 무한에 관해 이미 언어의 단계에서 전개된 외연적인 무한만을 논의하는 것과 깊은 관계가 있다고 생각된다.[6] 그래서 데리다는 자연의 산출력이 지닌 내포적 무한을 실재로서 파악할 수 없을 것이다.

반면 내포적인 무한이 중요한 것은 무엇보다도 그것이 실재이기 때문이다. 현전이 아닌 실재의 영역을 나타내기 때문이다. 그것은 앞서 기술한 시간의 무한한 전후관계에 대한 부감이라는 존재 방식으로 제시되기도 한다(들뢰즈에게 시간의 서수적인 무한은 맥타가트가 말하는 논리적 구성물이 아니다). 시간을 무한히 부감하는 것, 거기서 무한한 과거와 무한한 미래를 순서성이나 직선성으로써 보아낼 수 있는 것은 '살아 있는 현재'에는 도저히 들어맞지 않지만, 동시에 살아 있는 현재의 관점성이 그것과의 역설적 관계를 통해 가능해지는 사태다. '영원＝아이온'으로서의 선험성이 '살아 있는 현재'와 주체의 현전적인 통일성을 해체시키면서도 시간 경험의 리얼함을 가능하게 만든다.

이러한 선험적인 장은 바로 잠재성의 영역의 극한이며, 베르그송이 과거의 시간으로 채택한 기억의 위상('두 번째 시간')을 더욱 뛰어넘어 그 절대적인 외부성을 향하게 하는 것이지만, 현상학과 대비시킬 때 고려해야 할 점은 그러한 잠재성의 시간의 극한적 형식('세 번째 시간')이 살아 있는 현재('첫 번째 시간'에 해당하는 것)를 '기초짓

---

6) 들뢰즈와 데리다의 논의의 대비에 관해서는 매우 불충분한 방식으로나마 아래의 졸고에서 다룬 적이 있다. 「『差異』の差異—デリダとドゥルーズ」, 日本現象学会 編, 『現象学年報』第18号, 2002. 데리다의 『목소리와 현상』(La Voix et le Phénomène)에서 제시되는 무한에 관한 논의는 언어적으로 개별화된 사태가 무한히 반복된 동일성이라는 것의 불가능성을 논하는 데 불과하다고 생각된다.

지' 않고 살아 있는 현재에 대해 '근원'Ur으로서의 수동적 종합으로서 기능하지도 않는다는 것이다.[7] 오히려 그것은 '살아 있는 현재'의 경험적 시간에 대해 역설적 관계를 나타냄으로써 그 관계성을 이어가는 것이다. 선험적인 시간의 위상은 '근거'가 아니다. 그것은 주체의 비경험으로서 주체를 가능케 하는 '탈근거'라고 할 수밖에 없는 것이다. 그것이 '탈근거'인 한, 살아 있는 현재라는 형식에 들어맞지 않는다.

정리해 보면, 들뢰즈의 시간론은 맥타가트적인 분석철학계의 논의와 직접 관계된 것은 아니다. 그러나 시간 내부에서의 시선과 외부에서의 존재 방식을 연관시켜 그 역설적인 연결을 묻는다는 문제 설정에는 살아진 현실성과 부감의 잠재성 간의 관계와 평행하게 파악할 수 있는 부분이 있다.

현상학과의 연관에 관해서는 이른바 '현전'의 형이상학 비판과 흡사한 방식으로 제시되는 '탈근거'로서의 부감적·공간적인 시간(영원의 시선)의 논의는 그 자체가 '현전'의 불가능성이 아니라는 점에서 데리다적인 현상학 비판과 방향을 달리한다. 들뢰즈가 논의하는 것은 오히려 살아 있는 현재의 경험을 가능케 하는 선험적인 영역인, 내포적인 실재로서의 비경험적인 시간이다. 그러한 시간의 위상은 기초짓기라는 형식으로 현재에 관여하지 않는다. 거기서는 크로노스와 아이온의 접합이 현재적인 경험을 탈근거화하면서 그것을

---

7) 현상학에 대한 양의적인 자세에 관해서는 논의해야 할 것이 많지만, 기본적으로는 『의미의 논리』 계열 14의 현상학 비판을 참조할 것.

가능케 한다는 역설성이 물어져야 한다.

　이처럼 현대사상적인 각 문맥과 연결시킬 수 있는 들뢰즈의 시간론은 앞서 기술했듯이 철학의 더 큰 조류 속에 재배치할 수 있을 것이다. 이어서 들뢰즈의 시간론을 바로크철학 및 모나드론으로서의 시간론과 결합시켜 검토해 보자.

바로크적 시간론과의 교차 — 니시다 기타로

경험 불가능한 무한의 시간(주체의 경험에는 들어갈 수 없는 형식으로서의 영원)이 실재하며 그것이 주체가 경험하는 시간(그 자체는 관점성으로서만 살아지는 현재)과 역설적으로 연관되어 있다는 것, 현재라는 정점定點을 가지면서 그 자체가 그러한 정점성을 해소시키는 무한의 직선을 포함해 버린다는 것, 이러한 시간(혹은 시-공) 개념은 결코 들뢰즈에게 고유한 것은 아니다. 이러한 발상에 관해 많은 사례를 들 수 있다. 뒤집어 말하면 들뢰즈 자신이 분석철학적인 언어주의, 현상학적인 경험/선험주의가 번성한 20세기에 그 저류를 돌파하듯이 그러한 사조에 참여한다고 할 수 있다. 그런 의미에서 들뢰즈와 들뢰즈/가타리에게 단순히 '포스트모던적 사유'나 '후기자본주의적 담론'이라는 꼬리표를 붙이는 것은 완전히 빗나간 것이다. 들뢰즈와 들뢰즈/가타리가 갖는 철저한 철학사적 전통성에 관해 생각해 봐야 한다.

　그렇지만 쉽게 상상할 수 있듯이 '순간과 영원'의 역설적 공존을 시간론의 핵으로서 제시하는 논의가 순수하게 철학적으로 이야기되어 왔는지에 관해서는 판단이 어려운 면이 있다. 이러한 논의는 이전부터 종교적인 '견자'見者에 특유한 의식이었다고도 할 수 있을 것이다. 예술적인 창조성의 시간의 물음으로서, 혹은 그러한 창조성이 함축하는 의식의 교란과 관련된 테마로서 이야기되는 경향도 있었을 것이다(보들레르Charles Baudelaire와 랭보Arthur Rimbaud에게 대마초 등의 약물 사용에 의한 의도적인 의식의 교란이 예술성이나 종교성과 포개어지는 형식으로 이러한 '견자'와 직접적으로 결부되어 있음은 분명하다).[8] 또한 기무라 빈木村敏이 '간질'(뇌전증)과 연관지어 인트라페스툼intra-festum[9]적인 병적 증상과 천재성의 관계에 관해 기술하는 것은 '살아 있는 현재'에 '영원의 부감'이 무매개적으로 현전해 버리는 정신증례의 물음으로서 주목할 수 있을 것이다. 이 점에 관해서는 들뢰즈가 초기부터 정신분열증(조현병)에 관한 논의를 적극적으로 전개하는 것을 어떻게 파악해야 하느냐는 물음을 물론 설정할 수 있다.

---

8) 『시네마』에서 '견자'라는 말이 이용되는 것은 이 점들을 생각할 때 시사적일 것이다. 랭보가 「견자의 편지」에서 기술한 것은 물론, 그의 사색의 집대성인 『일뤼미나시옹』(Les Illuminations)에서 자연에 관해 기술한 것에서 들뢰즈의 감성과 매우 가까운 것이 느껴진다.

9) [역주] 정신병리학자 기무라 빈(1931~)은 '시간과 자기'라는 주제를 논의하면서 다양한 정신질환의 양태를 세 가지 시간 체제로 규정하는 독자적인 시간론을 전개했다. '축제론'이라 불리는 그의 이론은 조현병으로 대표되는 미래 우위의 '안테페스툼'(ante-festum, 축제 전), 우울증으로 대표되는 과거 우위의 '포스트페스툼'(post-festum, 축제 후), 뇌전증으로 대표되는 현재 우위의 '인트라페스툼'(축제 중)이라는 구도를 취한다. 안테페스툼과 포스트페스툼은 질적 개념, 인트라페스툼은 양적 개념이기 때문에 병렬적으로 파악될 수 없다는 점에 주의할 필요가 있다. 정신병리학자 노마 슌이치(野間俊一, 1965~)는 현재 본위이지만 현실감이 희박한 해리장애 등에 주목하며 위의 구도에 '콘트라페스툼'(contra-festum, 축제의 저편)을 추가했다.

이러한 종교적, 예술적, 정신증례적인 사례는 각각 들뢰즈의 시간론과 깊이 관계되어 있다. 그의 논의는 광기적인 사례와 그에 따라 제시되는 자연(자연적 실재)에의 '믿음'에 의해(즉 극히 비-인간적인 정동[감응]에 의해, 혹은 유물론적인 한에서 이야기되는 자연에의 '믿음'에 의해) 잘 뒷받침된다고도 할 수 있다. 또한 『의미의 논리』에서는 현실성과 잠재성의 왕복운동의 하나인 '반-효과화'가 특히 신체예술에 의거하여 이야기된다는 점도 고려해야 한다.[10]

이러한 종교적 혹은 예술적 발상은 인류학적인 시간 경험의 오랜 층에서 유래하는 것인데, 그와 동시에 들뢰즈가 모던 혹은 모더니즘적 테크놀로지와 더불어 전면에 드러낸 점도 고려해야 한다.

니시다 기타로와 벤야민에게도 그러한 경향이 짙게 나타난다. 이 두 사람은 바로크적인 시간 의식이라고도 할 수 있는 시간 개념을 그려내는데, 둘 다 종교적이고 인류사적인 이해에 덧붙여 모더니즘과 테크놀로지에 깊은 관심을 보인다는 점에서 들뢰즈와의 친근성이 두드러진다.

니시다를 논의할 때, 그의 선禪 체험이나 종교성과의 관련이야말로 중요하다고 여겨질지도 모른다. 그러나 니시다를 이끈 사유의

---

10) '반-효과화'(contre-effectuation)에 관해서는 『의미의 논리』와 『철학이란 무엇인가?』에서의 용법에 들뢰즈의 '철학'에 대한 자세가 서로 다르게 나타나는 데 기인한다고 생각될 여지가 있다. 『의미의 논리』에서 현재로부터 달아나는 '반-효과화'는 신체예술 영역에서 행동의 이중화가 범형으로서 논의되지만, 후기의 『철학이란 무엇인가?』에서는 전기의 저작에 나타나는 잠재성에서 현실성으로의 발생론적 기술(그것은 오히려 '과학'의 역할에 편입되어 버린다)에 역행하는 형태로 '철학' 그 자체의 존재 방식으로서 그려진다. 이 점에 관해서는 본서의 보론 2를 참조할 것.

축은 매우 모던한 현대철학에서의 자연철학적 발상이다. 니시다는 프래그머티즘과 베르그송의 사유를 받아들이면서 독자적인 방식으로 그것을 극복했지만, 거기서 테마화되는 것은 19세기의 수학이 제시하는 무한론과 그것에 입각한 미분의 논의다. 이러한 수학 그리고 생물학에의 관심은 니시다의 논의에 일관되어 있으며, 니시다 자신의 장소론 및 타자론을 축으로 제시되는 중기 이후의 논의에서 '영원의 지금'이 출현할 때에도 모던한 사유의 영향은 현저하다.[11]

'영원의 지금'이란 니시다 자신의 문맥에서는 '장소'의 논의를 수직으로 중층화시킨 후에 도달하는 '절대무'('무한 그 자체'를 보는 것)가 반대로 유한한 '지금' 속에, 이를테면 수평적으로 조직되는 상황을 가리킨다. 그것은 후기 니시다의 테마인 '행위적 직관'과 '절대 모순적 자기 동일'을 논의할 때의 기본적인 모델이기도 하다. 이처럼 유한 속에 무한이 들어가는 시간 의식에서 신체가 달성하는 행위적인 제작, 나아가 생물적인 진화적 창조가 가능해진다는 논의는 바로 시간의 현재에, 거기에 포괄될 수 없는 모든 것을 부감하는 시선이 들어가 있으며, 이러한 사정이 연속적인 시간의 흐름에 대해 절단의 역할을 한다는 것과 결부되어 있다.

들뢰즈의 시간론과 관련지어 말하자면, 이는 베르그송의 지속이라는 발상을 계승하면서, 그러나 그것이 갖추고 있는 틀의 한계를 감지하며, 거기에 베르그송이 경시한 공간적 계기를 내포적인 힘으

---

11) 니시다 기타로에 관한 이 논점들에 관해서는 졸저 『西田幾多郎の生命哲学―ベルクソン、ドゥルーズと響き合う思考』, 講談社(講談社現代新書), 2005를 참조할 것.

로서 포함시킨 경위와 겹쳐진다. 니시다가 이것들의 전개에 의해 움직이는 주체와 포이에시스poiesis의 신체를 사유할 수 있었던 것은 이러한 관점에서도 주목해야 할 것이다.

물론 니시다적인 '자기'라는 표현을 들뢰즈는 채용하지 않는다. 가타리와의 공저 이후에 그려지는 것은(즉 정신분석적인 자기의 성립을 다룬 전기의 저작 이후에 제시되는 것은) 바로 자기가 분산하는 존재 방식이다. 하지만 그렇더라도 주체화와는 다른 방식으로 생성을 그려내려 한 시도에서, 그리고 특히 생성의 시간성을 논의의 축으로 삼은 점에서 니시다의 포이에시스에 대한 고찰과 교차시킬 수 있는 점은 많다.

벤야민과 바로크

이제 벤야민에 관해 살펴보자. 벤야민과 들뢰즈 사이에는 관련되는 논점이 여럿 있고 본서에서도 '이념'에 관해 논의하겠지만, 여기서는 특히 시간 의식이라는 점에서 양자가 가까이 접근하는 측면에 관해 기술할 것이다.

벤야민의 논의가 유대적인 종교 의식意識을 계승한 메시아 없는 메시아주의와, 19세기적 모더니즘이 그려내는 자본주의적 시간 의식과의 기묘한 혼효로부터 성립한다는 것은 잘 알려져 있다. 그것은 역사의 종말을 무한의 저편처럼 상정하면서 현재라는 역사적 사상事象 속에 받아들인 것이다(「폭력비판론」의 논의와 「역사의 개념에 대하여」 등을 참조할 것). 이러한 역사관은 역사의 종말에 관해 논의하는 것은 결코 아니었지만, 들뢰즈가 제시하는 '이념'의 시간이라는 발상과 중첩된다. 그리고 벤야민 자신이 '정지 상태의 변증법'으로 이야기하는 역사적 시간의 부감과 유보, 시간의 '결정화'結晶化라는 테마는 들뢰즈의 시간론 및 니시다적인 '영원의 지금'과 깊이 결부되고, 시간이나 역사성의 논의로서도 많은 시사점을 던져 준다.

그러나 여기서 특히 주목해야 할 것은 벤야민이 강조하는 자본주의적 테크놀로지와 역사-시간적인 논의의 관련성이다.

벤야민이 전개하는 역사의 부감적 논의가 자본주의적 도시의 형성과 상품 문화의 난숙이라는 19세기적인 사태의 영향을 크게 받았다는 것은 새삼 지적할 필요도 없다. 벤야민에게 '19세기의 수도' 파리의 '파사주'passage는 세계의 모든 상품 문화를 일망할 수 있는 자본주의적 도시 문화의 첨단 지역으로서, 차라리 종교적이라 할 수 있는 도취감을 주는 것이었다. 거기서 '넝마주이'로서의 '수집가'의 작업, '산책자'flâneur로서의 시선은 그 자신의 '이념론'에서 이야기된 '모자이크'나 '별자리'의 구체적인 기술로서도 해석될 수 있다. '모자이크'와 '별자리'는 물론 모나드의 논의와 유대종교성을 배경으로 하지만, 세계의 어디에서 왔는지 알 수 없는 다양한 상품의 산란 속에서 구현화되는 비전이기도 할 것이다.

다른 한편으로 짚고 넘어가야 할 것은 영상기술과의 관련성이다. 그리고 자본주의적 테크놀로지의 달성으로서 미디어가 지닌 존재론적 의의에 관한 사유의 개시다.

벤야민의 「기술복제시대의 예술작품」(이하 「복제예술론」)이 영화와 사진 등의 복제기술로 인한 아우라의 소실과 복제기술의 파시즘적 이용에 대한 경고로서 읽혀 온 것은 분명하다. 하지만 벤야민은 복제예술에서 향수 젖은 '진품성'의 소멸만을 읽어낸 것은 아니다. 「복제예술론」에서 제시하는 아이디어는 오히려 파시즘이 '탐미주의적'으로 이용해 버린 복제예술을 (벤야민이 말하는) 코뮤니즘적인 이용으로 되찾는 데 있다. 사진이나 영화 등 미디어 일반에 대해 벤야민은 새로운 시대의 '지각'知覺이 도래하리라 본다.[12]

기계와 인간의 혼효, 기계문화와 인간신체의 하이브리드적 접합을 그 자체로서 시간의 존재론에 결부시키기, 그것은 들뢰즈가 1980년대에 『시네마』에서 구체적으로 수행한 것이다. 거기서 들뢰즈는 인간적인 지각을 뛰어넘은, 기계를 매개로 하는 지각의 출현을 베르그송의 이미지론을 새로 해석하면서 '결정체-이미지'라는 시간의 직접적인 이미지로서 이끌어냈다. 그것은 벤야민이 들뢰즈보다 반세기 이상 앞서 행한 작업과 결부될 것이다. 인간의 지각은 특정한 진화적 상황에서 형성되어 온 신체에 종속하는 방식으로만 세계를 (시간의 흐름을) 볼 수 있다. 하지만 그래서는 '시간 그 자체'의 지각에는 이를 수 없다. 유한적인 지금밖에 (유기적인 시각기관에 의해) 파악할 수 없는 우리들은 '영원의 지금'을 바로 이미지화할 수는 없는 것이다. 그렇지만 현재를 벗어나는 생성의 힘을 계승하는 생명체는 이러한 시간 그 자체의 비전을 암암리에 구성할 것이다. 그것이 통상적인 눈으로는 볼 수 없는 것이라면 오히려 그러한 눈을 뛰어넘은 지

12) 졸고 「記憶の実在—ベルクソンとベンヤミン」, 『思想』第1028号, 2009年 12月을 참조할 것.

각장치에 의해 가능해질 것이다. 영상기술을 매개로 한 '결정체-이미지'로서의 '시간-이미지'는 바로 벤야민의 복제예술론과 관계되는 방식으로, 또한 자본주의 및 테크놀로지와 연관되면서 우리의 생의 역사적 조건과 결부되고, 시간에 대한 고찰을 전개시켜 주는 것이리라.

니시다의 미분적 사유나 벤야민의 모나드적 사유를 들뢰즈와 결부시키는 것은 불가피하며, 바로 그때 들뢰즈 시간론의 의의가 두드러지는 측면이 있다. 이는 20세기 사상사에서 언어중심주의와 의식중심주의에 의해 감금되어 온 포악한 자연의 실재를 테크놀로지를 이용하여 해방시키기 위해, 그리고 이를 통해 그러한 담론이 갖춘 인류사적인 심도를 측정하기 위해 불가결할 것이다. 이러한 사유에 '바로크철학'이라는 이름을 부여한다면 들뢰즈의 시간론적 사유는 오히려 적극적으로 해소될 것이다. 해소됨으로써 후기자본주의시대에 그 존재론적 의의가 현저해질 수 있는 것이다.

자연사의 사유로

지금까지 분석철학 및 현상학과 대비시키고, 나아가 니시다와 벤야민적 발상과의 유연관계를 지적함으로써 들뢰즈의 시간론을 바로크적인 시간의 철학으로 위치지었다. 그에 따라 분명해지는 것은 들뢰즈가 근대적인 '의식적' 존재자 혹은 의식적 존재자를 지탱하는 '언어화'된 자기의 생의 논리를 뛰어넘어 '비-개인적'인 이상으로 '비-인간적'이기까지 한 전개 속에서 시간을 파악하고 생성을 사유하는 데 이르는 것이다. 전기에는 현상학적인 발생론적 존재론과 매우 가까운, 혹은 정신분석적인 도식을 빌린 방식으로 전개되고, 후기에는 가타리와의 공동작업을 거치며 테크놀로지와 자본주의에 관한 논점과 깊이 결부되면서 첨예해졌다.

그때 중요한 용어로서 등장하는 것은 '자연사'라는 역사의식 그 자체다. 인간을 뛰어넘어 비-인간적인 시간을 파악하는 부감적인 발상은 처음부터 자연으로서의 인간이라는 위상과 직접 이어져 있다.

니시다가 자연사에 관해 논의한다면 분명 종교적인 '무'의 자각을 강조했을 것이다. 그러나 "物물이 다가와 나를 비춘다"라는 말로 상징되는, 자기성을 말소한 가운데 자연이 자기를 비추러 온다는 비전은, 물론 니시다의 독자적인 장소론과 신체론, 그 실천적 행위론에의 편향이 있으면서도 일종의 자연철학적인 논의에 도달한다고 생각된다. '영원의 지금'이라는 시간성의 규정은 이러한 자연-장소-환경이라는 연관 속에서 시간을 사유하는 하나의 지표가 될 수 있을 것이다.

벤야민에게는 「폭력비판론」, 「역사의 개념에 대하여」 등에서 제시되는 '자연사'Naturgeschichte와, 유대신비주의를 계승한 거기서의 '수축'(자연사적 시간을 정지 상태의 부감을 통해 모나드적인 현재로 결정체화시키는 것)이라는 개념이 이러한 자연을 포착하는 데 매우 본질적이라고 생각된다. 그것은 베르그송이 기술한 생명진화의 단계들에 기초한 질적인 수축contraction이라는 발상이나 시간의 결정체화와 역시 결부되어 있다. 거기서는 유한적인 시점視點을 가진 자기에게는 도저히 파악할 수 없는 시간의 무한한 전개와, 거기서만 보아낼 수 있는 환경과 생명을 계승한 생성 속에 있는 자기 양쪽이 가능해지는 기술이 시도된다. 시간과 생성이라는 논의는 개인의 시간, 주체의 시간이라는 틀을 넘어 그 자체로 자연의 시간, 자연의 생성이라는 사정을 기둥으로 삼으면서 생성의 행위에 빛을 비추는 것이기 때문이다.

거기서 제시되는 자연이란 비-개인적인 이상으로 비-인간적인 것이라 할 수 있다. 그러나 자연이 그렇다는 것을 우리는 먼저 우주론적이고 자연사적인 사실로 받아들여야 한다. 그것은 개인의 생을 의식하는 것과는 거리가 멀고 그에 대해 역설적으로만 나타나지만, 처음부터 실재하는 것이며 또 거기에 있어야만 의식의 시간도 이야기할 수 있다. 더욱 중요한 것은 이러한 자연의 시간이 역설적으로 제시되는 것을 받아들여야만 의식에 의해 도달할 수 없는 생명적인 생성을 우리가 보아낼 수 있다는 것이다. 그러한 자연을 포착하는 존재 방식은 테크네로서 이야기될 것이다.[13] 들뢰즈의 논의로부터, 그러한 '자연의 생성'과 그 테크네적인 능동성으로서 우리의 실재를 이야기할 존재론적 수단을 이끌어내야 한다.[14]

---

13) 이러한 방향성을 띠는 논의에 관해서는 졸저 『ヴィータ・テクニカ―生命と技術の哲学』, 青土社, 2012를 참조하길 바란다. 테크네의 시간, 특히 환경에 대한 테크네의 존재 방식을 해명하는 것이 들뢰즈적인 철저한 수동적 시간을 주체의 위상으로부터 되받아 계승하는 하나의 방법이라고 생각된다. 그것은 벤야민이나 들뢰즈의 『시네마』의 논의에도 나타나듯이 테크놀로지적 근대와 생을 창조적으로 관련짓는 논의와도 이어질 것이다.

14) 자연이라는 방향에서 독해할 것을 강조하는 논자로서 근년 활약하고 있는 피에르 몽트벨로를 언급할 필요가 있다. Cf. Pierre Montebello, *Nature et subjectivité*, Millon, 2007; *L'Autre métaphysique: Essai sur la philosophie de la nature: Ravaisson, Tarde, Nietzsche et Bergson*, Desclée de Brouwer, 2003. 특히 후자에서 가브리엘 타르드와 니체 등의 계열을 강조한 것은 본서의 바로크적 발상과 매우 깊은 연관성이 있다고 생각된다.

본서의 구성

본서에서 시도하는 것은 이러한 들뢰즈의 시간론을 들뢰즈의 텍스트에 따라, 그리고 최종적으로는 철학의 외부로 펼쳐 가려는 들뢰즈의 욕망에 즉응하여 전개하는 것이다.

1장에서는 초기의 대표작 『차이와 반복』(1968)의 시간론을 쫓아가면서 논의의 핵심이 되는 '세 번째 시간'이 경험 불가능한 선험적 시간임과 동시에 실재하는 자연의 시간이라는 것을 제시할 것이다.

2장에서는 '세 번째 시간'에 관한 논의를 더 깊이 검토하면서 초기의 두 번째 주저인 『의미의 논리』(1969)에서 시간론이 변천되는 과정을 뒤쫓으며 '아이온'의 시간('세 번째 시간'의 변용체)이 '반-효과화'라는 동적인 주제와 얽혀 가는 방식을 그릴 것이다. 거기서는 '영원의 지금'이 들뢰즈 자신의 존재 방식과 관련하여 제시될 것이다.

3장에서는 후기의 대저 『시네마 2』(1985)에서 '시간-이미지'라는 '세 번째 시간'의 '이미지화'의 사태가 영상 기술 장치에 의해 일종의 시각예술 속에서 가능해진다는 논의를 펼칠 것이다. 여기서는 랭보적인 '견자'로서 시간을 '보는' 것이 일종의 살아질 수 없는 경험으로서 드러날 것이다.

4장에서는 가타리와의 공저 『안티오이디푸스』(1972)와 『철학이란 무엇인가?』(1991)에서 이러한 시간론이 이른바 '역사'의 논의와 어떻게 연관되는지 살펴볼 것이다. 생성은 역사가 아니다. 하지만 '세 번째 시간'이 그 자체로 자연사적인 역사를 함의한다면, 그것은 시대성과 관계되는 시간의 논의, 혹은 그것에 의거하여 이야기되는 자본주의적인 시간과 연관될 것이다. 이것들에 관해 검토할 것이다.

5장에서는 이러한 역사의 사유를, 특히 벤야민 및 푸코의 논의와 교차시켜 20세기 철학에서 전개되는 자연사적인 논의의 가능성을 탐색할 것이다. 그것은 광범위한 의미에서 20세기적인 '역사'의 화법 가운데 하나의 (바로크적인) 길을 제시하는 것이리라.

6장에서는 이러한 시간/역사성의 논의로부터 반대로 의식의 시간, 행위의 시간으로 어떻게 되돌아갈 수 있는지, 레비스트로스의 논의를 참조하면서 고찰의 방향성을 제시할 것이다. 주체의 의식으로의 왕복을 이야기하는 이 문제는 테크네론과의 관련이 불가결하기 때문에 여기서는 단순한 슬로건식의 주장밖에 할 수 없지만, 앞서 기술한 시간론을 계승하여 더욱 전개되어야 할 논의를 조망하려고 한다.

보론에서는 앞서 기술한 논의를 떠받치는 들뢰즈의 방법론적 역설에 관해 논의하고, 이어서 전기와 후기의 '철학'에 대한 들뢰즈의 입장 '전회'에 천착함으로써 다른 시각에서 서술의 보강을 꾀할 것이다.

지금부터는 '세 번째 시간'으로서 정식화되는 들뢰즈의 선험적이고 비경험적인 시간이 바로 자연이 실재하는 시간이라는 것을 제시하고, 그것을 현재적인 시간의 존재 방식에 중첩시킴으로써 형성되는, 생성과 역사성에 관계되는 자기와 자연의 시간 체계를 해명할 것이다. 그때 드러날 시간에 관한 지견은 바로크적인 시간의 현대적 모델로서, 생명과학의 시대 혹은 생태계적인 위상에서, 나아가 자본주의라는 시대의 사유에서 '횡단적'인 지知의 수행을 가능케 할 것이다. 이러한 21세기적인 생명론적이고 생태계적인 존재론과 사회적·제도적인 논의가 해후하게 될 단서가 이 저작을 통해 열리기를 간절히 바란다.

1장 · 세 번째 시간

세 번째 시간의 위치

들뢰즈의 시간론을 고찰할 때에 해명되어야 할 가장 중요한 점은
『차이와 반복』에서 제시되는 '세 번째 시간'일 것이다. 『차이와 반복』
2장에서 집중적으로 다뤄지는 시간론은 수동적 종합의 세 가지 단
계를 거치면서 세 번째 시간이라는 최종심급에 다다른다. 시간의 종
합 그 자체가 미래의 시간성인 세 번째 시간 쪽에서 통합되어 그려
진다. 왜 여기서 (그리고 여기서만) 현상학적 혹은 칸트적 개념장치가
전경화되느냐는 물음은 보류하더라도[1] 세 번째 시간론은 들뢰즈적

---

1) 시간의 수동적 종합이라는 논의의 틀은 현상학적이고, 또한 이념적 존재를 보아내며, 그로
   부터 감성론을 전개해 가는 『차이와 반복』의 서술은 칸트적인(특히 『순수이성비판』의 서술
   의) 구성을 전도(顚倒)하는 방식으로 따라가는 부분이 있다. 물론 이 양쪽 철학에 대해 들뢰
   즈는 비판적인 자세를 풀지 않지만, 한편으로 현대적인 사유가 '체계성'을 지닐 때 칸트나
   현상학의 시도가 기본으로 전제되어 있는 것도 분명하다. 그것은 들뢰즈 자신이 『차이와 반

인 잠재성의 존재론을 파악하기 위한 결정적인 축이라 할 수 있다.

먼저 방법론적으로 생각해도 세 번째 시간론은 들뢰즈가 주장하는 이른바 '선험적 경험론'의 요점을 이룬다고 생각된다. 그것은 들뢰즈가 자신의 존재론을 전개하는 국면에서 베르그송적인 '생의 철학'의 '경험론'을 내재적으로 비판하고 그에 앞서 나아가기 위한 전략이기도 한 것이다.

조금 더 살펴보자. 들뢰즈는 그의 사유가 형성되기 시작되는 시점에서 베르그송적인 '생의 철학'의 경험론을 일관되게 존재론적인 방향에서 독해하려고 시도했다(『베르그송의 철학』, 1966). 거기서는 '차이'와 '잠재성', 그리고 그러한 잠재적 차이의 '현실화'에 의해 드러나는 '분화' 체계가 서술의 중심을 이루고 있다. 베르그송이 그려내는 질적인 것에 관한 심리학적, 생리학적, 생물학적 고찰은 그 자체로 현실을 경험론적으로 탐색하는 첫 번째 단계인 것이다. 거기서는 베르그송의 독특한 과거＝기억의 위상에 의해 가능해지는 지속으로서의 연속체가 가장 형이상학적인 실재의 모습으로서 도출된다. 들뢰즈는 이러한 베르그송의 철학을 존재론으로서 다시 파악하며, 『베르그송의 철학』에서는 특히 『지속과 동시성』의 기술에 초점을 맞추어 논의를 전개한다.[2] 이질적인 시간의 계열들이 그 자체로 다양

복』의 체계성을 다시 파악하는 과정에서 바로 "철학이란 무엇인가?"라는 물음과 함께 재고된다.

2) 들뢰즈의 베르그송 이해에서 가장 중시되는 것이 『물질과 기억』(Matière et mémoire)의 논의임은 말할 필요도 없지만, 거기서 논의되는 지속적인 다양체를 어떻게 파악하느냐는 논점에 관해 『베르그송의 철학』[한국어판 제목은 『베르그송주의』]에서는 특히 『지속과 동시성』

한 것으로서 손립하는 가운데, 어떻게 그것들이 공존하고 '하나'인 시간성과 연관지어지느냐가 거기서의 테마다. 이러한 테마는 다양체와 이질성의 철학이 근원적으로 사유해야 하는 포인트를 찌른다. '하나'와 '여럿'이라는 문제설정은 그 자체로 들뢰즈의 존재론적인 문제설정이기도 한 것이다.

그러나 베르그송의 수준에서 사유를 전개하면, '하나'인 것은 결국 지각과 경험에 의거하는 '살아진' 위상과 연관지어져 버린다. 그래서는 이산적離散的 존재에서의 다양성은 사전에 조정되는 '하나'라는 장면에 통합되어 버리고, '차이'라는 원리 자체가 파악될 수 없다. 그 이후 들뢰즈는 베르그송의 개념장치('차이', '잠재성', '다양체')를 사유의 원리로서 원용하면서도 베르그송적인 경험론과는 다른 장소로 향해야만 '차이'의 존재론을 온전히 그려낼 수 있다고 생각하게 된다. 『차이와 반복』의 시간론은 베르그송의 논의를 다시 사유함과 동시에, '살아 있는 시간=현재'(첫 번째 시간)와 '기억에서의 시간의 공존=과거'(두 번째 시간)가 성립하기 위한 '조건'으로서 '공허한 형식'인 세 번째 시간을 도입하게 된다. 세 번째 시간은 베르그송적인 지속적 존재론의 극복이라는 사태와 크게 관련되어 있다. 그것

에 초점이 맞춰진다. 글의 구성적 측면으로는 『창조적 진화』(L'Évolution créatrice)의 검토가 이후에 이루어지는데, 지속의 비인칭적이고 유일한 '하나'성을 그 다원론과 관계지어 사유하는 고찰은 그 논의에서도 전제되어 있다고 생각된다. 들뢰즈는 이때 지각적인 공존이 그려지는 방식에서 '생의 철학'으로 존재론을 파악할 때 발생하는 이론적인 한계를 보고 있다(cf. B chap. 4). 또한 지속의 '하나'와 '여럿'을 둘러싼 고찰에 관해서는 졸저『ベルクソンの哲学 ―生成する実在の肯定』, 勁草書房, 2000, 4장을 참조할 것.

은 '생의 철학'이 지향하는 경험론에서 들뢰즈적인 존재론을 이끌어
내기 위한, 선험화를 행하기 위한 조치인 것이었다.

이러한 방향에서 세 번째 시간에 접근하기 위해서는 수많은 주
제를 언급하지 않을 수 없다. '생의 철학'이 잘 다룰 수 없었던 '무한'
과 '죽음'이라는 형이상학적인 문제성이 이 선험적 주제들 속에 포
함되기 때문이다. '살아 있는' 시간을 가능케 하기 위해, 산다는 것
자체가 불가능한 사태를 '공허한 형식'으로 보아내기. 경험으로써 경
험할 수 없는 것을 경험의 근거로 찾기. 바로 칸트적인 프로그램에
기초한 선험적인 규정 가능성의 제시가 이 시간론에 따라 시도되는
것처럼 보인다. 무한의 직선으로 제시되는 이 시간은 들뢰즈가 『차
이와 반복』의 존재론에서 주축에 고정시킨 '이념'idée의 심급을 떠받
치고 그것이 현실화의 기반으로서 기능할 수 있게 한다. 그러한 사정
은 분명히 있다.

그렇지만 동시에 이러한 세 번째 시간은 이를테면 경험 불가능
한 경험의 원형으로서 일종의 이미지화가 이루어져 있기도 하다. 즉
그것은 단순한 형식적 조건으로서의 '공허함'뿐만 아니라 그 경험으
로의 개입이 근거로의 소급을 탈근거화해 버리는 장면이기도 한 것
이다. 직선으로서의 시간이 영원회귀의 시간이 되어 그 자체로서 일
종의 미궁을 그려낸다. 경험으로부터 분명히 일탈한 이러한 선험적
영역의 이미지화가 이루어지기 때문에 세 번째 시간은 시간의 조건
이면서 탈근거화의 장치로서 기능한다. 이 점에서 들뢰즈의 사유는
단순한 선험적 철학의 현대판이 아니라 '선험적 경험론'이 되는 것
이다.

실제로 세 번째 시간이 단순한 공허한 형식이라면, 그것이 포괄하는 서술의 풍부함은 설명할 수 없을 것이다. 세 번째 시간을 테마로 하는 서술(『차이와 반복』 2장)은 우선 3장과 4장에서 '이념'으로서의 다양체를 작동시키는 바탕-허sans-fond의 '출발점'에 관한 논의와 관계된다.[3] 또한 세 번째 시간이라는 '경첩이 빠진' 시간-이미지는 바로 그것이 가진 무한에 직면한 광기와 비슷한 사정에서 양-식bon sens이나 상-식=공통감각sens commun에 역행하는 사유를 유발하는 것이기도 하다.

물론 이러한 논의 방식은 그 개념구성상의 위치를 포함하여 각 시기마다(『의미의 논리』, 『천의 고원』, 『시네마』, 『철학이란 무엇인가?』 각각) 상당히 어긋나 있다. 『의미의 논리』에서는 심층으로서 규정되는 '탈기관체'라는 분열자의 위상이 이 논의들과 겹쳐지지만,[4] 『의미의 논리』 이후에는 심층-표층이라는 대립축이 제거되고, 결정체, 층, 신체와 뇌(『시네마』), 혹은 내재면에서의 리좀(『천의 고원』)의 기술로

---

3) '근원적인 출발점'(origine radicale)과 '탈근거화'로서의 시간 간 연관성에 관해서는 예컨대 DR 251/421~422 등을 참조할 것.

4) 명확한 삼층성(삼차적 배치로서의 고층, 이차적 조직화로서의 표층, 일차적 질서로서의 심층)과 거기서의 '정적 발생'(표층 영역에서의 현실화적인 발생) 및 '동적 발생'(심층 영역에서의 발생)을 들어 논의하는 『의미의 논리』에서 시간론은 몇 가지 주목할 만한 변용이 이루어지는데, 이에 관해서는 다음 장에서 상세히 기술할 것이다. 물론 크로노스-아이온으로서 지시되는 시간의 이원성이 『차이와 반복』에서 다뤄지는 시간의 세 차원을 다시 그려내고, 세 번째 시간이 아이온과 겹쳐지는 것은 확실하다. 그러나 "나쁜 크로노스"와 "아이온에 귀속하는 세 번째 현재"에 관한 기술은 동적 발생론 전체에 입각하여 검토할 필요가 있다. 또한 '주사위 던지기'라는 근원적 우연성에 관련된 테마들과 세 번째 시간론과의 연결성은 뒤에서도 논의하겠지만 들뢰즈의 시간론을 전개하는 데 중요하다(cf. LS 190~197/279~288).

대체되어 간다.[5] 하지만 거기서도 세 번째 시간의 위상이 사유의 바탕-허의 단서로 설정되고 다양체의 존재의 원原 이미지를 이루는 데에는 변함없다.

우선 이렇게 정리할 수 있을 것이다. 한편으로 세 번째 시간은 들뢰즈 존재론의 구성에서 생의 경험을 가능케 하는 조건으로 도입되었다. 세 번째 시간은 현재라는 경험의 장면을, 그리고 그것을 형성하는 기억이라는 수준을 성립시키기 위해 선험적인 심급으로서 요청되는 것이다.

그러나 동시에 이러한 공허한 직선성은 그 자체가 탈근거화의 시간으로서, 의미＝방향sens의 세계에서는 철저하게 일탈적인 이미지를 제시한다. 무한의 시간을 직접 표현하기, 그것은 이상한 것이기도 하다. 아무도 무한을 경험할 수 없는데도, 아무도 죽음을 알 수 없는데도 시간 속에서 살고 있는 이상, 누구나 무한을 보아 버리고 죽음의 저편을 삶에 새겨 넣는다. 『차이와 반복』에서 후기로 이행함에 따라(즉 『차이와 반복』의 체계성을 스스로 해체함에 따라) 들뢰즈는 이 세 번째 시간의 비경험적인 경험을 그 분열증적이고 리좀적이고 강도적인 이미지로서 노출시키는 경향을 강화해 간다. 그것은 동일성＝표상의 장면을 무너뜨리는 '영원회귀'(니체)나 '비밀의 일관성'(클로소프스키Pierre Klossowski)의 이미지화라고도 할 수 있다. 이러한 이미지화는 들뢰즈의 사유가 역설의 철학이라는 데 깊이 관여하

---

5) 들뢰즈에게 철학의 방법론이 '전회'되고 심층-표층 모델이 소멸해 가는 것에 관해서는 보론 2를 참조하기 바란다.

고 있을 것이다. 시간론의 해명은 철학의 출발점을 밝히는 이러한 해명에까지 이르러야만 한다.

세 가지 시간론

들뢰즈가 『차이와 반복』 2장의 반복론('대자적 반복')에서 그려내는 수동적 종합으로서의 시간론은 상당히 도식적이다. 첫 번째 시간은 '살아 있는 현재'에서의 시간의 종합을 다루는 현재론이다. 거기서는 하비투스habitus＝습관적인 것의 성립이 능동적인 종합의 '토대'fondation로서 논의된다. 두 번째 시간에서는 '순수과거'가 문제시된다. 그것은 시간의 종합에서 '근거'fondement로서 기능하는 '므네모시네'로서의 시간이다. 그리고 세 번째 시간은 바로 미래를 향하는 시간이다. 거기서는 시간의 경첩이 빠져 '타나토스'로 상정되는 무한히 열린 시간이 그려진다. 그것은 선행하는 시간의 조건으로서 기능함과 동시에 '탈근거'effondement화 그 자체를 보여 주는 시간과 다름없다.

이러한 시간의 세 가지 위상은 다양한 방식으로 대비적으로 이야기된다. 시간론이 처음부터 반복론으로서 제시되었다는 사실에서도 그것이 차이의 반복이라는 문제 계열에 편입되어 있음을 알 수 있다. '살아 있는 현재'로서의 첫 번째 시간은 차이를 '골라내는'soutirer 것이다. 거기서는 개별성으로서 이야기되는 사건을 습관이라는 격자로 일반화해 버리는 '수축'의 작용이 중시된다. 그것은 잠재적인 존재(차이인 것)가 현실화되고 현재라는 즉자적인 반복에 접합되는 국면을 그려낸다. 능동적인 자아의 종합은 이러한 현재의 수동적 종합에 의존한다.

반면 두 번째 시간이란 '살아 있는 현재'를 가능케 하는 '순수과거'를 보아내는 것이다. 이 시간에서는 차이를 '포함하는'comprendre 것이 중요하다. 그러한 과거는 그 자체로 다양한 일반성의 정도를 차이로서 포함하고 있다. 그러한 과거는 '잠재성'으로서 제시되는 다양체의 영역 그 자체다. 그것은 '현실화'라는 과정을 향하면서 현재적인 것이 전개되는 '근거'로서 스스로 반복하면서 기능한다.

그리고 세 번째 시간 즉 미래의 시간이란 '절대적인 차이'absolument différent로서 제시되는 것이다. 그것은 '근거'로서의 '순수과거'에 대해 '탈근거화'하는 바탕-허의 시간(횔덜린Friedrich Hölderlin)이다. 이 시간은 '공허한 형식'으로서 시간의 조건을 이룸과 동시에, 모든 동일성을 해체시키는 차이 그 자체를 드러내며 미래의 반복을 보아내는 무한의 시간이다.

이 시간들의 존재 방식은 또한 물질적인 반복인 '점'으로서의 현재, 정신적인 반복인 '주기' 혹은 '순환'으로서의 과거, 서로 다른 것의 반복인 '직선'으로서의 미래로도 그려진다. 그러한 시간에 관련된 이미지가 세 가지 방식으로 추려지는 것이다.

그렇지만 지금까지 이미 명료하게 드러났듯이, 이 시간성들은 확실하게 계층성을 이룬다. 첫 번째 시간인 현재는 순간의 반복적인 존립을 가능케 하기 위해 두 번째 시간인 기억이라는 근거를 필요로 한다. 그리고 기억이라는 근거는 그 자체의 반복이 시간으로서 성립하기 위해 가능성의 조건으로서 세 번째 시간을 요청한다. 세 가지 시간은 수직적인 계층성 속에서 관계지을 수 있다.

여기서 첫 번째 시간의 '수축', 두 번째 시간의 '순수과거'는 명확히 베르그송의 논의를 참조하고 있다(첫 번째 시간에서 습관형식의 논의는 우선 흄을 끌어들이지만, 서술이 진전될수록 베르그송의 기억론과 두드러지게 연관된다). 그리고 들뢰즈는 이 두 가지 시간의 위상이 결국 '현실화'라는 현재에 의거한 과정으로 환원된다고 논의하면서, 세 번째 시간을 그것에 철저히 역행하는 장면으로서 보아내는 것이다. 따라서 들뢰즈의 시간론을 구성할 때 첫 번째 시간과 두 번째 시간만으로는, 즉 베르그송적인 장치만으로는 불충분하며, 세 번째 시간이 필요해지는 이유를 해명하는 것이 무엇보다 중요하다.

현재와 과거

이를 위해서도 먼저 선행하는 두 가지 시간의 존재 방식을 검토해 두어야 할 것이다. 현재와 과거를 가리키는 이 시간들을 들뢰즈는 어떻게 사유하는가.

첫 번째 시간은 앞서 기술했듯이 경험 그 자체의 장면을 가리키는 '살아 있는 현재'다. 그런 의미에서 이 시간은 바로 능동적인 종합인 자아의 '토대'로서 기능한다. 수동적 종합으로 이야기되는 이러한 국면에서, 습관적인 것이 유기적으로 조직화되는 '애벌레' 주체가 발견된다고 한다.

이 단계의 논의가 들뢰즈의 주장에서 의의를 갖지 않는 것은 아니다. 이러한 수동적 종합은 바로 유기체로서의 자아가 발생하는 과정을 나타내기 때문이다. 그것은 전前개체적인 위상으로부터 개체가 성립하는 논의로서, 즉 잠재적인 존재가 현실화하는 국면으로서 서술의 주요한 부분을 이룬다. 그것은 『차이와 반복』 5장에서 묘사되듯이 감각과 지각이라는 관점에서 자아와 세계를 파악하기 위해 불가결하며, 기호signe 및 '문제'problème의 위상이기도 하다.[6] 들뢰즈에게 기호란 차이로써 발생하는 '사건'이 감성적인 '나타남'으로 전화轉化하기 위한 한 계기와 다름없다. 차이의 반짝임으로서의 기호는 차이의 현실화라는 장면과 깊이 관련되어 있다.

이러한 '살아 있는 현재'에 관해서는 다음과 같이 전개된다. 순간인 것이란 그 자체로서는 잇달아 나타나서는 사라져 가는 '즉자'en-soi다. 그러나 그것이 순간이 반복되는 시간이기 위해서는 그 자체가 '대자'pour-soi로서 수동적으로 종합되어야 한다. 그때 단지 반복되기만 하는 사태(즉 즉자적인 반복)로부터 그러한 순간의 연쇄를 조직화하고 유기화하는 하비투스의 작용이 나타난다('째깍' 같은 반복이 일반화되기 위해서는 순간의 반복이 습관화를 통해 유지되면서 종합될 필요가 있다). 이것이 '살아 있는 현재'=애벌레 주체의 존재 방식인 것이다. '대-우리'pour-nous로서의, 이를테면 일반개념 영역에서의 주체에 따른 능동적인 종합이 성립하는 것은 이러한 종합에 기초해서다. 의식적인 주체는, 즉 이미 차이를 '골라낸' 후에 발견되

---

6) 나아가 '관조'(contemplation)로서 제시되는 이 장면은 기호와 '문제성' 같은 테마를 전개함으로써 잠재적 장면에서의 개체적 발생(정적 발생)을 포괄하는 영역임을 밝히고 있다. 자연적 기호와 인위적 기호, 능동적 종합과의 연관 등 흥미로운 논점을 포함하는 이러한 현재론은 그 자체로 독립된 테마로서 다룰 수 있다.

는 일반성의 장면은 그러한 상위의 종합으로서 제시된다.

그러나 이 단계의 논의에서는 현재＝순간을 모델로 하여 그 반복적인 종합을 덧그릴 뿐인 '시간 내부'적인 것밖에 다룰 수 없다. 그런데도 습관화의 체계 속에서 지나가는 과거와 새로 형성되는 미래가 이야기되기는 한다. 하지만 그것은 어디까지나 현재의 차원들로서의 과거와 미래일 수밖에 없다. 그때 과거는 현재에 유기적·문맥적으로 결부되는 소재로서만 의미를 가진다. 그리고 미래란 예기의 대상으로서 현재로부터 추측 가능한 지평일 수밖에 없다. 과거도 미래도 그 자체는 현재라는 시간의 파생태로서만 파악된다. 이러한 논의는 순간의 즉자적인 반복의 모델로 환원되어 버린다. 그렇지만 이러한 현재가 가능하려면 그러한 순간의 '수축'이 전제로 하는 차이 그 자체가 '포함되는' 영역을 보아내야 한다. 그래서 즉자적인 순간의 반복은 그 전제로 '순수과거'가 필요해진다.

그것이 두 번째 시간이다. 이 시간은 수축으로서의 현재와 그 유기화를 가능케 하기 위해 그 배경에 존재하는 과거다(그 존립을 보여주기 위해 현재＝'현실화'된 장면을 의미하는 '실존하다'exister와는 다른 '내속하다'insister라는 용어가 사용된다).[7] 차이를 '포함하는' 이 영역에서 차이로서의 존재는 현재로 환원되지 않는다. 그것은 감각이나 지

---

7) 현실화된 영역을 실존＝외속(外續, existence)으로, 잠재성의 존재를 내속(insistence; 이 위상은 혼효consistence 또는 존속subsistence으로 등장하기도 한다)으로 구분하는 서술은 물론 『의미의 논리』의 사건론으로도 계승된다. 그것은 탈-자自(ek-stase)적인 존재론을 구상하는 현상학적인 사유와의 대비로서 들뢰즈 자신의 내재적 존재론을 부각시키는 것이기도 하다. 뒤에서 기술할 내재면 및 혼효면으로의 전개도 이러한 시간론과 연관된다.

각으로서 완전히 표상화되어 버리는 것이 아니다. '현실화'되지는 않지만 실재적인réel 것인 잠재성의 영역이, 과거라는 시간 위상에서 드러난다.

이러한 '순수과거'의 잠재성을 현재의 위상이 갖는 '현실성'이라는 존재 방식과 대비시키기 위해 들뢰즈는 베르그송의 논의를 계승하고 일종의 역설을 밝히는 것부터 논의를 진행해 간다. 그것이 역설인 것은 다음과 같은 사정에 의해서다. 즉 잠재성의 영역은 감각이나 지각의 수준인 '나타남'으로서의 경험을 떠받치지만(순간의 종합이 이루어지기 위해 무한소의 기억이 관여해야 한다), 과거는 현재임을 벗어나 다른 방식으로 유지됨으로써 실재적인 것이다. 그렇지만 이러한 잠재성은 현재라는 '경험'의 관점에서만 언표될 수 있는 것이다. 그래서 잠재적인 것을 가리키는 언명은 그것이 '현실화'되어 그려질 때 일종의 역설에 빠지게 된다. 이것을 제시해야만 잠재성에 접근할 수 있다.

들뢰즈는 잠재성이 제기하는 역설을 네 가지로 정리한다. 첫째, 베르그송의 테제에 따르면 과거는 '오래된 현재'가 아니다(흄적인 의미에서 강도의 퇴화로써 드러나는 현재는 아니다). 현재는 현재로서 성립함과 동시에 그 자체로 과거로서도 성립해야 한다('동시성'의 역설). 과거는 그 자체가 한번 현재가 되고 나서 단계를 밟아 과거가 되는 것이 아니다. 그래서는 현재화와는 다른 과거의 위상은 확보될 수 없다. 현재는 현재임과 동시에 과거다. 그러나 현재가 현재임과 동시에 과거로 '있는' 것은 그 자체로 역설인 것이다.

들뢰즈는 이러한 논리를 전개시키면서 나아가 과거의 '공존'의 역설(현재에서 보면 과거의 전부가 새로 과거가 되는 현재와 공존하고 있다), 과거의 '선재'先在의 역설(현재가 지나가기 위해 과거는 미리 존재해 있어야 한다)을 논의해 간다.

과거의 전부와 현재인 과거와의 공존, 현재가 과거가 되기 위해 과거는 선재해야 하는 것, 이것들은 즉자적인 순간의 종합이라는, 첫 번째 시간이 성립하는 '근거'로서 과거의 위상 일반을 확인시키는 것이다. 첫 번째 역설, 즉 현재가 과거가 되는 것이 아니라 현재가 동시에 과거라는 사태가 성립하는 이상, 현재는 처음부터 모든 과거와 '공존'하는 한 영역이어야 한다. 현재로부터의 퇴화 정도에 따라 위계화되는 것이 아닌, 과거라는 독자적인 위상 그 자체가 '있다'. 또한 현재가 성립하기 위해 과거는 현재에 '선재'해야 한다. 현재 이전에 과거가 미리 '있다'고 말해져야 한다. 그것은 현재야말로 '있는' 것이라는 사태를 거스르는 것이다.

이것들은 '살아 있는 현재'와는 다른 방식으로 과거가 독자적인 영역성에 의해 존재한다는 것을 보여 준다. 현재는 동시에 과거이며, 과거 전부와 공존하고, 과거는 현재와 관계없이 선재한다. '살아 있는 현재'를 순간의 종합으로 보아내기 위해서는 현재라는 경험의 고정점으로는 환원되지 않는 상태로 그 존재 방식을 이끌어내야 한다.

잠재성은 현실성의 전제를 이루지만, 잠재성의 존재가 현재라는 관점에서 보면 역설이라는 것은 일관되게 베르그송적인 자세다. 그것은 제논의 역설이 보여 주듯이, 현재중심주의적이고 지각중심주의적인 입장을 취했을 때에 시간이 흐르고 현재가 과거가 된다는 사실을 설명할 수 없는 것과 결부된다. 시간이 흐르는 것이란 바로 현재의 종합이다. 하지만 현재로는 환원되지 않는 무한소의 간극이 그 배경으로 존재해야 한다. 잠재성을 상정함으로써 비로소 존재의 연속성을 이야기할 수 있게 된다.

이제 들뢰즈는 마지막 역설을 논의한다. 이를 통해 두 번째 수동적 종합이 정리된다. 바로 과거 전체가 자기 자신과 공존하는 역설이다. 베르그송이 기억의 원뿔을 이용하여 이야기하는 이 논의는 과거의 다층성을 포착하고 거기서 과거가 행하는 즉자적 반복을 밝힌다.

지금까지의 논의는 과거의 위상이 현재로 환원되지 않으며, '현실화'되어서는 이야기할 수 없음을 보여 주는 것이었다. 그러나 여기서는 그러한 잠재적인 존재가 어떻게 작동하는지 묻는다. 베르그송의 논의에 따르면, 과거는 다양한 정도의 수축이 이루어지며 과거 전체를 반복한다. 현재와는 구별되는 독자적인 과거의 영역이 다양한 정도의 개별성과 일반성으로 스스로 반복한다는 것이다(정신적인 즉자적 반복). 그리고 거기서 중요한 것은 이러한 과거의 다층성에서 가장 '수축'된 위상에(베르그송의 원뿔로 말하면 지각의 평면과 접하는 꼭짓점) 현재가 정위된다는 것이다. 이때 차이를 '포함하는' 과거의 반복적 종합이 나타남과 동시에, 현재인 위상도 과거가 가장 수축된 꼭짓점으로서 과거 쪽으로 환원되어 버린다.

거기서 현재는 과거의 극한이 된다. 현재는 현실적인 것이면서 잠재적인 것의 극한으로서 위치지어진다. 그런 한에서 현재는 과거의 모든 수준과 결부된다. '현재라는 기호'는 이러한 '극한으로의 이행'이다.[8]

현재는 즉자적인 순간의 반복인 한, 완전히 '현실적'인 것일 수밖에 없다. 그것은 차이를 '골라내'며 기능한다(수평의 반복). 그렇지만 차이를 '골라내'는 작용을 할 때, 정신적인 반복이라는 과거 자체에서 차이의 '포함됨'(수직의 반복)을 필요로 한다. '극한으로의 이행'은 이러한 두 가지 시점의 차이와 교차를 그려낸다. '현실적'인 것과 '잠재적'인 것 사이의 절대적인 어긋남과, 그에 따라 현재가 과거의 위상으로 환원되는 것은 바로 역설이다. 이것이 두 번째 시간에서 논의의 정점을 이룬다.

그런데 이러한 두 번째 시간도 들뢰즈의 사유에서 커다란 의미를 지닌다. 들뢰즈가 철학을 양-식이나 상-식=공통감각의 교란으로서, 일종의 역설로서 그려낼 때, 그것을 규정하는 하나의 계기는 여기서 기술되는 현재와 과거의 역설적인 관계이기 때문이다. 잠재적인 생의 수직적인 반복은 현실화된 순간의 반복인 현재에 의해서는 표현할 수 없는데도 표현은 항상 현재에 의거해 버린다. 또한 현재가 성립하기 위해서는 배경으로서의 잠재성이 불가결해지며, 현재 또한 본성이 전혀 다른 과거의 한 위상으로서 위치지어진다. 이러한 역설에 따라 잠재성의 존재를 가리키는 방식은 『의미의 논리』에서 이루어지는 '사건'성의 논의와도 거의 고스란히 중첩된다.

그렇지만 들뢰즈의 논의에서 또 하나의 핵심은 이러한 두 번째 시간과 그것이 제기하는 역설을 극복해 가는 데 있다. 잠재적인 것의 존재를 보여 주는 두 번째 시간만으로는 차이의 존재론을 충분히 이

---

8) '현재라는 기호'가 '극한으로의 이행'인 점에 관해서는 DR 113/198을 참조할 것.

야기할 수 없다. 근거로서의 시간이 아니라 근거를 해체하는 시간성이 차이의 조건으로서 요청된다. 현재와 과거에 얽힌 역설이 아닌 다른 종류의 역설, 즉『의미의 논리』로 말하면 캐럴Lewis Carroll적인 표층의 역설을 뛰어넘어 제기되는 아르토적인 심층의 역설을 보아내야 한다.[9] 그것이 세 번째 시간의 위상과 이어진다.

시간의 성립 조건으로서의 세 번째 시간

왜 세 번째 시간이 필요한가. 과거의 실재만으로는 어디가 불충분한가. 이 물음에 대한 들뢰즈의 대답은 데카르트적 코기토를 둘러싼 칸트적인 논의의 다소 독특한 계보를 배경에 둔 해석으로 먼저 제시된다.

들뢰즈는 다음과 같이 기술한다. 데카르트적 코기토의 논의에서는 '규정작용'(나는 사유한다)과 '미규정적인 존재'(나는 존재한다)의 연관성이 열쇠가 된다. 규정작용(사유)이 미규정적인 존재를 포함하기에 코기토의 명제가 확인되는 것이다(나는 사유한다, 고로 나는 존재한다). 반면 칸트는 '규정작용'(사유)이 이루어지기 위해서는 애초에 '규정 가능성'이 필요하다고 논했다고 한다. 애초에 데카르트적 코기토는 순간적인 존재밖에 보증하지 않는다. 그렇지만 미규정

---

9) 캐럴적인 역설에서 아르토적인 역설로의 전환에 관해서는『의미의 논리』에서도 큰 단층을 이루는 계열 13(LS 101 ff./165 이하)에서 논의되는, '이차적 조직화'에서 '일차적 질서'라는 심층으로의 이행을 참조할 것.

적인 존재가 사유에 의해 제대로 규정되기 위해서는 사유 자체가 가능해지는 형식이 도입되어야 한다. 그것은 사유에 대한 선험적인 위상일 것이다. 그리고 이러한 사유를 가능케 하는 선험적인 형식성이 시간이며, 코기토의 조건이 된다는 것이다.

들뢰즈는 여기서 경험론의 입장을 뛰어넘은 선험적인 사태를 간파해 간다. 즉 차이는 사유와 존재를 분리시켜 연관시키는 '외적'인 차이가 아니라 바로 '내적 차이'(그 가능성을 아프리오리하게 떠받치는 차이)가 된다는 것이다(cf. DR 116/202~203). 경험적인 차이에 기초한 연관(사유와 존재, 본체론적인 것——가지적可知的인 것——과 현상적인 것——감각적인 것——, 잠재성과 그 '나타남'인 현실성의 연관)을 떠받치는 선험적인 차이가 시간의 형식에서 밝혀져야 한다는 것이다.

이러한 논의에 따라 들뢰즈는 세 번째 시간을 도입하는데, 먼저 다음 사항들에 주의해야 한다.

첫째, '순수과거'를 극복하는 방식이다. 코기토의 규정 가능성 논의는 그 자체로 지나치게 추상적이지만, 실제로는 순수과거의 영역(바로 본체론적인 사유 자체)만으로는 현실적인 시간이 성립하지 않는다는 것을 탐구하는 논의일 것이다. 시간의 형식이 선험적인 조건이라는 것은 어떤 의미로 이해해야 하는가.

둘째, 여기서 상세히 기술할 수는 없지만, 이러한 '규정 가능성'의 논의가 『차이와 반복』 4장의 '이념론'에서 모습을 바꾸어 다시 등장하는 것이다.[10] 규정 가능성의 논의는 시간론의 맥락만을 생각하면 꽤나 느닷없는 것이다. 그것이 어떤 배경에서 도입되는지 그것만으로는 이해하기 힘들다. 그러나 '이념론'과 연결되는 부분에서 이 논의들이 살로몬 마이몬Salomon Maimon, 또는 라이프니츠를 계승한 19세기의 미분론이나 수리철학(신칸트학파적인 전개와 이어질 것이다)과 결부된 것임을 알 수 있다. 이는 반대로 세 번째 시간이 '이념'의 존재론과 관계되는 방식에 관한 시야도 제공해 줄 것이다.

그리고 셋째, 칸트 자신은 이러한 세 번째 시간이라는 형식성을 철저히 추구하지 않는다고 들뢰즈가 생각한다는 점이다. 들뢰즈는 세 번째 시간에서의 수동적 종합을, 자아라는 존재에 결정적인 균열을 일으키는 것이라 파악한다. 그것은 시간의 조건임과 동시에 시간이 자아적인 동일성에 기인해 버리는 것을 해체시킨다(이 심급이 시간의 조건이면서 탈근거화의 장면이기도 하다는 의미다). 그런데 칸트는 '신'과 '세계'의 동일성과 마찬가지로 '자아'의 동일성을 계속 유지한다(『실천이성비판』에서, 그리고 『순수이성비판』에서도). 들뢰즈는 칸트적인 선험성을 철저히 추구하기 위해 칸트적인 시점의 극복을 요구한다. 횔덜린(바탕-허) 혹은 니체(영원회귀)와 얽힌 주제들은 그

---

10) 이념론과 코기토 논의의 연관성에 관해서는 DR 220 ff./372 이하를 참조할 것. 거기서는 칸트가 미규정성, 규정 가능성, 규정작용이라는 원칙을 충분히 전개하지 못했다고 지적된다. 이념론에서는 규정 가능성인 시간의 '바탕-허'라는 방향으로가 아니라, 이념의 미분철학(우선 살로몬 마이몬이 중시된다)으로서 전개된다.

또한 5장 등에서 언급하겠지만, 시간이나 미분의 논의와도 관련되는 들뢰즈 고유의 '이념'에 관해서는 직접적인 연관은 없더라도 벤야민이 이념을 파악하는 방식, 특히 「인식비판적 서론」에서 다뤄지는 별자리로서의 이념, 그리고 단절이나 반복에 관한 논의와, 이념의 모나드성이라는 관점에서 중첩되는 점이 많다는 것을 잊어서는 안 된다. 벤야민과의 관련성은 5장에서 논의하겠지만 영상과 역사라는 테마, 또는 자본주의와 기계기술이라는 주제를 둘러싸고 들뢰즈적인 발상을 검토할 때 매우 중요해질 수 있다. 칸트적 이념의 모나드론적/미분적 전개의 계보학을 상정하고, 거기에 들뢰즈의 '이념론'도 다시 위치지어야 한다.

러한 논점에서 도출되는 것이다. 그들에게는 바로 바탕-허나 균열된 자아로서 공허한 무한 자체가 드러나기 때문이다. 여기서 칸트주의는 그러한 시간의 형식에서 표상의 탈근거화라는 방향으로 이끌려 간다. 그것은 자아나 현재의 동일성으로 환원되지 않는, 형식의 무한성이 지닌 바탕-허라는 성질과 직접 마주할 것을 요구한다.

이러한 논의는 『의미의 논리』에서 후설에 대해 취하는 자세와도 흡사하다. 거기서는 후설이 보아낸 선험적 영역이 들뢰즈 자신의 전인칭적인 사건성의 논의와 중첩된다. 하지만 후설도 어디까지나 사태를 표상적인 동일성으로, 즉 양-식이나 상-식=공통감각으로 끌어들였다며 논란이 된다. 들뢰즈가 진정으로 선험적인 것을 골라내는 것은 이러한 동일성에 의존하지 않는 차이를 포착함으로써 이루어진다.[11]

순수과거에서 미래로

순수과거는 베르그송에게 연속체로서의 시간 그 자체의 위상이었다. 그것은 '경험'으로서 그려지는 현실성이 가능하기 위한 '근거'인 것이었다. 그렇지만 들뢰즈는 이 기반을 이루는 위상만으로는 시간의 성립을 논의하는 데 불충분하다고 생각한다. 왜인가.

---

11) 『의미의 논리』에서 이루어지는 후설의 논의에 대한 평가와 비판에 관해서는 계열 14에서 선험적 영역을 명시한 부분(특히 의미의 '중립성'을 평가한 것)과 그 근원적 독사(Urdoxa)로의 종속을 논의한 부분 등을 참조할 것(LS 115 ff./180 이하).

들뢰즈의 논의는 다음과 같이 전개된다. 순간의 반복을 가능케 하는 순수기억의 위상은 결코 현재화될 수 없도록(현재화되기를 계속 거부하도록) 독자적으로 존립함으로써 시간이 흐르는 것을 가능케 했다. 그런 의미에서 잠재적인 것은 비현재적이며 비표상적이다. 하지만 잠재성이 갖는 비현재적인 존재 방식은 '상대적'인 것에 그치고 있다. 즉 그것은 어디까지나 현재화되고 표상되는 근거인 한에서 비현재인 것이다. 거기서 순수과거는 바로 정신적이고 수직적인 반복으로서, 물질적이고 수평적인 반복인 현재와 '순환'하고 있다. 순수과거의 시간은 원환으로 이미지화된다. 따라서 순수과거를 그려내기 위한 특징들은 실제로는 현재로부터 빌려 올 수밖에 없다.

바꿔 말해 보자. 철저한 현재주의자란 표상주의자다. 그들은 지각이나 감각을 범형으로 삼는 현재의 '경험'밖에 이야기할 수 없다. 하지만 시간이 흐르기 위해서는 현재가 부재에서 부재로 전개되는 것이어야 한다. 이를 위해 현재에 앞선 비현재가 불가결하다. 다시 말해 비현재를 차이로서 함의하지 않으면 흐른다는 사태는 발생하지 않는다. 순수과거의 잠재성은 이런 의미에서의 비현재다. 그렇지만 잠재성을 현재가 흐르는 배경으로서만 파악하면 그러한 잠재성과 현실성의 '순환'만이 그려질 뿐이다. 현재로 이행하는 기반은 드러나지만, 시간이 미래로 흐르는 것은 제시되지 않는다. 어디까지나 부재의 배경을 이루는 잠재성은 현재에 대해 '상대적'으로 차이화되어 있을 뿐이다. 그런데 시간이 흐르기 위해서는 이러한 순환에는 들어맞지 않는 '절대적'인 차이가 필수적일 것이다. 그것이 원환을 깨뜨리고 무한의 저편으로 형식적으로 연장되는, 공허한 형식으로서의 시간일 것이다.

세 번째 시간은 시간이 흐르는 것을 조건짓기 위해 현재와 비현재의 순환뿐만 아니라 거기서 무한히 연장되는 방향성이 탐구될 필요성을 제기하는 것이다. 잠재성과 현실화의 구도에서는 어디까지나 경험의 근거가 되는 비경험이 그려질 뿐, 시간이 앞서 나아간다는 것은 제시되지 않는다. 그런데 시간은 철저히 무한의 저편으로 연장되어 간다. 그러한 무한의 저편은 먼저 모든 경험적 내용을 결여한 순수한 형식성으로서만 포착할 수 있을 것이다. 즉 거기서는 시간의 '경험'(현재)으로도 '비경험'(과거)으로도 완전히 덮을 수 없는 절대적인 차이의 저편(미래)이 시간을 조건지으면서 표상을 결정적으로 해체하는 것으로서 비집고 들어오는 것이다. 그것이 세 번째 시간이리라.

공허한 시간의 논리 — 아프리오리한 순서

세 번째 시간은 이처럼 잠재적인 존재가 제시하는 역설성(잠재적인 것과 현실적인 것의 역설적인 관계성)과는 다른 역설성을, 시간을 가능케 하는 조건으로서 이끌어낸다. 거기서는 순수과거가 현재와의 원환으로 환원되고 그 차이가 '상대적'이게 되는 것을 방해하는 '절대적'인 차이가 도입된다. 원환 속에서 접혀지고 순환하기만 하는 시간이 아니라, 무한의 저편으로 뻗어 나가는 시간의 형식이 나타난다. 그것은 '규정작용'에 대한 '규정 가능성'의 장면이면서 (오히려 그렇기 때문에) 표상에 종속하는 근거가 아니다. 근거가 비현재이면서 현재를 떠받치는 배경이라면, 이 시간은 철저한 무근거로서, 완전히 비경험적인 종합으로서 파악되어야 한다.

그것을 들뢰즈는 원환을 해체하는 무한의 직선이라고 한다. 그리고 그 직선을 공허한 형식으로서 그려낸다.

여기서 공허한 형식이라는 것은 물론 그것이 '경험'에 초래될 수 없다는 시간의 초월성을 염두에 둔 것이다. 그러나 이러한 형식성이 단순한 경험 불가능성이 아니라 시간의 어떤 실질을 이루고 직선이라는 이미지로 표현된다는 것의 내용도 파악되어야 한다. 직선이란 무엇인가. 그것이 이미지화된다는 것이란 무엇인가.

이것들을 검토하기 위해서는 먼저 세 번째 시간론에서 중심적으로 기술되는 '서수'ordinal와 '중간휴지'中間休止, césure(원래는 횔덜린이 『오이디푸스 주석』 등에서 사용한 시론의 용어) 등의 테마를 살펴봐야 할 것이다.

서수부터 생각해 보자. 서수는 수의 기본인 기수cardinal와의 대립으로서 설정된다. 순서를 나타내는 수다. 기수란 바로 표상의 영역에서 사물의 수를 셀 때 단위가 되는 수다. 그런 한에서 그것은 경첩cardo인 축에 종속된 주기적인 것으로 묘사된다. 사물을 세는 단위로서의 기수는 그 단위를 주기적으로 반복함으로써 모든 것을 표상 속에서 파악하도록 한다. "경첩, 카르도는 시간에 의해 측정되는 주기적인 운동이 통과하는 바로 기수적인 점들에 그 시간이 종속된다는 것을 보증하는 것이다(세계와 영혼에 대한 운동의 수로서의 시간)."(DR 119/208)

반면 세 번째 시간이란 '서수ordinal 즉 순수한 순서로서의 시간'이다. 여기서 서수적인 것은 기수적인 것과는 달리 일관된 순서성ordre에 의해 특징지어진다. 그것은 절대적인 차례를 가지며, 그에 따라 무한의 저편으로 연결되도록 지시되는 것이다. 순서는 차례대로 연속되지만, 그것들의 위치짓기는 절대적이면서 부정不定하다(아 프리오리한 규정이며 무한하다). 세 번째 시간이란 이러한 절대적인 순서로서 파악되는 것이다(cf. DR 119~120/208~209).[12]

기수와 서수의 관계성은 물론 수론적인 것이다. 들뢰즈가 이것들을 논의하는 배경으로는 19세기의 수학과 그것을 이용한 신칸트학파와의 연관이 상정된다('이념론'에서 미분론과 '규정 가능성'의 논의가 관련되는 것과 비슷한 사정이 여기에도 있다). 또한 서수의 개념은 『철학이란 무엇인가?』에서 전개되는 '이념'의 논의에서도 주제로 받아들여지고 『시네마』의 논의에도 숨어 있다.[13] 들뢰즈가 이산적인 존재의 심급을 생각할 때, 그것이 서수적인 특성을 갖는다는 것은 변

---

12) 순서적인 것과 인간의 인지 기능의 연관성에 관해서는 다양하게 언급된다. 특히 자폐증인 서번트 증후군 등의 사례에서 순서적인 위치를 그대로 인식하고 기억하는 것과 인간의 인지 기능 자체의 관계가 논점이 된다. 쉽게 읽을 수 있는 것으로 村瀬学, 『自閉症 ─これまで の見解に異議あり!』, 筑摩書房(ちくま新書), 2006이 있다. 또한 郡司ベギオ·幸夫, 『生命理論』, 哲学書房, 2006[군지 페기오-유키오, 『생명이론: 들뢰즈와 생명과학』, 박철은 옮김, 그린비, 2013]에서도 타입과 토큰이라는 주제에 따르고 있기는 하지만 이러한 논점이 제시된다. 순서성과 무한한 연쇄의 인식은, 물론 서수라는 수학적 능력과 함께 진화의 어느 단계에서 인간이 획득한 것이겠지만, 표상적인 삶에서 그것은 은폐됨과 동시에 전제된다. 순서란 무엇이냐는 물음은 특이성으로서의 개체를 어떻게 인식할 수 있느냐는 방향에서 여러 가지로 논의될 수 있을 것이다.

13) 예컨대 『철학이란 무엇인가?』의 변주=바리아시옹(variation) 개념이나 내재면과의 관계를 참조할 것(QP 26/36). 이러한 논의와 『시네마 2』의 '시간-이미지'가 연관된다는 것도 시간의 질서(ordre)나 '직선'이라는 '미궁'(보르헤스Jorge Luis Borges에게서 인용한 것) 등의 테마를 통해 제시될 수 있다.

함없이 중시되는 것이다.

왜 순서인가. 다시 한 번 잠재성의 논의로 되돌아가 보자. 잠재성 논의의 핵심은, 즉자적인 현재의 반복＝순간의 연쇄로는 시간의 연속적인 흐름을 설명할 수 없으므로 무한소의 실재를 보아내어야 한다는 것이었다. 현재화된 표상이 내포하는 무한성이 극소로서 상정된 것이었다. 무한에 관한 이러한 발상은 분명 일종의 라이프니츠주의, 그것을 받아들인 신칸트학파, 베르그송의 생의 철학이나 퍼스Charles Sanders Peirce적인 연속성의 철학 같은 자연주의 철학과 중첩된다.

그렇지만 세 번째 시간에서 순서성의 논의는 연속체론으로는 논의할 수 없었던 장면을 파고든다. 이는 내포적＝강도적인 연속성이 순서성으로써 전개되는 것의 절대성이라는 장면이다. 그러한 순서성이 없으면, 즉 단지 순환하는 시간을 그리기만 해서는 애초에 일회적인 것인 시간의 흐름을 포착할 수 없다. 순서의 절대성은 시간적 위치의 특이성을 보여 주기 위해서도 필요한 것이다. 다시 말해 그것은 연속성의 사유가 성립하기 위해 배제한 공간적인 위상을 표상적인 것으로서가 아니라(그런 한에서의 외연성에 의해서가 아니라) 선험적인 심급으로서 재도입하는 것이다. 거기서는 무한의 농도성(프랙탈적인 쟁여짐의 순환)이 아니라 순서라는 무한히 펼쳐지는 아프리오리성이 짜여 넣어짐으로써 시간이 다른 곳을 향하는 일회적인 것으로 조건지어진다. 그러므로 이때 선험적인 공간＝외연성은 어디까지나 절대적인 차이에 결부되는 비표상적인 것으로서 제시되어야 한다. '주사위 던지기'의 우연성에 의해 개시된 이 세계의 절대적인 순

서 속에서, 특이적인 것으로서 위치를 배분하는 시간이 그려져야 하는 것이다.[14]

중간휴지와 시간-이미지

서수의 논의에 이어, 들뢰즈는 횔덜린의 시론에서 착상을 얻은 '중간휴지'를 테마로 삼는다. 이는 무한한 직선에서의 부등한 배분이라는, 공간적 외연화의 문제와 관련된다. 그것은 무한한 흐름 속에서 위치를 특징짓는 것이다.

들뢰즈에 따르면, '중간휴지'란 시간이 '압운하는' 것을 그만두는 장면이다. 시간은 "'중간휴지'의 한쪽[앞]과 다른 쪽[뒤]으로 자기를 불균등하게 배분한다"(DR 120/209). '중간휴지'의 '앞'과 '뒤'가 반비례를 이루며 부등하게 배분되는 것이다(시의 리듬적인 조화가 깨지고, 시의 시작과 끝이 일치하지 않는다). 이러한 '중간휴지'는 "경험적 혹은 동적인 규정"이 아니라, "아프리오리한 순서에서 유래하는 형식적이고 고정적인 특징"이라고 기술된다(DR 120/209). '중간휴지'는 바로 서수적인 것 속의 분절로서 시간의 배분을 보여 주는 것

---

14) '주사위 던지기'라는 테마는 반대로 이러한 세 번째 시간의 위상에 입각하여 노마드적인 배분을 사유할 때 핵심을 이룰 것이다. 우연성, 도박, 우발점(point aléatoire) 등의 테마와 영원회귀적인 세 번째 시간과의 연관성은 앞서 언급한 '근원적인 출발점'에 근거를 두고 검토해야 한다(cf. DR 255 ff./427 이하, LS 74 ff.[계열 10]/131 이하). 말라르메와 들뢰즈와 구키 슈조(九鬼周造)의 연관성에 관해서는 졸저『賭博 / 偶然の哲学』, 河出書房新社, 2008을 참조할 것.

이다.[15]

거기서는 중요한 전개가 이루어진다. '중간휴지'의 논의는 세 번째 시간의 선험적인 순서성에 덧붙여, 그것을 행동과 서로 연결시키는 형태의 이미지화를 향하기 때문이다. 즉 분절로서 그려내려는 것은 단지 선험적 조건으로서의 공허한 직선성이 아니라, 절단면과 그 앞뒤를 위치짓는 것 자체의 이미지다. '중간휴지'는 무한한 직선 속에서 행동과 연관되는 이미지화에 의해 '앞'과 '뒤'를 균형이 맞지 않게 배분하는 것이다. 이러한 논의를 바탕으로 들뢰즈는 '계열' 혹은 '총체'를 이끌어낸다.

'중간휴지'는 '앞'과 '중간휴지'와 '뒤'라는 세 가지 위상을 분절함으로써 아프리오리한 직선 속에서의 시간성을 제시한다. 거기서 그것들을 '불러모으기'rassembler, '총체'ensemble로서의 시간을 그려내는 것도 가능해진다는 것이다. 그것은 시간 그 자체의 '상징=심볼화'와 다름없다. 왜냐하면 '총체'로서의 시간은 그 자체로서는 표출

15) 『차이와 반복』에서 중요한 위치를 점하는 '중간휴지'라는 말은 그 이후의 저작에서는 별로 등장하지 않았지만, 이에 관해 주목해야 할 점은 『시네마 1』에서 에이젠슈타인의 몽타주 기법이 언급된 부분이다(cf. CI 51 ff./68 이하). 몽타주란 시간의 '간접적 이미지'에서 전체를 부감하는 시선과, 사이로서 수축한 시간을 연결하면서 이미지화하는 중요한 장치이지만, 거기서는 '중간휴지'라는 말이 에이젠슈타인 자신의 텍스트에서 인용되어 시간을 분절하는 장치로서 이용된다. "…… 이 황금분할은 중간휴지의 점을 보여 주고, 총체를 서로 대립 가능하지만 부등한 두 부분으로 분할한다."(CI 51/69) 들뢰즈가 『차이와 반복』을 집필할 때 이러한 에이젠슈타인의 논의를 의식했는지는 알 수 없지만, 연극 혹은 시네마의 총체를, 이미지를, 시퀸스를 부등하게 두 개로(에이젠슈타인의 경우 황금분할로) 나누는 이 계보는 '분절=구획'에 관한 논의로서 독일계 연극론(브레히트) 등과도 연관지을 수 있으며 들뢰즈 논의의 위치와 관련된 테마로서도 성립된다.

될 수 없고, 행동-이미지라는 관점에서 시간을 '불러모음'으로써 나타날 뿐이기 때문이다.[16)]

그러나 '중간휴지'를 거쳐 '총체'가 파악되는 것으로부터 다시 시간의 '계열'을 이끌어낼 수 있게 된다. 그때 세 번째 시간의 관점에서 세 가지 시간성에 대해 행동과 연관되는 이미지화가 이루어지는 것이다. 최초의 계열은 '앞'을 이루는 과거인데, 그것은 행동에 비해 항상 '너무 크다'trop grand(따라서 행동은 이미 일어나 버렸거나 일어나지 않았거나 둘 중 하나다). 이 장면은 부등하게 배분된 과거라는 잠재성의 위상을 이미지화한 것과 다름없다. 두 번째 계열은 분절하는 '중간휴지'의 현재다. 그것은 행동과 '동등해지는'devenir-égal 것이며, 그것을 축으로 하여 자아가 행동-이미지에 투영된다. 이는 첫 번째 시간의 위상을 그 능동적인 종합의 토대라는 존재 방식에서 다시 파악한 것이다. 그리고 세 번째의 계열은 '뒤'다. 그것은 공허한 시간에 의해 그려지는 미래의 이미지 그 자체다.

이처럼 부등하게 배분되는 '뒤'를 계열로 이끌어냄으로써 자아에 의한 종합으로서의 일관성이 아닌 '비밀의 일관성'을, 즉 경험에 의거하지 않는 공허한 형식의 일관성을 이미지화할 수 있게 된다. 세

---

16) 들뢰즈의 '불러모으기'라는 말은 우선 시간으로서의 존재 총체를 이미지화하는 것이라는 점에서 하이데거 존재론의 '모음'(die Sammlung) 등을 상기시키는데, 하이데거적인 존재론과 들뢰즈의 이산적인 존재론을 연결하는 중요한 문제에 관해 지금은 논의할 수 없다. 또한 『차이와 반복』의 들뢰즈는 '이미지 없는 사유'에 의한 도그마적 사유의 해체를 목표로 하면서 시간적 존재의 총체에 관해서는 이러한 행동을 매개로 한 '상징화'를 통해 논의하는데, 『시네마 1』에서는 바로 시간-이미지 자체가(행동과 연관된 이미지가 아니라) 받아들여진다는 것도 방법론적인 전환으로서 유의해야 한다.

번째 시간이 니체적인 영원회귀와 결부되고 분열자의 생(탈기관체나 뇌)과 중첩되는 것은 이러한 작업을 통해 이루어진다.

행동의 반복에서의 시간

논의는 이렇게 전개되어 왔다. 먼저 시간의 경험적인 성립(현재와 과거)의 조건으로서 세 번째 시간인 공허한 형식이 그려졌다. 그러나 절대적인 차이를 도입하고 미래를 포착하는 이 공허한 형식만으로는 정점定點이 전혀 없는 순서성밖에 제시되지 않는다. 그런데 이러한 직선의 시간은 그 자체가 '중간휴지'라는 분절이 도입됨으로써 '앞'과 '뒤'로 시간을 부등하게 배분하는 것으로 그려진다. 이러한 배분에서 시간은 다시 '상징'으로서 '불러모아'져 '총체'가 되고(그것은 파괴된 전체의 모습을 보여 줄 것이다), 시간의 각 위상이 '계열'로서 이미지화된다. 행동과 결부된 '계열'은 세 번째 시간의 관점에서 첫 번째 시간과 두 번째 시간을 다시 포착하는 것이다. 그리하여 최종적으로는 행동의 관점에서 바라본 반복론으로서 정리된다.

　　과거는 '중간휴지'라는 분절의 '앞'이며 부등하게 '너무나 큰 것'이다. 거기서 행동은 이미 이루어져 있거나 이룰 수 없는 것이므로 행동 그 자체가 항상 '결여'défaut되어 버린다. 그러나 과거는 '결여'됨으로써 그 자체로 반복한다. 그것은 '결여'되어 있기 때문에 반복하는 것으로서 '행동의 조건'을 이루는 것이다(기억의 즉자적인 반복이 미래의 관점에서 현재의 행동 조건으로 파악된다). 현재를 나타내는 '중간휴지'는 직선을 부등하게 배분한 절단면인데, 그것은 부등한 것을 '동등하게' 만들어 버리는 '변신'métamorphose의 국면이다. 그것은 행위의 '결여'가 떠받치는 반복의 행위 그 자체이며, 결국 '행동의 작용자'로서 파악된다(순간의 즉자적인 반복을 세 번째 시간의 한 차원으로 위치짓는다). 과거는 '반복'이고, 현재는 '반복'의 '행위자'다.

그렇다면 미래란 무엇인가. 미래의 계열이란 바로 '반복되는 것'인 '영원회귀'로 지정되는 것이다. 무한히 이어지는 순서의 저편은 무한히 반복되는 것과 다름없다. 이는 과거의 '결여'와 반비례하게 아직 보지 못한 행동의 '과잉'excès으로 파악되고, '등가'가 된 '행위자'에 의해 계속 반복된다. 미래는 과잉으로서 반복되는 것이다. 이때 공허한 직선으로서의 순서성이 또 다른 원환을 제시하며 반복되는 것으로서의 이미지가 된다.

"순서로서의 시간이 '동일한' 원환을 부수고 시간을 계열로 바꾼 것은 계열의 끝에 '다른' 원환을 재형성하기 위해서였다. 순서의 '단 한 번'une fois pour toutes이 거기에 있는 것은 비교적秘教的인 마지막 원환의 '매번'toutes les fois을 위해서다."(DR 122/213) 미래란 그 자체로 무한히 계속되는 순서성이라는 초월적인 사태를 현재=동일함에 의거하지 않는 별종의 반복으로, 즉 '절대적'으로 '다른' 것을 끌어들이는 반복으로 지정한다. 거기서는 형식적으로 정해져 있는 순서의 절대적인 일회성('단 한 번')이 늘 되풀이되는 것이다('매번'). 그렇게 나타나는 "영원회귀에서의 비정형적인 것"(DR 122/213)이야말로 미래의 이미지인 것이다.

세 번째 시간은 이처럼 순서(형식으로서의 서수), 총체(부등한 배분의 '불러모으기'), 계열(총체에서 상징화된 행동-이미지의 각 분기),

그리고 '최종목적'(비정형적인 것을 제시하는 영원회귀)의 '단계'stade
에 따라 드러나며, 이를 통해 반복론으로서의 시간론이 총괄된다. 세
번째 시간의 종합, 모든 표상적인 동일성으로써는 그려낼 수 없는 종
합이란 '절대적인 차이화'를 제시하는 '새로움'을 향한 반복이다(그
것이 '차이를 골라내는' 첫 번째 시간, '차이를 포함하는' 두 번째 시간과
결정적으로 다른 세 번째 시간의 원리다). 그것은 영원회귀의 반복으로
서, 즉 일회적인 순서성의 시간 속에서 무한히 되풀이되는 미래로서
'비밀의 일관성'을 보여 주는 반복인 것이다. 이렇게 세 번째 시간의
종합이 시간의 선험적 영역으로 요청됨과 동시에, 그 자체가 역설을
초래하는 영원회귀로서 이미지화된다. 『차이와 반복』에서 반복론으
로 전개되는 시간론은 우선 그처럼 귀결된다.

　　세 번째 시간은 나아가 『차이와 반복』 2장 후반부의 장치들(프
로이트, 멜라니 클라인, 라캉)에 의거한 서술까지 고려하면서 재검토
되어야 하며, 그 논의가 '이념론'과 어떻게 결부되는지도 분석되어야
한다. 또한 전망을 더 넓힌다면, 이러한 시간론이 『의미의 논리』의 논
의와 어긋나면서도 통합되고 '탈기관체' 및 '동적 발생'론과 연관되
는 방식에 관해, 혹은 후기의 『시네마 2』에서 행동의 이미지와는 분
리된 시간-이미지로서, 특히 총체와 계열의 개념을 활용하면서 다
시 그려져야 하는 의의에 관해서도 언급되어야 한다.[17]

---

17) 들뢰즈의 시간론을 부연한 연구서 Yann Laporte, *Gilles Deleuze: L'épreuve du temps*,
　　Harmattan, 2005 등에서 균형 잡힌 논의가 전개된다.

2장 · 영원의 현재

세 번째 시간론의 전개

『차이와 반복』 2장의 시간론(시간의 세 가지 수동적 종합)은 들뢰즈의 논의 구성을 밝히는 것이다. '살아 있는 현재'(현실성)에서 '순수과거'(잠재성의 근거)로, 그리고 그 바탕-허의 바탕을 이루는 '영원회귀'(형식으로서의 직선=탈근거화)로 이어지는 논의의 틀과 그로부터 도출되는 내용은 들뢰즈의 사유 속에서(가타리와의 공동 작업을 거치고 나서도) 일정한 의미를 계속 유지한다. '살아 있는 현재'가 떠받치는 표상의 위상을 가능케 하고 동시에 그것을 무너뜨리기도 하는 바탕을 드러내는 전략은 그대로 계승된다.

그러나 형식적인 삼층구조에 의해 드러나는 시간론은 그대로 제시되면 여러 가지 문제를 포함할 것이다. '살아 있는 현재'를 구성하는 수동적 종합의 근거를 캐묻고 그 무근거성에 도달한다는, 지극히 현상학적인 논의의 설정(현상에서 존재로의 전개와, 그것을 파악하는 중심축으로서의 시간)이 유지될 수 있을까? 이러한 시간론의 서술이 거의 『차이와 반복』에만 한정되는 만큼 신중히 생각해야 하지 않을까? 또한 내용적으로 생각해 봐도, 현상의 조건을 탐색해 가는 이러한 논의를 통해 세 번째 시간인 바탕-허의 장면이, 혹은 그 무근거로서의 의의가 정말로 잘 나타날 수 있을까? 애초에 거기서 제시되는 현재, 과거, 미래라는 시간의 형식성(행동의 반복과 연관지어지는 시간-이미지)은 또다시 일종의 동적 연관 속에 편입되어야 하지 않을까?

들뢰즈의 논의도 그 이후 다양하게 요동쳐 간다. 그때 핵심이 되는 현상을 세 가지 제시해 보겠다.

첫째, 『차이와 반복』 2장 후반에서 그려지는 정신분석적 서술과 관련지어진다. 그것은 이념적인 다양체의 작동을 둘러싼 4장의 '이념론'에 시간론을 엮기 위한 전단계적인 작업이라고도 할 수 있다. 1960년대에 들뢰즈가 정신분석과 그로부터 도출되는 지견을, 현상학과는 다른 방식으로 존재론을 재구축하는 데 적당한 소재로 간주하던 흔적도 있다.[1] 정신분석적인 주제와 시간론의 관련짓기는 시간

---

1) 1960년대에 들뢰즈가 존재론적 시도를 실현하기 위한 장치로서 정신분석을 선택한 것도 무리가 아닐지 모른다. 그것은 특히 『의미의 논리』에서 다루는 말의 동적 발생이라는 사태에 딱 들어맞을 것이다. 실제 현상학 이외의 방법으로 존재론을 구성하려 할 때에 정신분석 이외의 어휘가 변천치 않았던 것도 분명하다. 하지만 말할 필요도 없이 정신분석적 논의에 대한 평가, 특히 프로이트/라캉적인 실천에 대한 자세는 가타리와 공동 집필을 시작한 후에는 일변한다. 그때도 프로이트가 논의하는 타나토스와 라캉의 '현실적인 것'을, 실재를 그리는 뛰어난 시도로 간주해 온 데는 변함없다. 그러나 동시에, 어느 시기부터 존재론을 그리는 용어가 생명-환경시스템론적인 것으로 대체되어 들뢰즈 자신의 서술이 그에 즉응해 간 것도 사실이다.

이라는 테마를 들뢰즈가 생각하는 잠재적인 시스템의 작동 속에 위치시키기 위해 필요하지 않을까?

둘째, 『의미의 논리』에서의 전개를 고려해야 한다. 『의미의 논리』는 들뢰즈의 1960년대 대표작 중 하나이며, 많은 부분이 『차이와 반복』의 내용과 겹친다. 하지만 후기 사유에의 맹아라 할 수 있는 여러 가지 테마가 등장하기도 한다. 특히 시간론을 둘러싸고 크로노스와 아이온의 대비를 축으로 하는 논의는 (삼층구조가 두 항의 대비가 된다는 점을 제외하면) 얼핏 보면 『차이와 반복』의 시간론을 모방한 것으로 읽힌다. 그렇지만 큰 변화가 포함되어 있기도 하다. 영원성(아이온)과 현재성이라는 두 주제를 교차시켜 『차이와 반복』에서는 그려질 수 없었던 논점을 명시하는 것이다. 이는 세 번째 시간의 내용에 대한 일종의 현재화라고 할 수 있다. 거기서 '순간'으로서 나타나는 아이온의 현재의 위상은 '반-효과화'라는 주제와도 연결되며, 철학적 사유의 바람직한 방향을 보여 주는 것이라 할 수 있다.

셋째, 『시네마』(특히 『시네마 2』)에서 층과 결정체로써 전개되는 '시간-이미지'의 논의가 있다. 그것은 세 번째 시간의 이미지화, 즉 이미지화에 철저히 역행하는 무근거 그 자체의 이미지화를 시도하며, 『차이와 반복』의 논의와 분명한 어긋남을 발생시킨다. 이러한 논의는 시간의 층상성層狀性이나 평면의 이미지와 얽힌 『푸코』 및 『철학이란 무엇인가?』의 기술과도 연관되고, 더욱 넓게 보면 역사성 그 자체(층으로 쌓아 올려지는 역사의 존재 방식)를 어떻게 사유할 것인가 하는 문제와도 이어질 것이다(특히 푸코적인 계보학을 시도하는 것과 관련된다).

여기서는 세 번째 시간의 이미지화와 관련된 마지막 논점은 우선 보류하고, 처음 두 가지에 관해, 특히 세 번째 시간론의 시스템론적 동태화動態化라는 관점에서 검토할 것이다.

시간론의 정신분석화

『차이와 반복』 2장 후반부에서 다루는 시간론의 정신분석화 논의부터 살펴보자. 거기서는 세 가지 시간의 위상이 에스Es(하비투스와의 연관에서), 에로스(므네모시네와의 연관에서), 타나토스(영원회귀와의 연관에서)로서 다시 파악된다. 정신분석적인 자아론의 서술에 즉응하면서 공허한 시간 속에서 균열이 생긴 자아의 주제화(나르시시즘적 자아)에 이르는 논의다. 그렇기에 이는 세 가지 시간론의 단순한 반복에 불과하다고 할 수 있다. 하지만 주목해야 할 점은, 이처럼 다시 그려 가는 가운데 각 시간의 위상을 시스템론적인 전개에 즉응시킨다는 것이다.

하비투스를 논의하는 첫 번째 시간과 연관지어지는 것은 에스로서의 생의 조직다. 거기서 프로이트의 『쾌락 원칙을 넘어서』에서 다뤄지는 흥분의 '구속'이라는 주제와, '살아 있는 현재'에서 차이를 골라내는 습관화의 위상이 서로 겹친다. 그것은 현재적인 수축으로서의 수동적 종합을 구체화하면서 능동적인 자기의 위상, 즉 '현실 원칙'에 의거한 인칭적인 자기성이 발생하는 현장을 목격하는 것이기도 하다.

그러나 이러한 능동성을 떠받치는 수동적 종합에서 현실화의 방향을 향하기 위해서는 동시에 현실화의 역방향으로 나아가는 별개의 종합이 필요해진다고 한다. 이는 능동적인 작용이 현실적인 대상의 설정을 향하는 데 반해, 그것에 늘 붙어 있는 안감 혹은 뒷면으로서 그 자체는 부재인 현상을 형성하는 것이다. 이 작용이야말로 에로스적인 욕망의 기반을 그려내는 것이다.

그것은 이렇게 그려진다. 유아에게 있어서 흥분이 향하는 하나의 극은 정립된 대상이다. 예컨대 어머니라는 현실적인 현상을 향해 그 대상의 지각적인 반복을 지향할 것이다. 하지만 욕망의 흐름 속에서 그러한 현실적인 대상의 정립은 그와 동시에 전혀 다른 잠재적 대상을 그 자체의 안감처럼 구성해 버린다. 유아에게 그것은 손가락이나 천 조각이나 장난감으로 표상되는 근원적인(어머니의) 대리성이다. 에로스적인 욕망은 마치 허초점 같은 역할을 하는 이러한 현상에, 즉 근원적으로 대리된 허적虛的이고 잠재적인 것에 고집하고 달라붙는다.

현실적인 대상은 이를테면 진위를 결정하는 수준을 나타낼 것이다. 그러나 이러한 잠재적인 허초점인 대상=x는 항상 그것과 마주치지 못하는 방식으로, 이미 상실되어 있는 것으로 나타난다. 거기서 욕망은 현실성과 잠재성이 낳는 이러한 두 계열의 극 사이를 타원처럼 계속 돌게 된다. 이러한 잠재적인 대상은 멜라니 클라인Melanie Klein이 말하는 '부분 대상', 라캉이 말하는 '대상 a'에 기대어 제시되기도 한다. 그것은 현실적인 대상처럼 통합된 동일성을 갖지 않는 단편적인 것이다. "잠재적인 것은 그 기원뿐만 아니라 그 고유한 본성에서도 조각이고 단면이며 허물이다."(DR 133/230)

들뢰즈는 늘 마주치지 못하는 것을 전제로 하면서 실현될 수 없는 것을 향하는 이러한 부재에 관한 논의를 베르그송의 '순수과거' 즉 두 번째 시간의 내용과 결부시킨다. 욕망은 현실적인 계열과 동시에, 욕망으로서 존립하기 위해 허초점으로서의 대상=x를 상실된 것으로서 필요로 한다. 절대적인 과거성에 의해, 즉 결코 현실화될 수 없음으로써 드러나는 순수과거의 잠재성이, 에로스적인 욕망이 작용하는 기저가 되는 것이다.

이러한 위상은 언제나 전치나 위장 같은 방식으로만 드러난다. 프로이트는 이 위상을 모든 억압의 기원에 있는 '원억압'으로서 그려내려고 했다. 하지만 그래서는 있어야 할 무언가가 설정되고 나서 근원적으로 상실되고 은폐된다는 식으로 파악할 수밖에 없다. 그러나 전치나 위장은 더 깊은 반복과 결부되어 그 자체로 긍정적인 것으로서 규정되어야 할 것이다. 그때 마주치지 못하는 것은 '문제'problème라는 적극적인 주제로 이어진다.

모든 가면의 배후에 있는 가면 덕분에, 또한 모든 장소의 배후에 있는 전치 덕분에 '물음-문제'만이 근원적이고 궁극적인 것이다. (DR 142/244)

잠재적인 것은 현실적인 것에 달라붙어 항상 마주치지 못하는 안감으로서 욕망을 구동시킨다. 거기서 '대상 a'가 보여 주는 세계의 단편은 문제를 제기하기 위한 장면으로서, 세계 그 자체를 동적인 힘으로써 드러나게 하는 것으로 다뤄진다. 바로 거기서 에로스와 므네모시네의 종합이 이루어지고, 욕망과 두 번째 시간이 연결된다.

이처럼 순수과거의 영역은 현재화된 위상과 역설을 초래하는 잠재적인 영역으로서, 그러나 그 자체는 항상 긍정적으로 문제를 설정해 가는 장면으로서 페티시적인 욕망의 위상과, 그리고 그것이 가진 위장과 단편이라는 존재 방식과 중첩되는 것이다.

타나토스적 영원회귀의 시간

여기에 세 번째 시간의 장면이 덧붙여진다. 타나토스로서 그려지는 영원회귀의 시간이다.

타나토스의 위상이 필요해지는 맥락은 수동적 종합의 장면과 거의 동일하다. 현실성과 잠재성이라는 두 계열로의 분기에서 순수 과거가 단순히 지나간 현재에 빠져들지 않고 그 양쪽의 차이가 진정 내적인 차이이기 위해서는, 차이를 절개하는 것으로서, 에로스적-잠재적인 것보다 깊은 위상이 요청된다. 그것이 드러내는 절대적인 균열이 차이를 진정 내적인 차이로서 설정한다는 것이다.

타나토스가 그려지는 방식에도 그다지 변화는 없다. 그것은 '모든 기억 내용을 포기'한 형식으로서의 시간, 공허한 시간, 정적인 순서로서의 시간이다. 이러한 공허한 형식성이, 최종적으로 원환성을 형성해 버리는 에로스와는 다르게 그려지는 타나토스인 것이다. 그것은 "에로스와 더불어 순환에 들어가지 않는다. 죽음욕동은 결코 에로스와 상호 보완적이지도 적대적이지도 않다. 죽음욕동은 어떤 의미에서도 에로스와 대칭적이지 않으며, 오히려 전혀 다른 또 하나의 종합을 증언한다"(DR 147/252).

프로이트가 제시한 타나토스는 유기체를 해체시키는 무기물의 반복이었다. 그러나 들뢰즈는 단순히 물질적인 빈약한 반복으로서가 아니라 다른 것과의 차이를 가능케 하는 것으로서, 세 번째 시간의 반복에 포개어 간다.[2] 무기물성을 형식적 시간의 절대성을 가진 영원회귀에 접근시켜 간다.

그렇다면 공허한 시간성을 타나토스로 전개함으로써 무엇을 시도하는 것인가. 중요한 것은 타나토스의 논의가 내기='주사위 던지기'를 이야기하는 이후의 '이념론' 및 『의미의 논리』의 논의로 이어진다는 점일 것이다.

먼저 다음과 같이 기술된다.

영원회귀가 본질적으로 죽음과 관계되는 것은 영원회귀가 '하나'인 것의 죽음을 '단 한 번' 촉진하고 또한 끌어들이기 때문이다. 영원회귀가 본질적으로 미래와 관계되는 것은 미래가, 다양한 것의, 서로 다른 것의, 우연적인 것의, 그 자체들을 위한, 또한 '매번'의 전개이며 펼침이기 때문이다. (DR 152/260)

영원회귀란 내기다. 하지만 '우연의 전체'를 긍정하는 내기다.

---

2) 프로이트의 『쾌락 원칙을 넘어서』에 따르면, 타나토스적인 반복이란 유기체가 무기적인 것으로 돌아가고 그것을 반복한다는 의미에서 그 자체로서는 빈약한 반복에 가까운 부분도 있다. 하지만 물론 거기서 이야기되는 무기물성이란 유기물을 생성하는 물질성으로서, 유기체에게는 죽음이라는 타성(他性)을 품은 내포적 질료성이다.

내기로 거는 것이 가능적·부분적으로 결정되어 승패를 가를 수 있는 내기(나쁜 내기)를 묻는 것이 아니다. 그러한 내기는 과거의 시간을 보여 주는 것으로 그려진, 반복의 '결여에 의한 조건짓기'와 연관될 뿐이다. 반면 영원회귀의 내기, 순수한 직선에서의 내기란 그 자체로 일회성을 가진 영원한 것으로서, '매번' 이루어지는 '단 한 번'인 것으로서 우연 전체의 긍정을 가리킨다.

> 그 자체의 회귀 시스템 속에서 가능한 모든 조합과 규칙을 포괄함으로써만 주사위를 반복해서 던지기 때문에 필연적으로 승리할 수밖에 없는 반복을 가져오는 것이다. (DR 152/261)

타나토스의 시간이 '주사위 던지기'로서, 일회적인 우연적 시간을 매번 반복하는 영원으로서 발견되는 것, 그럼으로써 미래를 그려 내는 세 번째 시간이 구현되어 가는 것, 이것이 시간론의 시스템론화에 대한 잠정적 귀결이다. 이러한 내기의 논의는 보르헤스가 그려내는 무한의 분기와 그 직선이라는 미궁의 이미지와 결부된다. 직선이라는 무서운 미궁, 일회적인 것의 끝없는 반복, 그것은 『의미의 논리』를 가로질러 『시네마』에 이르기까지 집요하게 되풀이되며 이미지화되는 세 번째 시간=영원회귀의 원상原像이라 할 수 있는 것이다.[3]

---

3) 『차이와 반복』에서 이용되는 보르헤스의 논의는 무근거의 시간의 직선성을 둘러싼 기저적인 이미지이면서 그것을 라이프니츠적인 논의와 연관시키는 것으로서, 서술의 중요한 부분에서 자주 등장한다. 『의미의 논리』에서는 계열 24(LS 206/299)와 계열 16(LS 139/214) 등, 『시네마 2』에서는 6장(CII 171/263~264) 등을 참조할 것.

이념론과의 연결

이처럼 시간론이 정신분석화되면 시스템론 총체와의 연관을 파악할 수 있게 된다. 들뢰즈의 시스템론은 『차이와 반복』 4장 이후에서 '이념'이라는 사상事象을 둘러싼 전개를 통해 제시된다. 이러한 '이념'의 논의와 시간론의 평행성에 관해 살펴보자.

한편으로는 '이념'의 위상이 '문제'로서의 잠재성에 의해 그려진다. 이는 두 번째 시간＝에로스적인 욕망의 장면과 겹친다. 그리고 다른 한편으로 '이념'을 발동시키는 바로 그것이 '물음'question의 위상으로서, '주사위 던지기'가 띠는 긍정이라는 테마와 관계된다. 개방적인 공간성에서 차이의 발동을 둘러싼 그 논의는 형식적인 직선성으로서의 세 번째 시간이 '문제'를 작동시키는 '출발점'으로서 '이념'에 연결된다는 것을 밝힌다.

'문제'의 위상에 관해서는 이렇게 논의된다. 들뢰즈에게 '이념'이란 본질의 장면이 아니다. 그것은 이 위상이 현실화적인 것으로서 파악되는 진위의 위상과는 관련되지 않는 데서도 알 수 있다. 그것은 현실화적인 것의 안감으로서, 늘 위장된 시뮬라크르로서 욕망의 대상이 된다. 잠재적인 것의 영역은 이러한 의미에서 해解의 결정적인 '부재'로부터 구성되는 '문제'인 것이다. 그 자체를 현실화할 수 없는 이 위상은 자기를 결락시킨 역설성으로써만 파악될 것이다. 그러나 들뢰즈는 이 비본질적인 영역에 철저히 긍정적인 표현을 씌우려고 한다. 그것이 '문제'라는 것의 의미다. '문제'는 이러한 전표상적(전인칭적), 무의식적인 것의 현전으로서 '이념론'의 중심을 이룬다. 두 번째 시간은 해 없는 문제를 계속 제기하는 한편 (다양한 개체에서 실현되는) 다양한 현실화의 존재 방식을 떠받치는 긍정적인 작용인 것이다.

그런데 이러한 '이념'이 작동하기 위해서는 시스템 자체의 '출발점'이 필요해진다고 한다. 시스템의 '출발점'이란 무엇인가. 그것은 '문제'의 밑바닥에서 사유를 명령하는 '물음'으로서 그려진다. "물음은 명령이다. 혹은 차라리 물음은 그 물음이 생겨나는 명령과 문제의 관계를 표현한다."(DR 255/428) 바로 이러한 '물음'의 위상에서 '주사위 던지기'가 다시금 모습을 드러내게 된다.

> 주사위 던지기란 단번에 우연을 긍정하는 것이며, 주사위 던지기 각각이 매번 우연 전체를 긍정한다. …… 우연 전체를 매번 단번에 응축하는 우발점point aléatoire에서 여러 특이점들이 흘러나오듯이 명령에서 이념들이 흘러나온다. (DR 256/429)

'주사위 던지기'에 의해 드러나는, 전체적인 것의 긍정으로 이루어지는 차이가 열어젖히는 것은 '어긋나는 것'의 개방적인 공간이다. 여기서 절대적인 차이로 이끌리는 '어긋남'이란 현실적인 것과 잠재적인 것 사이에 설정되는 역설을 가리키는 것이 아니다. 그것은 존재 자체를 다양화하는 별종의 역설로서 도출된다.[4] 무작위적인 배분은 이러한 의미에서 '이념'의 다양체를 영원회귀가 제시하는 차이

---

4) 보론 1을 참조할 것.

에 의해 생겨날 수 있게 한다.

즉 『차이와 반복』의 축이 되는 '이념론'에는 그러한 '이념'을 작동시키는 문제 자체의 '출발점'이 필요해지며, 그것이 '주사위 던지기'에 의한 전체의 긍정이라는 문맥에서 타나토스의 위상과 결부된다. 세 번째 시간은 일회적인 영원성을 갖는 영원회귀의 내기에서 '우발점'이라는 열린 공간(유목적 공간)을 이끌어내고, 거기서 특이점이 자아내는 '문제'의 장면을 구동시킨다.[5] 영원회귀에서 차이의 절대적인 긍정은 무작위적인 점에서 특이성으로의 길을 따라가는 것으로 그려짐으로써 '이념론'의 기점에 놓일 수 있는 것이다.

크로노스와 아이온

이제 『의미의 논리』를 살펴보자. 앞서 기술했듯이 이 저작은 『차이와 반복』의 논의에 입각하면서 그 주제를 다양하게 이동시킨다. 시간론에서도 그러한 중첩과 어긋남이 뚜렷이 나타난다.

『의미의 논리』가 『차이와 반복』에 대해 새로운 측면을 제시하는 것은 분명하다. 거기서는 『차이와 반복』의 후반 대부분을 점하는, 잠재적인 위상(『의미의 논리』에서는 선험적인 비인칭성의 영역으로 지시되는 것)에서 현실화로 전개되는 논의가 '정적 발생'genèse statique으

---

5) 『의미의 논리』 가와데(河出) 문고판에서 고이즈미 요시유키(小泉義之)는 '우발점'을 '무작위 추출점'으로 번역한다. 기본적으로는 무작위적인 배분을 행하는 점이라는 의미로, '애매한 기호'라는 개념(『의미의 논리』 계열 16의 주 4 등을 참조할 것. LS 139/213~214)과도 결부되며, '주사위 던지기'라는 우연적 일회성이 특이점의 성립과 연결되는 포인트가 된다.

로서 파악됨과 동시에, 특히 심층 영역으로서의 분열자적인 신체가 이끌어져 그로부터 '동적 발생'genèse dynamique이 주제화되어 간다. 들뢰즈의 사유 전체를 규정하는 역설도 의미작용signification의 역설 (캐럴에 의한 역설, 현실성과 잠재성의 역설)과는 다르며, 심층의 역설 (아르토의 '탈기관체'에 의해 철저히 '어긋나는' 장면의 역설)이 부각된다. 후자는 의미sens 그 자체의 역설로서 유목적 공간 및 그 배분의 논의와 결부된다.

거기서 도입되는 분열자의 심층 영역은 말할 필요도 없이 『차이와 반복』의 세 번째 시간이 가리키는 무근거성의 장면을 어떤 측면에서 구체화시킨 것과 다름없다. '이념론'의 문맥으로 말하자면, 바로 '이념'을 시동시키는 '주사위 던지기'를 그 자체로서 이끌어낸 것이라 할 수 있다. 『차이와 반복』에서는 '이념'의 '출발점'이었던 이 영역이 『의미의 논리』에서는 명확히 독립되고 심층의 신체로서 서술된다. 세 번째 시간은 시간의 수동적 종합이 요청하는 조건성이라기보다도 그 자체의 이미지화(분열증이나 무의미의 위상으로서)와 그 표층(선험적 영역)으로의 연결이 중시되는 것이다.

그때 시간론은 어떻게 되는가.

극히 개괄적으로 보면, 『의미의 논리』의 시간론은 크로노스와 아이온이라는 이원성으로 재정리된다. 크로노스가 보여 주는 현재라는 존재 방식은 현실화된 첫 번째 시간의 위상 그 자체다. 그리고 영원성을 의미하는 아이온이라는 영역은 그 서술에서도 분명히 세 번째 시간의 무한한 직선성과 결부되어 있다.

시간론에서 왜 세 가지 시간이 이항 대립적으로 재배치되는지 생각할 필요도 있을 것이다. 『의미의 논리』의 서술이 심층(일차적 질서), 고층(삼차적 배치), 표층(이차적 조직화)이라는 세 가지 구분을 행하는 데서부터 진행해 가는 것을 고려하면, 그것은 다양한 논의를 불러일으킬 것이다.

다만 이러한 이원성은 『의미의 논리』에서 가로질러지는 두 가지 힘의 방향을 생각하면, 어떤 의미에서 명확한 것이기도 하다. 『의미의 논리』에서는 단순히, 계측되는 사물적인 것('사태'état de chose)과 생성으로서 파악되는 사건événement의 대비 속에서 비물체적인 사건의 작용을 파악하는 데에 축이 있기 때문이다.

전자는 물론 규칙적이기 때문에 측정 가능한, 양-식과 상-식= 공통감각에 의해 지배된 현재의 장면을 그리기 위한 시간이다. 그것은 잠재성을 실현하는 시간이다(삼차적 배치는 개체와 인칭의 세계이며, 사물의 동일성과 인격의 동일성이 '살아 있는 현재' 속에서 설정된다). 이러한 장면에서 과거와 미래는 모두 펼쳐진 현재라는 방향에서 파악할 수 있다.

반면 생성의 시간인 아이온은 광기의 시간으로서 도입된다. 그것은 스토아학파가 논의하는 비물체적인 한에서의 생성을 파악하기 위한 것이다. 생성은 통상적인 시간 속에서는 파악되지 않는다. 이를 논의하기 위해서는 현재라는 존재 방식을 벗어나면서 과거와 미래로 무한히 하위 분할되는 장면을 포착할 필요가 있다. 현재라는 축을 설정하지 않고 그것을 무한 쪽으로 떼어 놓는 아이온의 직선성 그 자체가 물어지는 것이다.

크로노스적인 시간이 갖는 방향성이 거기서는 무효화되고 해체된다. 생성으로서의 사건은 규칙적인 것으로 환원될 수 없는 사건성의 시간이며, 크로노스적인 관점에서 보면 광기의 시간이 되어버린다.

그래서 여기서는 현재인 크로노스의 시간과, 현재를 그 무한 분할로 해체하고 결국 무한의 동일성이라는 무근거적인 장면을 이끌어내는 것으로서 아이온의 시간을 설정하면 된다고 할 수 있을지도 모른다. 그렇지만 들뢰즈는 거기에 다른 관점의 논의를 새겨 넣는다. 먼저 비현재적인 아이온 속에서 철저히 광기의 동일성을 향해 가는 심층의 시간과 사건성을 산출하는 시간이 구분된다. 그런 가운데 아이온이 현재와 관계되는 교차가 세 번째 시간의 운동성을 통해 드러나는 것이다.

이러한 관점에서 『의미의 논리』는 『차이와 반복』에서 논의되지 않았던 별종의 시간의 위상을 적극적으로 이끌어낸다. 거기서는 표층성으로서 나타나는 잠재성의 시간이 심층에 구동되면서도 그 자체가 '현재'에 관련되는 수직적인 작용이 드러나는 것이다.

나쁜 현재와 세 번째 현재

거기서 검토되어야 할 것은 두 가지 있다. 하나는 '나쁜 크로노스'로 그려지는 심층의 현재다. 다른 하나는 이와 다른 것으로 파악되는 '순간'이다. 그것은 '아이온의 현재'로서 드러난다. 역시 현재적인 것에서 완전히 벗어난다고 파악되었던 생성의 국면이 물론 현전적인 현재의 위상으로는 환원되지 않는 방식으로, 그러나 어떤 식으로든 현재와 연관되면서 이야기된다.

먼저 '나쁜 크로노스'mauvais Chronos부터 생각해 보자. 그것은 심층의 광기-생성과 연관되는 것이다. 때문에 그것은 사항 그 자체로 서는 탈근거화를 보여 주는 세 번째 시간의 존재 방식 중 하나이기도 할 것이다. 이 시간은 현실화된 현재='좋은 크로노스'에 대해, "모든 측도를 전도시키고 전복하는 근저, 현재에서 벗어나는 심층의 광기-생성"(LS 191/281)으로서 포착된다. 그것은 현재임을 회피하는, 미래 와 과거의 무한한 분할 끝에 있는 무한한 동일성을 가리키는 것이다.

하지만 그래도 이 심층의 심급은 '크로노스'라 불리게 된다. 이 러한 심층은 '좋은 크로노스'인 '살아 있는 현재'를 내부에서 위협하 기 위해 일종의 현재적인 측면을 갖춘다고 간주되는 것이다.

들뢰즈는 플라톤을 인용하면서 다음과 같이 기술한다. 즉 생성 은 '현재를 회피함'과 동시에 '지금'maintenant을 뛰어넘을 수 없다는 의미에서 현재와 관계되지 않을 수 없다. "시간 속에서 현재의 내적 전복을 표현하는 시간은 현재밖에 없다. 전복은 내적이고 심층적이 기 때문이다."(LS 192/282)

그것은 한편으로, 이러한 심층도 굳이 이야기하자면 현재의 언 어로 표현할 수밖에 없다는 식으로 이해할 수 있다. 심층이 기능하기 위해서는 생성의 역설을 보여 주는 데 그치지 않고 그 역설이 현재 속으로 잠입한다는 것을 파악해야 한다(그것은 '죽음에의 의지를 갖는 다'는, 바로 타나토스적인 현재라는 존재 방식을 통해 드러나기도 한다). 광기의 심층은 괴멸적인 현재로서만 나타나는 것이다.

그러나 들뢰즈의 논의를 총체적으로 보면, 그것은 정신분석적 인 어휘로 존재 시스템을 재구성하는 이 시기(그리고 『차이와 반복』

이후)의 기획에 들어맞는 것이라고도 할 수 있다. 여기서 들뢰즈는 심층과 고층이라는 대비를 분열증과 조울증에 빗대어 논의한다. 심층의 시간이란 이후 '탈기관체'로서 서술의 전면에 등장하는 분열적인 신체의 시간 이외의 그 무엇도 아닐 것이다. 이러한 신체성은 '사태'에서의 물질성은 아니지만, 그 자체로 생의 질료성을, 그 무-의미 자체를 보여 주는 것이기도 하다. 심층은 그러한 물질성으로 나타나는 한에서 크로노스의 변종, 파괴되거나 수축되는 '현재의 모험'으로서 파악된다.

그리고 '두 번째 현재'라 할 만한 '나쁜 크로노스'에 이어, 들뢰즈는 '세 번째 현재'를 언급하기 시작한다. 그것은 '순간'instant으로 제시되는 아이온의 현재 즉 영원의 현재다. '순간'이란 '좋은 크로노스'인 '살아 있는 현재'와 '나쁜 크로노스'인 광기의 심층 사이를 이루는, 표층성 자체에서 설정되는 사건의 현재인 것이다.

그것은 다음과 같이 도입된다. 아이온의 작용과 심층의 광기의 현재는 현재를 회피하는 역능으로서, 이를테면 연속된 것으로서 이야기되었다. 하지만 심층의 광기와 표층을 형성해 가는 그 전개 사이에는 역시 차이를 구분하는 선이 그어져야 한다. 심층은 그것이 가진 '지금'의 힘을 전부 쏟아 규칙적인 크로노스를 괴멸시키지만, 표층은 '순간'이라는 역설적인, 어떤 의미에서는 바로 잠재성 그 자체인 부재의 비-장소 공간을 설정함으로써 사건으로서 기능한다. 심층은 분열증적인 신체의 '무-의미'였지만, 표층은 그러한 무-의미에 노출되면서 두께 없는 표층성의 '의미'를 조직화한다. 거기서는 언어가 단순히 무의미한 외침에 빠지지는 않지만 그러한 심연에 노출되면서 그 자체로 조직화되는 국면이 이끌어지는 것이다.

이러한 '순간'이란 무엇인가. 그 논의는 『차이와 반복』의 '이념론'에서 '출발점'인 '물음'의 서술과 중첩된다. 즉 이 장면은 '우발점'으로서, 아이온의 무한한 직선을 항상 무작위적으로 뛰어다니고, 특정한 장소를 갖지 않고 순환하는 것이다(레비스트로스적인 구조 개념에서 구조를 구동시키는 내부/외부의 경계선에 관한 논의와, 혹은 라캉적인 구조 속에서 순환성의 주제와 결부된다).[6] 그것은 '주사위 던지기'에 의해 시동되는, 차이의 개방적 공간성 자체의 시간이다. 이러한 '우발점'이 아이온의 직선(전체)에서 발동됨으로써 개체성과 인칭성('살아 있는 현재'에 의거하는 것)에 결부되는 특이점point singulier이 도출된다. 따라서 '순간'은 사건의 시간으로, 일반성도 개별성도 아닌 특이성이라는, 들뢰즈의 존재 개념에서 근간을 이루는 개념을 탄생시키는 것이라 할 수 있다.

이러한 '순간'은 심층의 신체와 현실화된 '사태'의 중간으로서, 그 두 방향으로 갈라지는 현상으로서 드러날 것이다. 그것은 한편으로는 '이념'의 작동으로서 무-의미에서 의미를 끌어내는 장면이다. 하지만 동시에 늘 완전히 실현되지 못하고, 혹은 현실화되기로의 잉여를 떠안고 '사태'로 환원되지 않는 특이적인 사건성이 성립되는 장면이기도 하다.

이를테면 의미생성의 현장이라 할 수 있는 이 '순간'의 시간성

---

6) 레비스트로스와 라캉의 구조 동태화에 관한 논의에 관해서는 『의미의 논리』 계열 8을 참조할 것.

을 파악하기, 그것은 잠재적 시스템 속에서 탈근거적인 세 번째 시간을 보아내도록 하는, 『차이와 반복』에서 전개되어 온 시간론의 한 귀결일 것이다.

반-효과화하는 영원의 현재

'순간'이란 사건의 시간성이다. 그것은 효과화된 현재라는 것을 벗어나면서도 심층의 크로노스에 완전히 잠기지 않고 아이온의 현재로서 즉 영원의 현재로서 사건이 있다는 것에 겹쳐지는 시간이다. 그 존재 방식이 구체화되는 것은 『의미의 논리』의 '사건의 교류' 장면(계열 24)이다.

들뢰즈는 사건에 관해 사유할 때 라이프니츠의 '공가능성' 개념을 역으로 이용한 '불공가능성'incompossibilité이라는 개념을 축으로 논의를 전개한다. 라이프니츠는 다양한 가능세계를 상정하는 가운데 그러한 공가능한 계열이 수렴하고 최선의 세계가 효과화한다고 생각했다. 거기서는 모순과 부정에 의한 원리와는 다른 계열의 발산과 수렴이 논의될 수 있고, 사건의 논의도 그것에 의거하게 된다. 이는 계열이 가진 이질성의 착종으로부터 사건성을 이끌어내기 위한 기본선이 된다.

그런데 사건의 계열에는 다양한 불공가능한 계열도 포함되어 있을 것이다(라이프니츠가 든 예로 말하면, 루비콘강을 건너지 않은 카이사르 등). 라이프니츠는 이러한 불공가능한 영역을 결국 상호배제라는 관점에서 파악해 버린다. "라이프니츠는 발산이나 분리를 부정이나 배제를 위해 사용하는 것이다."(LS 201/293) 반면 들뢰즈는 순수한 사건성을 긍정적으로 보아내려 한다. 불공가능한 것을 배제하는 라이프니츠의 시점은 어디까지나 이미 성립한 개체의 무모순성에 의거하여 사건의 위상을 사유하는 것이라 할 수 있다. 그렇지만 들뢰즈는 이질적인 계열이 발산하는 것을 긍정적으로 파악하려는 것이다. 오히려 그것이야말로 사건성의 생성을 둘러싼 장면이라고 생각한다. 그것은 '이접적 종합'synthèse disjonctive이라 불리는 것의 내용을 이루게 된다.

이접적 종합에서는 '차이 나는 것'이 그 간격에서 긍정된다. 그것은 대립하는 것의 동일성이 아니라, 자신에 내재하는 차이의 간격에 기초하여 발산하는 종합의 존재 방식을 가리킨다. "서로 어긋나는 것들의 공명, 관점에 관한 관점, 원근법의 이동, 차이의 차이화."(LS 205/298) 이러한 발산 자체가 파악되어야 한다.

이를 들뢰즈는 아이온의 현재라는 '순간'의 개념에 의거하여 그려내는 것이다. '나쁜 크로노스'인 심층의 세계는 현재를 전복시키기는 하지만, 대립하는 것의 무한한 동일성으로서 모든 것을 바탕-허에 용해시켜 버린다. 거기서는 "동일성이 부서지고 분열할"(LS 205/297) 뿐이다.

그런데 사건의 영역에서 "각각의 사건은 다른 사건과 간격의 적극적 특징, 이접의 긍정적 특징을 통해 교류하는"(LS 205/298) 것이다. 그것은 "특이성을 가로질러 순환하면서 전-개체적이고 비인칭적인 것으로서 특이성을 유출하는 우발점"(LS 206/299)으로서, 무의미에서 의미가 산출되는 존재 방식을 밝혀낸다.

이처럼 무작위적인 내기라 할 수 있는 '우발점'은 영원회귀가 이루는 '전체'의 긍정으로 이어진다. '주사위 던지기'가 만들어내는 일회적이고 절대적인 반복, 따라서 특이성을 떠받치고, 발산하는 계열을 포괄하는 '유일한 사건'이라 여겨지는 것, 그것을 '순간'에서 보아낼 수 있다.

나아가 들뢰즈는 『차이와 반복』에서 논의되지 않았던 어떤 사정을 강조하여 이야기한다. 바로 사건의 '순간'은 '반-효과화'contre-effectuation로서 구별된다는 것이다. 영원의 현재는 '사태'로 화하는 효과화의 현재와도, 무한한 동일성으로서의 분열증적인 지금과도 다른 '반-효과화'로서 이끌어지는 것이다. "이러한 아이온의 현재는 두께가 없는 현재, 배우의 현재, 댄서나 마임 배우의 현재, 도착倒錯의 순수한 '시기'다."(LS 197/288)

여기서 두 가지를 생각해야 한다. 하나는 아이온의 현재가 '반-효과화'로서 테마화된다는 것의 의의다. 다른 하나는 이러한 사건의 시간이 우선 배우, 댄서, 마임 배우 등의 예술적인(그리고 모든 것이 신체적이기도 한) 연기나 그 시뮬라크르적인 장면에서 구체적으로 그려진다는 점이다. 이것들은 모두 『차이와 반복』의 시스템론적 전개 속에서 분명히 논의되지 않았던 논점이다.

먼저 영원의 현재가 '반-효과화'로서 그려진다는 것의 의의부터 생각해 보자.

'주사위 던지기'는 '이념'의 '출발점'으로서 위치지어졌다. 그런 한에서 탈근거적인 바탕-허로서의 세 번째 시간이 다양체와 관계되는 방식을 가리켰다. 그러나 어디까지나 '이념'을 작동시키는 역설적 장치에 불과했다고도 할 수 있다. 무작위적인 점을 배분하는 다양체와 관계되는 시간은 거기서 구체화될 수 없다.

그런데 『의미의 논리』에서는 아이온의 현재가 '반-효과화'하는 사건의 시간으로서, 분열적인 심층과도 다른 방식으로 이끌어지는 것이다. 거기서 '순간'은 '사태'로서의 효과화를 거스르면서도 '나쁜 크로노스'로서의 무한한 동일성에 빠지지 않는, 비-물체적인 사건의 이접적 종합이라는 사건을 포착하게 한다. 이처럼 '반-효과화'의 위상이 두드러지는 것은 『차이와 반복』에서는 요청되는 것에 불과했던 시간의 형식성이 스스로 기능하는 모습에 빛을 비추기 때문이다. '반-효과화'는 세 번째 시간이 '순간'을 형성하고 스스로 사건에 관여하는 국면을 강조한다.

그렇다면 이러한 '반-효과화'가 예술적인 사례를 통해 제시되는 이유는 무엇인가. 세 번째 시간은 이미지화에 거스르는 그 자체의 존재 방식이 현재의 반복이라는 행동의 시점에서 고찰됨으로써 영원회귀로서 도출되었다. 하지만 『의미의 논리』에서 '반-효과화'의 위상은 배우와 마임 배우의 행위라는 명백히 예술적인, 그 자체로 시뮬라크르적인 이미지를 환기시킴으로써 파악된다.

즉 희극 배우는 끊임없이 앞서가고 뒤처지는 것, 끊임없이 희망하고 회상하는 것을 연기하기 위해 순간에 머무르는 것이다. …… 배우는 비인칭적이고 전개체적인 역할로 스스로를 열어 가기 위해 여전히 더 분할 가능한 순간으로 그 인칭성 전부를 내밀어 버린다. 그래서 늘 배우는 다른 역할을 연기하는 역할을 연기하는 상황에

놓이는 것이다. (LS 176/262)

희극 배우가 됨으로써, 다른 역할을 연기하는 역할을 연기함으로써 언제나 자기임을 벗어나는 '반-효과화'.

사건이 그려지는 방식이 이렇다면, 한편으로는 현실성과 잠재성의 역설적 관계에서 잠재성이 현실성의 이중화나 안감이 된다는 사정을 그저 되풀이하고 있는 것처럼 보일지도 모른다. 그러나 그것이 전부는 아닐 것이다. 『차이와 반복』에서 명확히 논의되지 않았던 '반-효과화'는 배우, 댄서, 마임 배우, 희극 배우가 예로 들어지듯이, 사건이 신체에 머물 때, 어디까지나 그 행위가 문제가 되는 퍼포먼스성에 대해 세 번째 시간이 나타내는 '어긋남'으로서의 작용이 차츰 솟아오르는 것을 보여 준다. 그것은 심층에 빠지지도 않고 '사태'로 화하지도 않는, '몸짓'으로서 의미를 산출하는 신체성의 영역, 그 행위가 생성되는 장면을 끌어내는 것이다. 생성의 사건을 이야기할 때, 자기의 고유성을 상실한 역할을 연기하고 그에 따라 무언가를 창출하는 신체라는 위상이 다뤄진다는 것, 그 의의를 생각해야 한다.

시간을 이처럼 그려내는 방식은 후기 들뢰즈(들뢰즈/가타리 이후)의 논의로도 직접 이어진다. 예컨대 『시네마』에서는 잠재성과 현실성이 식별 불가능하게 마주치는 '결정체-이미지'와 그 '거짓의 역량'을 논의함으로써 시간론에서 영상예술이 맡는 특수한 역할이 두드러진다. 또한 『철학이란 무엇인가?』에서는 철학 및 과학과 정립鼎立하는 것으로서 제시되는 예술의 역할이 회화 등의 사례를 통해 평가된다. 이러한 사정과 『의미의 논리』의 '반-효과화'는 직접 관련된다.[7] 이미지화될 수 없는 무근거의 근저를 어떻게든 이미지화시키려는 시도가 계속 이루어지며, 또한 세 번째 시간으로 이어지는 테마(영원회귀)가 다시 파악되는 것이다.

그렇지만 다른 한편으로 이러한 아이온의 현재가 어디까지 논의될 수 있을지 검토할 필요도 있을 것이다. 이것이 생성하는 행위의 시간성과 직접 관계되는 것이라면, 예술적인 사례만을 강조할 것이 아니라, 오히려 역사적 실천이나 생물적 발생 등 다양한 사례와 연관 지어 파악해야 할 것이다. 이는 사건성의 시간 속에 있는 실천적이고 생성적인(포이에시스의) 장면 일반과의 연결을 보아내는 것이기도 하다.[8] 그리고 덧붙여 말하면, 이는 또한 '좋은 크로노스'인 효과화된 현재의 시간과 결코 양립할 수 없는 생성의 시간의 역사성에 관한 논의로 전개되지 않을 수 없다. 사건의 생성이 영원의 순간으로서 그려진다면, 역사성에 관한 물음은 그 실천적인 의의의 측면에서도 중요할 것이다.[9]

---

7) 『철학이란 무엇인가?』에서 '반-효과화'는 과학에 대립하는 한에서의 철학에서 특히 강조되고(cf. QP 150/228), '조성면'·지각태·감응을 논의하는 예술과는 우선 구분된다. 그러나 거기서도 지각할 수 없는 것-되기로서, 비인간적인 위상을 간파하기 위한 실천으로서, 즉 철학이 파고들어야 할 영역을 제시하는 것으로서 예술은 틀림없이 독자적인 역할을 다하고 있다.

8) 들뢰즈의 역사 의식에 관해서는 4장 및 5장을 참조할 것.

9) 『의미의 논리』의 복잡한 구성에 관한 연구로서는 James Williams, *Gilles Deleuze's Logic of Sense: A Critical Introduction and Guide*, Edinburgh University Press, 2008이 있다. 그는 『차이와 반복』의 개설서도 썼으며(James Williams, *Gilles Deleuze's Difference and Repetition: A Critical Introduction and Guide*, Edinburgh University Press, 2003[『들뢰즈의 차이와 반복: 해설과 비판』, 신지영 옮김, 라움, 2010]), 영미권에서 들뢰즈가 견실하게 수용되는 데 일익을 담당하고 있다.

3장·선자(見者)의 시간

시간의 견자

『시네마』라는 제목을 달고 들뢰즈 후기를 대표하는 저작의 제2권이 '시간-이미지'를 테마로 삼는 데 대해 들뢰즈의 논의를 일관된 것으로 독해하는 자는 일종의 위화감을 금치 못할 것이다. 바로 '시간의 직접적 이미지'가 그려지기 때문이다. 들뢰즈가 논의하는 시간이란 『차이와 반복』에서 '세 번째 시간'이라 명명된 것일 터다. 하지만 세 번째 시간이란 살아 있는 시간에 대해 그 경첩이 빠진 시간, 즉 그 자체는 경험되지도 않고 이미지화될 수도 없는 시간이 아니었나. 그리고 이러한 경험의 탈근거적인 바탕-허란 애초에 이미지 없는 사유에 의해, 이를테면 이미지화=표상화를 철저히 거스르는 그 역설적인 존재 방식에 의해 파악되어야 하는 것이 아니었나(『차이와 반복』 3장 참조).[1] 확실히 『차이와 반복』에서 세 번째 시간은 행동의 이미지와 연관지어지며 영원회귀로서 일종의 이미지화를 (상징화로서)

이어받는다. 그러나『시네마 2』가 다루는 것은 행동과 연관지어 제시되는 시간의 '간접적' 이미지가 아니다(『차이와 반복』은 바로 이 단계의 이미지만 제시한다). 거기서는 행동을 매개하지 않는 시간의 직접적인 이미지가 드러나는 것이다.

'시간-이미지'가『차이와 반복』의 세 번째 시간과 직접 연결될 수 있다는 것은 애초부터 명백하다. 하지만『차이와 반복』에서 살아 있는 시간의 바탕-허의 바탕으로서 그려진 광기의 시간이, 그리고『의미의 논리』에서 심층의 크로노스라는 표상화를 벗어나는 존재 방식으로 제시된 이 영역이 바로 '그 자체'로서 이미지화되는 데 주목해야 한다.[2] 세 번째 시간에 두드러지게 나타나는 직선이라는 형식성은 결정체나 층으로서, 넓게 보면 리좀적으로 시공이 착종된 것으로서 독자적인 이미지를 만들어내게 된다.

형식적 조건인 공허로서 도입되고 경험의 외부인 심연 속에서

---

1) 『차이와 반복』 3장에서는 사유의 도그마적인 이미지가 비판받고, 이미지화되지 않는 무사유의 영역을 탐색하는 것이 목표였지만, 후기의 들뢰즈는 역으로 그러한 이미지 없는 장면의 이미지화를 시도한다(이러한 서술 방식은 『철학이란 무엇인가?』에서도 공통적으로 나타난다). 거기서는 세 번째 시간에 의해 파악되는 바탕-허를 철학이 기술할 때 그 위치가 어떻게 변화하는지 체계적으로 살펴볼 필요가 있다.

2) 『의미의 논리』에서 강조되는 반-효과화의 위상과『시네마』의 연관성은 그 자체로 추구되어야 할 테마이기도 하다. 거짓의 역량이라는『시네마』의 주장은 분명 일종의 반-효과화다(『시네마 2』 6장 말미에 '순간'moment에 간극을 도입하는 역설이 기술되는 것도 마찬가지일 것이다. cf. CII 202/303). 그러나 반-효과화의 논의가 마임이나 댄스 같은 신체예술의 이미지와 강하게 결부되는 데 반해, 『시네마』의 서술은 매우 시각적인 묘사로 이루어지는(따라서 역시 시각적인 사유를 전개하는 베르그송의 이미지론을 철저히 참조하는) 것의 의미도 생각해야 한다. 세 번째 시간의 이미지화가 광물, 지층, 지리 등 시각적 확대가 전제되는 사례로 기술되는 것은 문제의 본질과 관계될 것이다.

그려진 이 시간이 시공적인 것으로 이미지화될 수 있는 이유는 무엇인가. 거기서 철학에 대한 들뢰즈의 태도 변경과 뒤얽힌 몇 가지 테마를 분별해야 할 것이다.

첫째로, 이러한 시간을 보는 자가 '견자'로서 그려진다는 점이 있다. 그것은 틀림없이 예술이 가능케 하는 역능, 또한 들뢰즈적인 의미에서 분열증적인 신체가 보아내는 세계의 시각이라 할 수 있을 것이다. '공허한 직선'이라는 테마는 원래 그러한 공허한 무한성을 조망하기=부감survol이라는 들뢰즈 특유의 방법론과 결부되는 것이었다. 그것은 이른바 원근법적인 사정이나 유기체적인 감각-운동계의 '저편'에서 이를테면 보이지 않는 것을 보는 사태와 연결되어 있다. 전통적으로는 지적 직관과 관계되기도 하는 예술적인 역능에서, 그리고 부감을 살아 버리는 분열자에게서 시간 그 자체가(영원 그 자체가) 보는 자의 시점을 결여한 채로 드러나는 것이다. 세 번째 시간은 랭보가 착란으로서의 시적 방법론에서 엮은 사례와 중첩되며, 유기적인 신체나 현재라는 정점定點을 끼워 넣지 않는 무한한 시각의 대상이 되는 것이다. 시간은 이처럼 예술이나 질병의 힘을 빌림으로써 일종의 이미지화를 겪는다. 그것은 힘의 형이상학을 계속해서 그려 온 들뢰즈에게 하나의 귀결이라 할 수 있다.

그렇지만 둘째로, '견자'는 어떻게 시간을 볼 수 있는지 생각해야 한다. 물론 '견자'가 원래 특이한 재능의 소유자이기 때문이라는 것이 하나의 답이 될 수 있다. 그러나 들뢰즈는 『시네마』를 전개하면서 이러한 물음에 '테크놀로지'와 '시대'라는 두 가지 요인을 결부시킨다. 들뢰즈는 '시간-이미지'를 보아내기 위해 운동과 시간에 대한 일종의 테크놀로지적인 개입이, 혹은 그러한 개입을 가능케 하는 시대성이 필수적이라고 파악한다. 모든 자가 쉽게 특이한 재능을 가질 수 있는 시대가 있는 것이다.

거기서는 물론 영화라는 19세기 말 특유의 시각 테크놀로지를 염두에 두고 있다. 들뢰즈는 베르그송에 즉응하면서 베르그송에 대항하고(베르그송은 영화를 거짓 운동을 보게 하는 환영 장치라고 고발했다), 영화야말로 운동과 시간 그 자체를 드러내 주는 기술이라고 주장한다.[3] 영화가 지니고 있는 운동에 관한 위물성偽物性이, 그러한 위물성으로써만 도달 가능한 영역을 볼 수 있게 해준다. 아무도 인생 시초의 시각을 가질 수 없다. 죽을 때 보는 광경은 그 누구도 본 적 없다. 그런데 영화는 인생의 기억 자체의 정경을 우리에게 보여 준다.

이러한 테크놀로지에의 시점은 자본주의와 그 시대성이라는 주제와도 연관되어 있을 것이다. 부감적인 시간의 이미지가 나타나는 것은 자본주의의 역사를 종식시키는 역사의 경험과 중첩된다. 부감하는 자는 바로 자본주의적인 인물이다. 모든 것을 균질화시킨 화폐 가치에 따라 판단하고, 자기 증식만을 지향하는 자는 일종의 견자voyant다(화폐화된 가치 체계에서 돌아와야 할 대지 같은 곳은 아무 데도 없다). '견자'가 새로운 테크놀로지를 통해 끌어내는 시간의 원상은 후기자본주의의 역사를 살아가는 자들이 직면해야 하는 '역사의

---

3) 『시네마 1』 1장 서두를 참조할 것. 오히려 베르그송이 사용한 '이미지'라는 용어를 일관되게 이용하면서 베르그송이 비판한 시네마를 해독한다는 작업의 역설적인 면을 이해하는 것이 무엇보다 중요할 것이다. 베르그송의 『물질과 기억』, 특히 1장의 평가에 관해서는 『대담』(Pourparlers)에 수록된 「영화」의 인터뷰들도 참조할 것(PP 69).

외부'일지도 모르겠다.[4]

셋째로, 이렇게 제시되는 '시간-이미지'는 그 자체의 비유기적인, 일종의 광물적, 지질학적, 지리적인 형상을 통해 인간을 뛰어넘은 생명의 힘을 그려낸다는 테마와 결부된다. 후기 들뢰즈의 서술 총체가 이러한 힘의 표출을 향해 있기도 하다.

들뢰즈 혹은 들뢰즈/가타리가 기계라는 사례를 강하게 고집한다는 것은 새삼 말할 필요도 없다. 그것은 중기의 '문학기계'의 서술을 거쳐『천의 고원』에서 '추상기계'의 논의로 이어지며, 들뢰즈가 일관되게 파악해 온 내재 영역을 새로 그리기 위한 축이 되는데, 기계라는 금속성의 울림에 비유기적non-organique 혹은 무기적inorganique인 힘이라는 이미지를 새겨 넣는 것은 오류가 아니다. 후기 들뢰즈는 유기적인 생명에 대립하는 무기적인 힘에 관한 서술을 남용한다.『천의 고원』에서 '플라토'(고원),『푸코』에서 '지층'과 '습곡' 같은 지질학적 용어를 즐겨 쓰고,『철학이란 무엇인가?』에서 지리적 개념을 강조하거나 유기체를 뛰어넘는 추상적인 선을 찬양(빌헬름 보링거Wilhelm Worringer)[5]하는 것이야말로 테크놀로지와 시대성

---

4) 즉시 벤야민이 떠오르지만, 들뢰즈가『시네마 1』의 서두에서부터 일종의 기술사와 연관시키고 자본주의 사회 전체와 연결시킴으로써 '견자'의 성립을 평가한 것도 사실이다. 물론 들뢰즈의 논의는 영화를 국가적 동원에 이용한 데 대해 비난하거나 스펙터클 사회에 대해 비판해 온 논점과 그대로 관련되지 않는다. 오히려 그것을 돌파하는 (어떤 의미에서 철저히 무능하고 우둔한) 힘을 영상기술로부터 끌어내리려고 하는 것이다.

5) 후기의 들뢰즈는 보링거와 추상적인 것의 힘에 관해 촉각=파악적(haptique)인 것과 연관지어 다양하게 논의한다.『천의 고원』14번째 고원에서 매끄러운 공간과 연결되는 부분, 혹은『감각의 논리』[하태환 옮김, 민음사, 2008]의 서술 등을 참조할 것.

을 관련지으며 인간이라는 형상에서 힘이 흘러넘치는 모습을 추구하는 것이다.

이러한 무기적인 것의 힘이 가장 체계적으로 이끌어지는 것은 『시네마』에서다. 왜냐하면 『시네마』는 영상의 역사를 추적하면서 '운동-이미지'라는, 시간이 운동에 종속되는 이미지(감각-운동적인 연관 속에서 파악되는 클리셰의 영상)로부터, 시간이 그러한 종속에서 해방되는 '시간-이미지'가 석출되는 과정을 체계적으로 기술한 작업이기 때문이다. 살아 있는 시간에 의거하기 쉬운 베르그송의 도식이 비판되고 기억의 논의의 저편을 향하지만(이러한 전개는 『차이와 반복』에서 세 번째 시간이 도입되는 것과 유사하다), 거기서도 그러한 '저편'의 묘사는 그 자체로 베르그송적 문맥에서 착상을 얻은 결정체(현실성과 잠재성의 식별 불가능 지대)와 층(기억의 다층성을 현재라는 정점의 속박에서 해방시켜 그 자체로서 보아내는 것)을 통해 나타난다. 베르그송의 이미지론을 내적으로 돌파하면서 광물적이고 위상학적인 이미지를 제시함으로써 '시간-이미지'를 묘사하려는 시도인 것이다.

이러한 '시간-이미지'는 탈유기체적인 '탈기관체'라는 심층의 물질성과 반-효과화적인 그 작용에 관련지어지며, 궁극적으로 뇌라는, 마찬가지로 고도로 위상화되는 신체성으로 집약되면서 논의된다(뇌는 또한 『철학이란 무엇인가?』의 마지막 장에서 철학, 과학, 예술의 정립성鼎立性을 연결하는 위상에 놓여 있다).[6] '시간-이미지'는 이처럼 비인간적이고 무기적인 벌거벗은 힘을 제시하면서 그것을 후기 들뢰즈의 다양한 테마에 접속시켜 가는 계기가 된다.

'견자'의 시간을 테크놀로지성과 시대성, 대상으로서의 무기적
인 힘으로써 밝혀 주는 '시간-이미지'의 논의를 『시네마』의 구성에
따라 추적해 보자.

'운동-이미지'에서 '시간-이미지'로

'견자'가 어디서 발생하는지는 명확하다. 들뢰즈는 미국 할리우드 영
화로 대표되는 '행동-이미지' 영화의 위기에서 그 맹아가 나타난다
고 『시네마 1』의 말미에서 기술한다. 그리고 '견자'의 성립이 명시화
되는 것은 그로부터 시대가 흘러 등장한(이른바 제2차 세계대전 이후
에까지 이르는) 이탈리아 네오리얼리즘, 오즈 야스지로小津安二郎, 그
리고 누벨바그로 이어지는 흐름이라고 『시네마 2』의 서두에서 기술
한다. 거기서 드러나는 것은 '운동-이미지'의 이완 혹은 붕괴와 다름
없다. 이에 관해 잠시 살펴보자.[7]

'운동-이미지'는 『시네마 1』을 특징짓는 개념이다('행동-이미
지'는 그 중심적인 사례다). 앞서 언급했듯이, 베르그송이 『창조적 진
화』에서 영화를 비판했는데도 들뢰즈는 영화라는 장치와 베르그송

---

6) 『철학이란 무엇인가?』 결론 부분의 뇌에 관한 서술을 참조할 것. 뇌는 그 자체로 부감을 행
   하는 것으로서, 카오스에서 빠져나와 세 개의 평면(철학, 과학, 예술)을 통과하면서 우리가
   주체가 되는 사태의 열쇠를 쥐는 위상으로서 그려진다.
7) 물론 언뜻 체계적으로 보이는 『시네마』의 서술 스타일에도 다양한 우회와 절단이 포함되어
   있다. 『시네마 1』에서 논의되는 에이젠슈테인의 기법, 6장과 7장에서 전개되는 '감응-이미
   지'인 클로즈업과 '임의공간'의 논의 등, 이미 시간-이미지를 심화시키는 서술은 많이 있다.

사유의 동시대성을 포착해 간다. 특히『물질과 기억』1장과의 중첩을 중시한다. 영화가 보아내는 것은 베르그송적인 사유의 중심이 되는 운동 그 자체라는 것이다.[8]

그렇다면 운동이란 무엇인가. 들뢰즈의 겨냥도는 간단하다. 운동을 무시해 버리는 공간화가 파악하는 것은 순간으로서 지정되는 '부동의 단면'coupes immobiles과 '추상적 시간'temps abstrait의 결합에 지나지 않는다. 거기서 운동은 정지한 순간의 연쇄로 해소되어 버리고, 그 연속성은 포착되지 않는다. 그래서는 운동 그 자체를 보아낼 수 없게 된다. 하지만 들뢰즈는 영상이라는 장치가 도입한 것은 이러한 것이 아니라고 생각한다. 영화가 보아낸 것은 '동적인 단면'coupe mobile과 그에 따라 형성되는 '실재적 운동'mouvement réel이라는 것이다. 특히 몽타주 기법을 축으로 삼아 운동 그 자체가 영상화되었다고 한다.

운동적인 것은 움직이면서 변화하는 시간적인 실재를 파악하게 해준다. 그렇지만 동적인 단면을 통해 운동의 실재를 제시하는 초기 영상의 존재 방식은 그 자체가 '운동-이미지'인 데에 따라 사전에 한계가 정해져 있기도 하다. 거기서 시간은 운동에 종속됨으로써만 파악된다. 즉 (이제까지의 시간의 논의와 연결시킨다면) '운동-이미지'에서 시간은 바로 살아 있는 현재에, 즉 유기적인 첫 번째 시간의 영역

---

8) 앞의 주를 참조할 것. "자연적 지각의 조건을 뛰어넘은 운동-이미지의 발견은『물질과 기억』1장에서 이루어진 놀라운 발명이었다. 10년 후에 [『창조적 진화』에서] 베르그송이 그것을 망각해 버렸다는 것을 믿어야 할까."(CI 11/12)

에 의거함으로써만 포착되는 것이다.

이는 『시네마』의 서두에서부터 명시되어, 운동의 실재가 지속의 전체성으로 전개된다. 숟가락을 사용하여 설탕물을 녹이는 운동은 그 자체로는 지각되는 운동으로 끌어낼 수 있을 것이다. 하지만 그러한 운동은 그것만으로 존재할 수 있는 것이 아니다. 『창조적 진화』에서 베르그송이 논의하듯이, 그러한 운동은 질적인 변화로서 지속하는 전체로 열려 있는 것이다. 어느 특정한 운동은 이처럼 전체로 열려 있는 하나의 측면을 형성하는 데 불과하다. 그래서 부동의 단면이 운동으로 전개되는 것과 마찬가지로, 동적인 단면의 운동은 질적인 변화(전체로서의 지속)를 향해 극복되어야 한다.

그때 전체는 더 이상 운동적인 지각으로서 주어지는 것도, 주어질 수 있는 것도 아니다. 그것은 운동적인 지속이 그 연속성 속에서 지각화할 수 없는 전체에 관여하고 있음을 보여 준다. 이는 지극히 형이상학적인 테마다. 초기의 영화가 이러한 '운동-이미지'라면, 이를테면 그것은 필연적으로 운동의 '저편'으로서의 전체로 뛰어넘어야 할 것이다. 거기서 제시되는 "지속 또는 전체, 그 자체의 관계에 따라 변화하는 것을 그만두지 않는 정신적인 실재"(CI 22/26)는 이미 '시간-이미지'의 영역인 것이다. 시간은 운동에 종속되기를 그만두고 그것이 유기적인 현재에서 표상되는 간접성을 갖지 않는다. 바로 직접적인 시간의 이미지가 이끌어내어지는 것이다. 이처럼 운동의 실재를 제시하는 이미지는 열린 전체를 지향한다는 점에서 세 번째 시간으로 이어지는 것을 보여 준다.

그렇다면 '운동-이미지'의 저편인 '시간-이미지'는 어떻게 제시되는가. 먼저 『시네마 1』의 말미에서 '행동-이미지'의 행동과 상황의 어긋남과 이완을 강조하는 것이 그에 해당되며, 그대로 『시네마 2』의 기술로 이어진다.

'견자'의 발생

'견자'란 누구인가. 말할 필요도 없이, 시간을 보는 자다. 정확히 말하면 '시간의 직접적 이미지'를 보는 자다. 그때 운동에 종속되어 있던 '시간의 간접적 이미지'는 건너편으로 넘어간다. 그래서 '견자'의 성립에서 이러한 전개는 우선 부정적으로 이야기될 것이다.

　네오리얼리즘이나 오즈의 영화에 나타나는 '견자'는 그러므로 일종의 운동의 불능성이나 장소의 공허함이나 행동의 무의미함으로써만 이끌어내어진다. '운동-이미지'는 신체의 감각-운동계에 즉응한 것으로서, 살아 있는 현재가 보여 주는 유기성이나 플롯에 따라 밝혀질 수 있는 것이었다. 그러나 '시간-이미지'에서 이러한 감각-운동계의 움직임은 정지된다. 감각-운동계는 상황의 막대함이나 광대함, 그 삭막한 존재 방식을 앞에 두고 이완하고 정지해 버린다. 거기서는 신체에 작용할 수 없는, 혹은 단적으로 무의미한 정경이 출현한다. 들뢰즈는 그것을 우선 순수한 광학적·음성적音聲的 상황으로 지목한다. 운동의 건너편에서 시간을 포착하기 위해서는 이러한 묘사가 필요해지는 것이다.

　로베르토 로셀리니Roberto Rossellini의 「스트롬볼리」*Stromboli* (1950)에서 그려지는 화산 분화구와 참치잡이를 보는 여성, 혹은 「유럽 1951년」*Europa '51*(1952)에서 노동자 무리를 보는 여성은 자신이 보고 있는 것을 인식하지 못한다. 그때 신체는 모든 운동을 결여하고 오로지 광학적·음성적인 감각만이 흘러넘친다. 일종의 강경증強勁症 같은 상황에서 신체는 아무것도 파악할 수 없음으로써 운동의 '저편'을 슬쩍 엿본다. 그것은 방향은 반대지만 오즈의 영화에서 사건이라 할 만한 것이 거의 생기지 않는 일상적인 상황의 영상과도 결부되어 있다. 오즈의 영화에서는 극적인 플롯의 전개도 없고, 움직임이 거의 정지한 일상성의 집요한 묘사만이 계속 이어진다. 그 또한 순수하게 광학적인 상황의 범형으로서 제시되는 것이다. 압도적인 상황에서 행동할 수 없는 주인공, 거리의 공허함, 이야기적인 흐름의 부재, 그저 방황하는 자 되기(어슬렁거리기=ballade), 이것들이 중시되는 것이다.

무언가를 보는 것이 아니라 그냥 보기만 하는, 무언가를 하는 것이 아니라 그냥 있는 순수 광학적 상황의 이미지는 상황을 부정적으로 그려낸다. 하지만 이탈리아의 네오리얼리즘으로 대표되는, 처음에는 부정적이었던 이미지의 창출은 누벨바그에 의해 자연광 속 우연과의 유희와 '잘못된 연결'faux-raccord의 영상 등으로 확실히 계승되어 간다.

이러한 이미지는 들뢰즈가 논의하는 시간과 어떠한 점에서 결부되는가. 앞으로 논의하겠지만 먼저 정리해 두자.

그것은 세 번째 시간이 처음부터 시간의 경첩을 빼는 시간으로서 그려진 것과 관계된다. 세 번째 시간이란 바로 '탈기관체'처럼 유기적인 반응을 할 수 없는 신체의 시간이다. 여기서 나타나는 것은 움직이지도 잘 맞지도 않는 신체의 반응과, 그때 출현하는 빛과 소리의 벌거벗은 이미지다. 그러나 아무것도 보지 않는다는 것이 아니다. 거기에는 유기적인 시간=첫 번째 시간을 뛰어넘은 건너편, 즉 시간의 탈근거적인 기저가 슬쩍 드러나 있다.

하지만 이 단계의 기술에는 한계가 있다. 분명 그것은 감각-운동계의 해체로서, 그 '부재'로서 드러날 수밖에 없기 때문이다. '시간-이미지' 논의의 의의는 이러한 부정성이 아니라 시간 그 자체를 긍정적인 방식으로 보여 주는 데 있다.

그렇지만 동시에 현재라는 시간을 살아갈 수 없는 신체가 보아낼 수 있는 시간이 파악된다는 것 또한 확실하다. 이는 앞서 언급한 '운동-이미지'의 도식, 즉 동적인 단면과 실재적 시간에 의해 그려지는 운동의 성립과는 다른 방식으로 드러난다.

즉 여기서 단면은 누벨바그에서 현재화顯在化하는 '무리수적' irrationnel인 '절단'coupure의 영상으로 기울어진다. '잘못된 연결'이 누벨바그의 특징적인 영상이라 해도, 이는 우연이 아니다. 그것은 유기적인 이미지가 갖추고 있던 '유리수적'인 절단의 연속성, 즉 나누어지는 동적인 연속성으로 더 이상 환원될 수 없는 것이기 때문이다. 거기서는 이미 유한한 간극에 무한이 단편으로서 삽입되고, 그 자체로 나눌 수 없는 무리수적인 위상이 전망되는 것이다.

이러한 사정은 영원회귀의 논의에 나타나는 것처럼 운동의 한가운데에 무한의 중층적 반복을 초래하고, 연속적인 것이 될 수 없는 불연속성을 이미지로서 보아내는 것과도 관련되어 있다. '잘못된 연결'이란 영원회귀가 무한의 조각으로서 삽입되는, 비연속적인 것의 연속성이라는 이미지인 것이다.

그래서 시간의 무리수적인 절단의 연쇄는 『시네마 1』에서 '열린 전체'라는 기술을 처음부터 뛰어넘는 것이 아니냐는 물음이 제기될 수 있을 것이다. '전체'란 그 자체로 불연속적이고 무리수적인 무한의 반복으로 드러나는 이상, 열렸다는 형용만으로 충분한 대상이라고는 생각하기 어렵기 때문이다. 이러한 어긋남의 영역에 대해 들뢰즈는 열린 전체라는 표현과의 차이에 주의를 기울이면서 '바깥'이라는 이름을 부여하게 된다. 이러한 용어가 『시네마 1』에서 『시네마 2』로 이동하는 것은 상당한 의미를 지닌다.

플래시백과 꿈

논의를 되돌려 보자. 살아 있는 현재라는 정점을 갖지 않는 이미지는 먼저 어떠한 적극성을 띠고 나타나는가.

다시 베르그송의 기억의 원뿔 모형이 테마가 된다. 이러한 논의는 곧바로 두 번째 시간에서 논의되는 잠재성의 영역과 깊이 관련된다. 세 번째 시간으로의 전개에는 두 번째 시간의 위상이 환기하는 기억의 이미지와 살아 있는 현재(첫 번째 시간)의 연결을 (양쪽을 가능케 하는 선험적인 역할로서) 탐색하는 부분이 있다.[9]

---

9) 『시네마』에서 첫 번째 시간과 두 번째 시간을 내적으로 연결시키는 위상으로 '시간-이미지'가 등장하는 것은 세 번째 시간의 선험적인 역할이 계승된다는 것을 의미한다고 할 수 있다.

이를 위해 먼저 플래시백에 관해 논의할 필요가 있다. 아니면 꿈이나 환각의 이미지에 관해 생각해 봐야 한다. 그것들은 마지막에 부정적으로 파악되기는 하지만 '시간-이미지'에 도달하기 위한 중간 형태로서 일정한 역할을 갖추고 있기 때문이다.

이렇게 해석할 수 있다. 이미지가 현재라는 정점 즉 첫 번째 시간을 참조하지 않으면서 그 자체로 시간의 이미지로서 표류할 때, 그러한 이미지는 먼저 과거를 참조하는 것으로 나타난다. 그때 과거가 단숨에 되살아나 현재에 개재한다는 것이 주제화된다. 베르그송의 원뿔 모형에 기대어 말하면, 그것은 과거의 영역에 보존된 잠재적인 것인 기억이 뇌에 의해 신체에 접속되는 꼭짓점에 관여하고, 현실화함으로써 이미지로 제시된다는 것을 의미한다. 그래서 다종다양한 위상에 보존된 잠재성의 영역을 기반으로 한다(그런 한에서 원뿔의 밑면에 가까워질수록 개별성[특수성]을 갖고, 꼭짓점에 가까워질수록 습관화된 일반성을 획득한다). 상기에 의해 드러나는 것은, 이러한 기억의 위상에 대응한 과거 이미지의 현재화인 것이다.

따라서 과거 이미지의 상기는 현재의 운동적 이미지를 교란하는 부분을 안고 있다. 들뢰즈는 조지프 L. 맹키위츠Joseph L. Mankiewicz의 플래시백에 일정한 위치를 부여했고(이는 과거의 이접 작용으로서 보르헤스적인 분기와 이어지기도 한다),[10] 또한 그와 다른 것으로 꿈의

---

10) 맹키위츠의 플래시백이 보르헤스적인 분기와 연결되고, 그것이 이접적인 사태와 연관된다는 데 관해서는 CII 68/107~108을 참조할 것. 그러나 플래시백과 그 후에 이야기되는 꿈의 이미지는 '시간-이미지'에 가까운 것으로 그려지지만, 최종적으로는 그러한 비전에 이르지 못한다고 여겨진다.

이미지(기억 상실, 최면, 환각, 착란, 죽어 가는 자가 보는 광경)를 강조하기도 한다(『시네마 2』 3장 마지막 절). 그것들은 감각-운동계인 현재의 이미지를 교란시키고 그 과정에서 나타나는 이미지를 해명하는 데 적극적인 방향성을 부여한다. 플래시백이나 몽상적 환각은 과거가 해방되는 하나의 방식이기는 하기 때문이다.

그런데도 3장에서 논의되는 이러한 기억의 이미지는 시간의 서술로서는 불충분하게 여겨진다. 왜냐하면 그것은 잠재적인 것에 근거를 두면서도 현재적인 중심에 의거하거나(플래시백) 스스로 현실화해 버리기(꿈-이미지) 때문이다. 그런 한에서 이러한 이미지는 여전히 현재에 대비적으로라도 의존해 버린다. 이는 두 번째 시간의 위상이 잠재적인 실재를 보아내면서도 여전히 현재적인 장면과 근거짓는 관계에서 '원환'을 그려 버린다고 고발한 『차이와 반복』의 맥락(cf. DR 119/207)과 유사하다. 이 단계의 서술은 두 번째 시간의 범위 내에 있으며, 기억의 현재화는 현재인 표상성에 의거해 버리는 것이다.

하지만 '시간-이미지'에서는 잠재성을 이끌어내는 이미지가 요청된다. 그때 등장하는 것이 '결정체'와 '층'이다. 무기적이고, 광물적·지질학적인, 나아가 지리적인 이미지에 의해 이야기되는 이것들이 '운동-이미지'의 '저편'을 그려내는 것이다.

결정체-이미지

결정체와 층에 관해서는 오슨 웰스Orson Welles와 알랭 레네Alain

Resnais의 영상이 대표적으로 언급된다. 「시민 케인」*Citizen Kane*(1941)에서 팬 포커스pan-focus가 사용된 것과 「지난 해 마리앙바드에서」*L'Année dernière à Marienbad*(1961)에서 층이 서술된 것이 '시간-이미지'의 큰 역할을 맡는다. 4장부터 6장에까지 기술되는 이 부분이 『시네마 2』 논의의 중심임에는 틀림없다.

여기서 파악해야 할 것은 다음 두 가지다. 첫째, 결정체와 층이라는 시간 그 자체를 그려내는 이미지가 살아 있는 현재라는 정점에 의거하지 않는 것, 즉 잠재성이 함의하는 무한성으로서의 영원회귀를 이미지화하는 것을 어떻게 이해하느냐는 점이다. 둘째, 그것이 일종의 광물성, 지질학성, 지리성에 기댄 이미지로 나타나는 것을 어떻게 사유할 수 있느냐는 점이다. 이러한 이미지는 세 번째 시간에서 그려진 무한의 직선성을, 그리고 거기서 비연속적인 영원성이 반복적으로 포함되는 것을 그대로 이어받는 것으로 제시될 것이다.

결정체-이미지부터 생각해 보자. 결정체에 관해 생각되어야 할 것은, 그것이 잠재성과 현실성 사이에서 마주치는 '식별 불가능'한 점을 형성한다는 것이다. 그것은 플래시백이나 꿈의 이미지가 현재를 일탈해 가는 측면을 가지면서도 그 자체는 돌아와야 할 중심으로서 현재를 유지하고 있던 것과는 위상을 달리한다.[11] 거울로 나타나는 결정체-이미지, 혹은 초점 없는 과거의 탐구로서 팬 포커스의 수법을 도입하는 「시민 케인」의 영상은 그 자체로 현실성과 잠재성의

---

11) 이 점에 관해 식별 불가능한 지대는 꿈이나 환각의 이미지와 구별하기 위해 상상적인 것과 현실적인 것의 혼동과 달리 '객관적 환각'을 구성한다고 기술된다(cf. CII 94/145).

식별 불가능한 지대를 그려내는 것이다. 거기서는 현실성과 잠재성이 서로 우연히 마주치고, 그것들이 어느 쪽으로 배분될지 명확하지 않은 장면이 그려진다.

현실적인 이미지와 그 잠재적인 이미지는 따라서 최소한의 내적 회로, 적극적으로는 하나의 꼭짓점 내지는 점을 구성하는데, 그것은 판명한 요소들이 없지 않은 물질적인 점이다(다소 에피쿠로스적인 원자처럼). 판명하지만 식별 불가능한 것, 끊임없이 서로 교환하는 현실적인 것과 그 잠재적인 것이 이러하다. 잠재적 이미지가 현실적이게 될 때, 그 이미지는 거울에서처럼, 혹은 완성된 결정체의 경질성硬質性처럼 가시적이고 맑다. 하지만 현실적인 이미지가 잠재적이게 되고 다른 쪽으로 보내질 때는 대지로부터 막 추출된 결정체처럼 비가시적이고 불투명하며 침침하다. (CII 95/147~148)

현실적인 것과 잠재적인 것의 식별 불가능성을 제시하는 이러한 위상에 관한 논의는 베르그송의 기억의 원뿔이 감추고 있는 근원적인 역설과 관계되어 있다. 기억의 원뿔의 꼭짓점은 철저하게 잠재적인 순수과거의 영역과 연속된다. 그래서 현재와는 처음부터 양립할 수 없는 것이다(순수과거로서의 두 번째 시간). 그렇지만 그러한 원뿔은 그 꼭짓점에서 현재인 물질성의 평면과 반드시 접해 버린다. 그런 한에서 기억이 현실화되기 때문이다(첫 번째 시간과의 연관). 따라서 그 접점은 현실적이기도 잠재적이기도 해야 한다. 결정체란 이러한 애매한 지대에 지정되는 '내적 회로'다. 그것은 현재와 관계됨으로써 과거가 현실화되는 모든 '상대적 회로'의 '내적 한계'를 형성하지만(현재화에의 방향성), 동시에 무한히 펼쳐지는 잠재성 즉 "세계의 운동도 뛰어넘고 세계의 끝에서 가변적이고 변형 가능한 궁극의 외피"와도 결부되어 있다(잠재화에의 방향성)(CII 108/164).

이러한 경계적인 사건은 베르그송적인 시간의 생성에서 커다란 의미를 가진다. 시간의 흐름이 공간화될 수 없는 연속체라면, 과거는 현재화된 사상事象의 퇴화로서 파악될 수 있는 것이 아니다. 그렇다면 과거란 일단 현재가 된 것의 정도의 차이에 따른 변질에 불과해지기 때문이다. 그렇지만 시간의 연속성이 현재화된 위상에 의해 설명될 수 없다면, 과거는 현재와 동시에, 그러나 본성적으로 차이화된 것이어야 한다. '판명'distinct하지만 '명석'clair하지 않다는, 『차이와 반복』에서 이념의 차이의 역동성에 관해 이야기된 사태가 그대로 되풀이되는 것이다.[12] 꼭짓점의 이중성, 잠재성과 현실성의 식별 불가능성은 바로 차이화의 지점으로서, 판명하게 구별되지만 식별될 수 없는 생성의 회로를, 즉 시간의 "가장 창시적인 작용"(CII 108/164)을 형성한다. 결정체란 차이화적인 생성을 다하는 시간 그 자체의 이미지인 것이다. "결정체-이미지는 시간이 아니었지만, 그 속에 시간이 보인다. …… 환시자幻視者, 견자란 결정체의 속을 들여다보는 자다."(CII 109/165)

---

12) 차이가 '판명'(distinct)하지만 '애매'(obscure)하다는 사태는 『차이와 반복』의 '이념론'에서 중요한 역할을 한다(cf. DR 275~276/458~460). 시간의 발생을 둘러싼 식별 불가능성의 역설성은 이러한 이념적인 발생의 장면의 기원일 수 있다.

결정체는 두 번째 시간(잠재성)과 첫 번째 시간(현실성)을 분리시키면서 (선험적으로) 연결시키고, 생성 그 자체를 가능케 하는 위상으로서, 시간의 이미지로 접근하고 있다. 그것은 세 번째 시간에서 제시된 탈근거화적인 시간을 사건성의 산출로 기능하는 시원에서 보아내도록 해주는 것이다.

무기적인 힘과 층

들뢰즈는 이러한 시간의 분출을 비유기적인 혹은 무기적인 힘으로서 그려 간다. 시간이란 결정체나 거울 같은 광물적인 이미지에서 무기적인 힘으로 파악되는 것이다. 그러나 그뿐이라면 동시에 이렇게 생각될 것이다. 분명 거울이나 결정체는 광물적인 이미지성을 띠고 무기적인 힘을 강하게 지시하고는 있다. 그렇지만 시간 생성의 논의만으로는 결국 어딘가에서 현재로 수렴해 버리는 조화성이 환기될 것이다. 결정체가 그리는 시간의 차이화만으로는 세 번째 시간이 보여 주는 직선성, 서수성, 무한한 반복으로서의 불연속성이라는 맥락은 포착할 수 없을 것이다.

이때 생성이 현재와 과거의 이질적인 분열을 그리면서도 두 위상을 조화적으로 대등한 방식으로 배치하는 것이 아님을 먼저 파악해 둘 필요가 있다. 즉 차이화는 일종의 어긋남으로서 존립하는 것이다. 거기서 시간이 현재화해 가는 경로, 즉 첫 번째 시간으로 전개되어 가는 방향성은 실제 매우 취약한 것으로서만 그려진다.[13] 베르그송적으로 말하면, 현재는 거의 실재하지 않는다고까지 이야기되기 때문이다. 과거의 위상으로 전개되어 가는 위상이야말로 시간의 성립에 큰 역할을 한다. 그렇다면 그러한 과거는 어떻게 나타나는가.

그때 문제가 되는 것이 층이라는, 결정체와는 조금 다른 이미지다. 그것은 과거의 잠재적인 층이 그 횡단성에 의해 축적되어 가는 존재 방식에 드러나는 이미지라 할 수 있다. 잠재적인 과거의 층들은 웰스의 팬 포커스 기법을 통해 어떤 의미에서 이미 포착되어 있었다. 그러나 들뢰즈는 이 점에 관해 레네의 영상에서야말로 혁신적인 사태가 생겨났다고 생각한다. 웰스에게 잔존해 있던 현재적 중심이 거기서 완전히 소거된다는 것이다. "레네의 첫 번째 새로움이란 중심 혹은 고정점의 소실이다. 죽음은 현실적인 현재를 고정하지 않는다. 수많은 망자가 과거의 층들에 매달려 있다."(CII 152/230)

웰스의 영상에서는 이러한 과거의 층들도 망자의 시점이라는 부재의 정점에 의해, 역설적인 방식이기는 하지만 해방되어 있었다. 하지만 레네의 영상에서는 이미 망자라는 부재의 정점조차 존재하지 않으며, 망자들은 층 속에, 이를테면 완전히 반복적인 부감의 상태로 흩어져 있다고 한다. 이에 따라 잠재적인 순수과거의 층성層性이 현재와 관련되지 않고 그려지는 것이다.

과거의 다양한 수준은 더 이상 동일한 인물, 동일한 가족이나 동일한 그룹을 참조하는 것이 아니라, 세계의 기억을 구성하는 통약 불

---

13) 현재화해 가는 경로가 소멸해 가는 불평등성의 측면에서 그려지는 것에 관해서는 CII 109/195 주 22의 그림을 참조할 것.

가능한 장소로서 완전히 다른 인물들을 참조한다. 레네는 일반화된 상대성에 도달하며, 웰스에게는 하나의 방향에 불과했던 것, 즉 과거의 층들 간 결정 불가능한 양자택일의 구축을 끝까지 추구한다. (CII 153/231)

거기서 그려지는 이산의 네트워크야말로 '리좀' 같은 후기 들뢰즈의 개념과 '세 번째 시간'이라는 개념을 연결시키는 열쇠가 될 것이다.

이 점에 관해서도 조금 더 살펴보자. 레네의 영상에서 가장 주목할 만한 것은 그것이 기억과 관계되면서도 지리학적·위상학적인 사태가 강조된다는 점이다. 이는 후기의 들뢰즈/가타리가 이용하는 '고원' 개념과 기계로서의 작용들이 횡단성으로서의 역설적인 운동성을 갖는 것으로 이어진다. "각각의 연대年代, 각각의 층은 영토, 탈주선, 그리고 이 선의 봉쇄에 의해 정의될 것이다. 이것들은 라보리Henri Laborit에 의해 제기된 위상학적이고 지도논리학적인 cartologique 규정들이다."(CII 155/234)

기억은 바로 거기서 위상학적=토폴로지적인 것이 된다. 층은 현재를 축으로 하는 방향성을 갖지 않는 비-시계열적non-chronologique인 산란으로서 그려지는데, 이는 위상학적인 것이며, 지도의 작성이라는 방식으로 기능한다. 거기서는 일종의 연속성이 드러나지만, 다양한 연대는 단편화된 존재 방식을 취하면서 서로 통약 불가능non-communicant하고 비연속적인 장소로서, 그런 한에서 횡단적으로 결부되는 것이다.

철저하게 연속적이지만 그 자체는 결정적으로 이산적이며 모든 단편이 다른 단편과 결부되는 것. 그것은 세 번째 시간에서 논의된 직선성을, 단순히 탈근거화시키는 형식성이 아니라, 영원회귀가 파편적으로 주름 접히면서 반복되는 사태의 유물적인 실질을 통해 이미지화시킬 것이다. 위상학적인 시간의 이미지는 시간의 강도적인 연속성이 지닌 결정적인 비연속성을 지시하며, 무한이 단순한 조화적 '전체'에 다 들어가지 않는 이산적인 작동을 하고 있음을 보여 준다. 미친 시간으로서의 세 번째 시간과 리좀적인 시공을 연결시킨다. 이러한 지층적이고 지리학적인 이미지는 그에 따라 무기적인 생명의 존재 방식을 제시해 가는 것이다.[14]

그런데 이런 바탕-허의 이미지는 더 어떻게 구체화되는가. 『차이와 반복』에서 '사유'가 품고 있는 '무사유'의 영역 즉 '시점'의 논의와 연관지어 '이념'의 발동이라는 물음이 제기되었다는 점을 다시 살펴볼 필요가 있다. 그 장면과 평행적으로, 아르토가 말하는 '탈기관체'의 개념이 이후 받아들여지기도 한다. 그렇지만 신체 개념과 함께 두드러지는 것은 뇌라는 테마다(CII 8장).

예컨대 여기서 그려지는 기억에서는 '확률론'적인 사태가 중요해진다고 한다. 그것은 과거의 층들 간 '결정 불가능한 양자택일'과 연관되는데, 그러한 사태를 사유로 돌리는 기관이 바로 뇌인 것이다.

---

14) 비유기적인 힘에 관해서는 『푸코』의 부록 「인간의 죽음과 초인에 대하여」의 말미를 참조할 것.

감정이 세계의 연대라면, 사유는 그에 대응하는 비시계열적인 시간이다. 감정이 과거의 층이라면, 사유는, 뇌는 모든 층의 국한 불가능한 상호 관계의 총체이며, 그것을 뇌엽으로서 말거나 펼치는 연속성, 여러 층이 죽음의 위치에서 정지하거나 응고하는 것을 방해하는 연속성이다. (CII 163~164/244)

레네가 그려내는 기억의 층들은 이러한 의미에서 두 번째 시간으로서의 순수과거로부터 그 이미지를 획득한 것처럼 보이는데, 그뿐만이 아니다. 이미 기술했듯이 순수과거는 재표상화와의 원환 속에 사로잡혀 있다. 그러나 여기서 논의되는 층은 결정 불가능하고 국한 불가능한, 따라서 그 작용이 확률론적인 것으로서만 이야기되는 이산적인 작용을 보여 주면서 이러한 잠재성의 생성을 그려 간다. 그것이 결정체라는 생성하는 시간의 분출을 이어받으면서 시간의 총체를 보여 주는 것이 된다.

뇌와 외부의 습곡

레네가 다다른 시간의 이미지는 이처럼 아르토적인 '탈기관체'로 나타나는 사유 불가능한 것의 이미지(게스투스gestus)를 통과하면서 뇌에서의 위상학적인 시공간성으로서 드러난다. 뇌는 기억의 원뿔로 제시되는 '절대적 내부'와 '절대적 외부'를 연결시키며, 동시에 유기체 속에 간극을 초래하면서 '불확실한 메커니즘'을 산출한다(CII 275/412). 뇌야말로 기억과 시간의 위상학적인 사태를 살아가는 기관인 것이다.

이는 매우 베르그송적인 발상이라고도 할 수 있다. 뇌는 신체의 일부이면서 유기적 신체가 지닌 행동의 반응계에 간극을 끼워 넣고 시간을 살 수 있도록 하는 장치다. 뇌는 신체의 중심이라 여겨지면서도 막대한 기억과 팽대한 물질성이 서로 함입하듯 교차하는 장소인 것이다. 뇌에서 결정체의 식별 불가능성과 무작위 공간인 층의 습곡이 생生을 초점에 두고 서로 연결된다.

이러한 뇌의 이미지가 시간 그 자체와 연관지어진다는 의미에 관해, 두 가지 점을 검토해 보자.

첫째, 바로 그것이 '바깥'이라는 문제와 이어진다는 것이다.

앞서 기술했듯이 『시네마 1』에서는 '운동-이미지'에서 '시간-이미지'로 전개되며 '열린 전체'라는 용어가 중시되었다. 들뢰즈는 『시네마 2』에서 그것을 '바깥'이라는 테마로 전환한다. 이 두 가지 표현법 사이에 "큰 차이가 있다고는 생각할 수 없다"고도 했다(CII 233/350). 그러나 이 문제는 미묘하다. '열린 전체'는 아무래도 '시간의 간접적인 표상과 일체'이지만, 그것은 '바깥'으로 환언됨으로써 시간의 표상의 외부에 나타나는 지질학적인 위상에 '직접적'으로 달한다고 그려지기 때문이다.[15]

둘째, 거기서 층이라 불리는 것은 '잘못된 연결'의 영상에서 지시되는 이접적인 위상을 이미지화한다는 것이다. 『천의 고원』에서

---

15) 『대담』의 「상상계에 대한 의심」이라는 인터뷰에서 '열린 전체'라는 용어의 한계가 명확히 이야기된다(cf. PP 89 ff./71 이하).

서술되는 매끄러운 공간이나 구멍 뚫린 공간 같은 토폴로지의 일그러짐이 전제되는 장면이 그것과 관련될 것이다. 그것들은 이 위상이 동적인 단면에 의한 운동의 연속성 모델과는 다른 무리수적인 절단으로 그려진다는 것을 분명히 보여 준다.

그러나 영화는 수학과 닮은 점이 있다. 이른바 유리수적인 절단은 그것이 분리하는 두 개의 집합 중 하나에 속하는 경우가 있는데(한쪽의 시작, 또는 다른 쪽의 끝), '고전적' 영화의 경우가 그렇다. 또한 현대 영화에서처럼 절단은 간극이 되고, 무리수적이며, 어느 집합에도 속하지 않고, 한쪽에 끝이 없는 것과 마찬가지로 다른 쪽에도 시작이 없다. 잘못된 연결이란 이러한 무리수적인 절단인 것이다. (CII 236/354)

이미지끼리, 장면끼리는 더 이상 유리수적인 절단, 즉 첫 번째 것을 끝내고 두 번째 것을 시작하게 하는 절단에 의해서는 연쇄되지 않지만, 무리수적인 절단, 즉 둘 중 어디에도 속하지 않고 그 자체로 가치를 지닌 절단(간극)에 의해 재연쇄된다. 즉 무리수적인 절단은 이접적 가치를 갖고, 더 이상 접속적 가치를 갖지 않는다. (CII 324/477)[16]

---

16) 일본어판 『시네마 2』와 『대담』에서 'coupure irrationnelle'은 기본적으로 '비합리적 절단'으로 번역되었는데, 여기에는 분명히 연속성과 무한을 둘러싼 리하르트 데데킨트(Richard Dedekind, 1831~1916)의 절단의 논의가 상정되어 있으므로(이는 영원회귀의 반복이라는 들뢰즈의 사유에서 본질적으로 중요하다) '무리수적'으로 번역해야 한다.

들뢰즈/가타리가 리좀으로서 보여 주는 착종체와 정보공간의 이미지는, 이처럼 『시네마』에서 그려지듯이 뇌라는 국소성이 지시하는 시간의 층, 거기서 명확해지는 '잘못된 연결'로서의 절단, 그리고 그것들을 연결시키는 이접의 작용과 중첩되며 들뢰즈의 시간론을 구체화시킨다. 동적인 단면이 이루는 운동이 아니라, 무리수적인 절단이 구성하는 이미지가 시간의 경첩이 빠진 세 번째 시간의 작용을 이접으로서의 역동공간으로서 다시 파악해 가는 것이다. 그것들은 형식으로서의 직선으로 그려진 세 번째 시간이 단편화된 무한에 의해 부감적이고 횡단적이고 이접적인 기능을 다하는 존재 방식을 명시한다. 그것이 무기적인 것의 생명적인 힘, 외부가 강조되는 시간의 벌거벗은 힘인 것이다.

들뢰즈가 논의하는 『시네마』의 '시간-이미지'는 이처럼 무기적이고 지질적인 시간 개념에 도달한다. 이러한 리좀적이라고도 할 수 있는 세 번째 시간을 구체적으로 살아감으로써 다른 관점이 도입될 것이다. 경험할 수 없는 것의 생의 존재 방식을 다른 형태로 캐묻는 것이라 할 수 있다.[17]

---

17) 『시네마』에 관해서는 앞서도 언급한 듀링이나 몬테벨로(Pierre Montebello, *Deleuze, philosophie et cinéma*, Vrin, 2008) 혹은 영어권의 존 멀라키(John Mullarkey, *Refractions of Reality: Philosophy and the Moving Image*, Palgrave Macmillan, 2009) 등 많은 연구서와 개설서가 보이는데, 『시네마』의 시간론을 중시하는 경향은 후기 들뢰즈의 사유에서 이 저작이 차지하는 중요성을 생각해도 긍정할 만하다. 물론 『시네마』는 베르그송의 『물질과 기억』을 다시 쓴 것이라 할 수 있지만, 행동유도성(affordance)이나 생태론적 지각론의 전개로서도 많은 아이디어를 함축하고 있다.

이러한 생성의 시간은 이른바 '역사'의 개념과 어떻게 관련되느냐는 것이다. 들뢰즈는 '생성'이 역사가 아니라고 분명히 말한다(다음 장에서 논의할『철학이란 무엇인가?』에서). 역사는 경험의 형식과 다름없다. 하지만 '생성'은 오히려 경험의 외부에 있을 것이다. 그래서 역사가 끝나 버린 후의 역사, 역사의 바깥쪽에 관한 역사의 비전과 관계될 것이다. 이러한 역사 외부의 역사에 관해 어떻게 이야기해야 하는가. 구체적으로 철학사의 서술 및 시대epoch로서의 자본주의라는 주제와 관련되어 가는 이러한 방향을 탐구하는 것은 들뢰즈에게 세 번째 시간을 이미지화시키는 시도의 최종 단계를 의미할 것이다.

또 한 가지 생각해야 할 것은, 역사를 뛰어넘는 역사라는 논의는 20세기 이후의 현대 사상계에서 다양한 문맥으로 제시되어 왔다는 것이다. 단편으로서의 역사를 그리는 벤야민의 바로크적인 시간 개념, 그리고 '바깥' 힘이라는 관점에서 고고학적 혹은 계보학적 탐구를 행하는 푸코의 시간 개념이 당장 떠오른다. 그것들은 들뢰즈의 이산 생성적인 역사 개념과 서로 어떻게 얽혀 있는가. 벤야민의 역사성이 함의하는 메시아주의는 분명 들뢰즈의 비전과 거리가 멀다. 또한 역사 자료와 사회성으로 파괴적이고 세밀하게 파고드는 푸코의 집착도 들뢰즈에게는 거의 결여되어 있다. 그러나 이러한 역사 없는 역사의 논의는 유물적唯物的인 역사를 목적론 없이 그려낼 것이 요청되는 현대에 시간의 논의가 따라야 할 방향을 지시한다고 여겨진다.

4장 · 생성의 역사

들어가며

들뢰즈의 시간론을 전개해 가면 어딘가에서 역사라는 테마에 봉착하지 않을 수 없다. 하지만 살아 있는 주체도 역사를 보는 정점도 아닌, 다양한 관계성에 대한 '무한한 부감'(세 번째 시간에서의 영원회귀의 시간)을, 혹은 그러한 사태 속에서의 고고학적이고 지질학적인 위상성(시간의 결정체와 층)을 사유하는 들뢰즈에게서 역사성에 관한 긍정적인 주장을 이끌어내는 것은 과연 가능할까?[1] 살아 있는 현재

---

1) 『의미의 논리』에 보론으로 수록되어 있는 에밀 졸라론 「졸라와 균열」은 이 점에 관해 몇몇 시사적인 테마를 제공해 준다. 졸라와 '균열'이라는 주제는 유전에 관한 생물학적 지식에 기초한 것인데, 거기서 유전되는 것은 '균열'과 '균열을 통해 유전하는 것'으로 구분된다. 중요한 것은 '균열'을 통과하여 무언가가 유전되는 것이 아니다. 생명이 이어져 간다고 할 때는 물론 어떤 체질이나 성질 등이 유전되는 것이지만, 이는 어디까지나 '균열'의 언저리에 있는 것에 불과하다. 그러나 생명이 계속될 때는 이런저런 사실이 아니라 생명 그 자체가 유전되어야 한다. 전자는 동일한 것의 반복이고, 후자는 타나토스적인 상이한 것의 반복이라

라는 정점을 전부 배제하고 현재성의 위상이나 그 계기라는 아이디어를 채택하지 않는 들뢰즈의 논의는, 물론 현재성에 의거해서만 이야기되는 시계열적인chronologique 역사를 긍정하지 않으며, 기원을 추구하거나 목적론적인 배치를 가지는 것도 아니다.

'영원회귀'의 시간성과 '시간의 결정체'의 논의에서 나타나듯이, 시간의 이미지가 역사적인 연대성年代性이나 역사적인 서사의 구축론이라는 논법을 훨씬 뛰어넘어 시간의 무한성을 응시하는 것이며, 또한 그것이 자기에(혹은 지금에) '반-효과화'하는 형태로 주름 접혀진다면, 시간의 조망은 '자기'에게는 오히려 미쳐 버릴 것 같은, 혹은 자신의 지반을 근저에서 뒤흔드는 것 같은 탈구감에 찬 것이 아닐까? 자기라는 존재가 우연하다는 것은 누구나 알고 있다. 하지만 인간은 자신의 습관이든 집단의 전통이든 어떤 시간 범위의 틀 속에서 자신의 지반을 확인하고, 그러한 자기 확인의 회로에서 일종의 동

여겨진다. 『차이와 반복』의 논의에서는 물론 타나토스로서 이야기되며 명백히 죽음의 심급과 연결되는데(죽는 것으로서의 생명), 여기서 유전이라는 주제가 제기될 때는 무엇보다도 죽음의 부여가 생명의 부여라는 것이 두드러져야 한다. 타나토스를 유전시키는 것은 아무 내용도 유전시키지 않는다. 그렇지만 살아 있는 것 그 자체를 이어 간다.

그런데 역사의 논의와 연관지을 때 주목해야 할 것은 이 보론에서 들뢰즈가 전자를 역사적 유전으로서의 '드라마'(Drame)에, 후자를 서사시적 유전으로서의 '에포스'(Epos)에 중첩시켜 묘사한다는 점이다(cf. LS 378/506). 동일자의 반복인 드라마는 바로 인간적인 역사다. 그러나 에포스로서 이야기되는 것은 '지각 불가능하고 침묵한 채' 연속해서 진행하는 역사다. 그것은 인간적이지 않은 것의 역사, 벤야민이 말하는 '자연사'에 매우 가까운 역사 개념이다. 역사를 이야기하는 것은 이 둘의 교차에 관계되지 않을 수 없다. 그렇지만 솔직히 말해서 이러한 테마는 구조성과 그 변동이라는, 인간적 주체의 입장에서 무의식의 영역에 인간의 능동성이 어떻게 얽히느냐는 관점에서 논해져야 할 것이다. 또한 들뢰즈/가타리에게서 '기계'라는 존재 방식으로 논의되는 이 위상이, 졸라론에서는 '기관차'라는 테마(그 기계 운동과 반복성)에 의해 파악된다는 점에도 주의해야 한다.

일성을 확보하기도 한다. 그것이 자기의 역사적 지반을 새삼스레 논의하는 의미일 것이다. 그렇지만 들뢰즈가 말하는 무한한 시야의 도입은 이러한 지반성이 모든 의미에서 열려 있고 모든 의미에서 상대화될 수 있다는 것을 명확히 보여 준다. 역사를 이야기하려 해도 역사적인 서사 자체가 갖춘 담론적인 근거화라는 사태는 철수되어 버리는 것이다. 이는 역사를 무한원점無限遠點으로부터 부유하도록 통일화시키지 않고 단편화하는 것이다. 그러한 무한원점으로부터의 역사를 그려낼 수 있을까?

이러한 단편으로서의 역사, 철저한 상대화 속에 있는 역사라는 비전은 우리들에게 결코 낯설지 않다. 예컨대 '메시아 없는 메시아성'이라는 개념을 드러낸 발터 벤야민의 단편으로서의 역사 논의, 그리고 고고학적 혹은 계보학적인 장치에 의해 지층적인 역사성을 이야기하는 미셸 푸코의 주장이 20세기적인 역사성의 논의에서 이미 불가결한 전제라는 것은 말할 필요도 없다. 역사적인 해석학의 전통이나 구조주의적인 배치와의 연관을 통해서도 고찰할 수 있는 이러한 발상과, 들뢰즈의 시간론에서 도출되는 역사의 비전은 한편으로 매우 근접하다고 할 수 있다.

그러나 20세기적인 역사 이해를 둘러싼 논의에 앞서, 들뢰즈 사유의 내부에서 역사성에 관한 테제를 이끌어낼 필요가 있을 것이다.

제일 먼저 논의해야 할 것은, 들뢰즈가 생성에 관해 논의하면서 역사성의 논의와 명확히 구분한다는 점이다. 생성은 역사가 아니라는 것이 들뢰즈의 일관된 주장이다(『철학이란 무엇인가?』). 그런데 들뢰즈는 다른 한편으로 반복적인 역사에 관한 독자적인 관점을 특히 샤를 페기Charles Péguy(1873~1914)를 언급함으로써 전개하기도 한다. 따라서 생성은 역사가 아니라는 주장과 함께 생성이 지닌 역사성으로의 전망을 보아낼 수 있다고 해야 할 것이다(『차이와 반복』).

다음으로, 이러한 들뢰즈의 논의가 시간성의 논의에 포괄적으로 관계된다는 점이 고찰되어야 한다. 들뢰즈의 논의는 역사성이라는 위상을 완전히 회피할 수는 없다. 들뢰즈는 하이데거/데리다적으로 곧잘 이야기되는 '철학의 종언'이라는 대시대적大時代的인 철학의 종말, 역사의 종말이라는 관점을 프로그램으로서조차 가지지 않았다(반복의 역사에는 시작도 끝도 없다). 하지만 그런 그도 『차이와 반복』의 서두에서 자신의 글이 띠는 '묵시록적'인 성격을 언급하지 않을 수 없었다(DR 4/22). 그리고 그 주장은 후기에 이르러 철학사적인 관점에서 스피노자주의의 상찬을 도모하는(즉 내재면의 철저한 선양宣揚을 시도하는) 것, 나아가 폭넓은 생태사적인 관점에서 탈코드화의 극한과 연관시키면서 시대로서의 자본주의를 논의하는 것에 입각하여 재검토되어야 할 것이다. 철학사적인 이야기를 전개하지 않아도, 혹은 세계사적인 이념을 상정하지 않아도 철학사가 내재면의 개시에 이르거나 자본주의가 강도적인 힘의 탈코드화에 기여하는 사태는 역사의 이야기라는 틀로(혹은 묵시록적인 혁명의 도래라는 비전으로) 환원 가능할 것이다. 하지만 그래서는 하이데거적인 존재사의 또 다른 버전에 불과한 것이 될 우려가 있다. 그것은 들뢰즈의 시간 개념에서 상정되는 역사의 비전과 미묘한 엇갈림을 초래한다.

생성은 역사가 아니다

들뢰즈가 세 번째 시간으로서 파악하는 생성의 시간이 애초에 역사에 대항하는 개념이라는 것은 쉽게 이해할 수 있다. 역사란 애초에 생성을 배제하는 개념이라고 여겨지기 때문이다. 『철학이란 무엇인가?』에서는 특히 그리스철학의 성립을 소재로 하여 다음과 같이 기술된다.

> …… 생성은 비록 역사 속에 다시 빠져 버리는 일은 있어도 역사에 속하지는 않는다. 그리스철학의 역사는 철학자들이 그리스인으로 생성해야 하는 것과 마찬가지로, 매번 그리스인들은 먼저 철학자로 생성해야 한다는 것을 숨겨서는 안 된다. '생성'은 역사에 속하지 않는다. 오늘날에도 여전히 역사라는 것이 가리키는 것은 아무리 최근의 것일지라도 조건들의 총체에 불과하다. 즉 생성하기 위해서는, 즉 어떤 새로운 것을 창조하기 위해서는 등을 돌려야 할 조건들의 총체에 불과하다. (QP 92/141)

거기서 역사란 '사태'인 '현재'의 존재 방식에 크게 기댄 '사건의 효과화'에 지나지 않는다고 여겨진다. 그렇지만 사건 그 자체는 "'역사'를 벗어나는"(QP 106/162) 것이다. "생성은 '역사' 속에서 태어나 다시 '역사' 속에 빠져 버리지만, '역사'에 속하는 것이 아니다."(QP 106/162) 생성이란 애초에 실험이며 '부정적인 조건들'인 역사로부터 분리되고 구별되어야 하는 것이다.

한편으로 이는 니체가 '반시대적'인 것으로서 그려냈던 맥락과 밀접하게 관련된다. "과거를 거슬러, 따라서 현재에 대해, (바라건대) 미래를 위해 행동하기. 그러나 그러한 미래는 역사의 미래가 아니고 유토피아적 미래도 아니다. 그것은 '지금'이라는 무한자, 플라톤이 이미 모든 현재로부터 구분한 '지금'이고, '강도적'인 것 혹은 '반시대적'인 것이며, 순간이 아니라 생성"(QP 107/164)이라고 이야기된다. 이는 '반-효과화'로서의 시간의 위상을 역사성으로써 다시 파악한 것이라고도 할 수 있다.

'반시대적'인 것으로서, 실험으로서 생성의 생生을 이야기하기. 그것은 생성의 의미를 이룬다. 생성이란 무엇보다 현재의 조건인 과거나 그 효과화인 현재와는 완전히 분리해서 파악되어야 한다. 그것은 미래로 이어지는 개념 창조의 사건이므로 '반시대적'이지 않을 수 없다. 나아가 들뢰즈는 이 논의를 현실적인 것의 진단이라는 푸코의 논의와도 (표면적으로는 완전히 반대인데도) 관련짓는다.[2]

생성을 역사에서 분리하는 것은 좋다. 역사에서 분리됨으로써 생성의 사건성이 명확해지는 것도 좋다. 하지만 다른 한편으로 생성이 역사 속에서 생겨나 다시 역사 속으로 빠져 버린다면, 생성과 역

---

2) 이 점은 푸코가 현실적인 사상가였음을 들뢰즈가 최대한으로 평가한 것, 또한 푸코의 역사관이 잘 알려져 있듯이 칸트적인 계몽의 이념과 관계지어 파악될 수 있다는 것을 생각하면, 다양하게 검토되어야 할 테마다. 푸코가 현실적이라고 기술하는 것과 여기서 들뢰즈가 '반시대적'이라고 형용하는 것은 거의 동일한 것이다. 정치철학은 생명의 영원성에 관해 생각하지 않으면, 현실적인 담론으로서의 의미가 부여되지 않는다. 이 점을 잘 이해한 것이 푸코의 '생정치학'이다.

사의 관계를 생성의 역사라는 테마를 통해 파악하는 것도 중요할 것이다. 그러한 연관을 고려할 때 열쇠가 되는 것은 『철학이란 무엇인가?』와 『차이와 반복』에서 언급되는, 페기라는 베르그송 계보의 사상가다.[3]

페기에게 역사적 시간 속에서 사건을 다루는 방식은 두 가지가 있다고 들뢰즈는 기술한다. "사건을 따라 통과하여 역사 속에서 사건의 효과화를, 역사 속에서 조정과 퇴폐를 모은다"는 방식과, "사건을 거슬러 올라 사건 속에서 사건으로서 자리 잡고, 동시에 사건 속에서 다시 젊어지고 늙으며, 사건의 모든 합성 요소와 특이성을 통과해 간다"(QP 107/163)는 방식이다. 사건을 다루는 이 두 가지 자세는 역사성을 생성의 관점에서 보는 사유에서 어떤 것일 수 있는가. 『철학이란 무엇인가?』에서는 '반시대적'인 것으로서 이야기되는 생성을, 생성 자체의 역사성 속에서 생각하려면 어떻게 해야 하는가.

---

3) 페기는 거의 잊혀진 사상가의 계보에 들지만, 이 베르그송주의자에게 들뢰즈가 최대의 경의를 표한다는 점에 유의해야 한다. 베르그송적인 실재하는 시간으로 역사의 논의를 구성할 때, 페기의 논의는 참고가 될 만한 논점을 포함한다. 페기의 사유에서 '늙음'이 '기억'과 결부되어 테마화되고 후기 베르그송의 생명론으로 관계성이 설정되는 것, 그리고 그에 대항하는 듯 역사를 이야기하는 것이 중요하다. 들뢰즈는 페기의 만년의 저작 『클리오』(*Clio: Dialogue de l'histoire et de l'âme païenne*, 1909~1912)와 『잔 다르크』(*Jeanne d'Arc*, 1897)를 인용했다.

바스티유를 둘러싼 대목에 관해서는 Charles Péguy, *Œuvres en prose complètes*, III, Gallimard, 1992, pp. 1083~1084를, 또한 사건과 역사의 대목에 관해서는 *Ibid.*, p. 1177을 참조할 것. 거기서는 기억과 역사가 수직과 수평의 짝이 되어, 역사가 마치 기억에 대항하는 듯이 그려져 있다. 기억을 잃는 것이 '젊음'과 연관된다는 『클리오』 맨 앞부분의 논의도 포함하여, 페기의 반(反)기억적인 주장과 새로운 것의 반복이라는 테마가 결부되는 것은 중요하다.

먼저 『철학이란 무엇인가?』보다 시기적으로 훨씬 이른 『차이와 반복』의 서술로 되돌아가 보자.

반복과 역사

애당초 역사란 무엇인가. 역사적 서술이란 어떤 관점에서 이루어지는 사건의 계기를 기술하는 것이라 생각된다. 그리고 계기의 질서란 그 자체로 반복적인 존재 방식을 가질 것이다. 『차이와 반복』에서 현재의 계기(습관과 예기), 과거의 원환(순수과거의 기억), 미래의 직선(무한한 계열적인 분기)으로 분류되는 시간성은 그대로 역사적인 기술과 겹칠 것이다. 그렇다면 시계열적인 시간의 해체를 기획하는 세 번째 시간에 따른 역사성이 생성의 역사성으로 제시될 수 있는 것처럼 보인다. '절대적인 차이'에 의해 형성되는 반복이 보아내는 역사성이란 무엇인가.

『차이와 반복』 서두의 반복론에서 페기가 인용되며 다음과 같은 시사적인 기술이 등장한다.

> 축제에는 '재개 불가능'한 것을 반복한다는 명백한 역설밖에 없다. ······ 바스티유 습격을 기념하거나 표상하는 것이 연맹제인 것이 아니라, 바로 바스티유 습격이 연맹제를 미리 축하하고 반복하는 것이다. (DR 8/26~27)

역사적인 축제는 반복에 맡겨지고, 그러한 반복이 축제를 시간적인 역사성으로 만들어낸다. 그러나 페기가 강조하는 축제란 기원인 것을 반복하고 그것을 더해 가는 것이 아니다. 그러한 반복은 '동일한 것의 반복'으로서 단순한 '일반성'의 국면에 관계되는 것에 불과하다. 들뢰즈가 '절대적인 차이'와 결부시켜 이야기하는 반복이란 그 자체가 '특이적'인 존재 방식을 가진 것으로 발견되어야 한다. 어떤 바스티유의 축제도 기원으로서의 바스티유를 반복할 수는 없다. 역사적으로 전개하는 사상事象은 전부 일회적이기에 반복될 수 없다. 하지만 기원으로서의 바스티유는 반대로 미리 그 축제들을 반복해 버린다. 특이한 사건이란 이러한 반복 가운데 존재한다.

　반복과 관련된 이러한 논의는 『차이와 반복』 2장의 시간론에서 영원회귀의 시간으로 세 번째 시간이 제시된 이후의 주석(행동과의 결부에 따른 시간의 이미지화)에서 마르크스의 『루이 보나파르트의 브뤼메르 18일』*Der achtzehnte Brumaire des Louis Bonaparte*의 서술을 전도시키며 논의하는 것과 이어져 있다. 거기서 마르크스는 역사적인 사건은 두 번, "처음은 비극으로, 두 번째는 소극笑劇으로" 반복된다고 기술했다. 들뢰즈는 이를 역전시켜 다음과 같이 말한다. 즉 현재에 대한 최초의 반복은 '결여에 의한 반복'(과거)으로서 희극적이다(이미 잃어버린 것의 반복). 반면 '변형으로서의 반복'(현재)은 비극적인 것으로서 그 이후에 나타난다(현존하는 것을 변용시키는 반복). 그리고 그것을 이어받음으로써 "무언가 새로운 것이 생산되며, 그에 따라 주인공이 배제되는 드라마적 반복"(미래)이 드러난다(아무것도 없는 것의 반복). 들뢰즈는 여기에 오이디푸스와 햄릿의 논의 구조, 즉 시간론에서 '앞', '중간휴지', '뒤'로 기술된 존재 방식을 중첩시킨다.[4] '앞'이란 '결여'이며 과거의 양태 그 자체였다. '중간휴지'란 변형이 생기는 장면이었다. 그리고 '뒤'란 영원회귀의 계시와 그 긍정이며, 그것이 앞선 반복을 통합하는 것이다.

이것들은 주기성에 관한 세 가지 형태와도 연관되어 있다. 첫 번째는 '주기 내부적인 반복'이다. 그것은 '결여'에 대응한, 자기 안에 틀어박힌 반복이다(잃어버린 대상을 회복하려는 반복). 두 번째는 '주기적인 반복'인데, 이는 변형으로서, 열린 것으로서의 반복을 보여주는 것으로 그려진다(반복해서 무너지는 주체). 그런데 이 두 가지가 기표로 기능하면서 그 기의로서 영원회귀의 순수한 반복이 나타난다는 것이다(주체 없는 생의 반복). "세 번째 시대âge"(DR 124/215)라는 표현으로 파악되는 영원회귀의 반복은 앞의 두 가지 주기성을 조건으로 하면서 그 자체가 순수한 반복으로서, 주기를 계속 거스르는 것으로서 지시된다. 이것이 세 번째 시간의 역사성과 관련되어 드러나는 사태인 것이다.

영원회귀로서의 반복인 이 역사성은 주기적인 사태를 거스르면서 미래의 반복을 포착해 간다. 이러한 논의 속에서 니체 및 키르케고르Søren Kierkegaard와 나란히 페기에게 다시 중요한 역할이 맡겨지면서 인용된다. 그때 '신앙'foi이라는 사태가 중요시된다.

그들[키르케고르와 페기]은 미래라는 범주로서 저 지고한 반복을 신앙에 맡겼다. 신앙은 습관과 상기를, 습관의 자아와 상기의 신

---

4) 이러한 서술에 관해서는 본서 1장도 참조할 것.

을, 시간의 정초fondation와 시간의 근거fondement를 파괴하는 데 충분한 위력을 가지고 있다. 그렇지만 신앙은 신과 자아를 공통의 부활 내에서 단 한 번une fois pour toutes에 재발견하도록 권유한다. (DR 126~127/218)

반복의 사상가인 키르케고르와 페기가 "칸트를 완성했다"(DR 127/218)고 기술된다. 들뢰즈의 문맥에서 말하면, 칸트야말로 자아에 선험적인 균열을 초래하고, 공허한 서수로서의 세 번째 시간이라는 선험적 국면을 열어젖힌 것이다. 거기에 횔덜린 혹은 니체(피에르 클로소프스키)가 끼워 넣은 것이 현재적인 일관성도 과거와의 원환을 형성하는 것도 아닌 '비밀의 일관성'인 반복 즉 '매번'toutes les fois '단 한 번'인 반복이었다. 키르케고르나 페기가 이야기하는 '미래'란 이러한 영원회귀로서의 반복을 '이 세계', '이 생'에의 신앙foi이라는 테마와 관련시키면서 기의로서 파악해 가는 것이다.[5] 미래의 반복이란 현재가 열리면서 아직 존재하지 않는 미래가 되풀이된다는 것을 함축하며, 그것이 세계에의 신앙인 것이다.

이는 페기가 '현세적-영원적'이라 말한 것과 일치한다. 바스티유라는 사건은 그 자체로 다양한 축제와 다양한 혁명을 미리 반복하고 있다. 그 자체로 일회적인 사건이면서 매번 되풀이되는 것으로서, 스스로를 열면서 미래를 반복해 버린다. 축제는 그것을 '반-효과화'

---

5) 말할 필요도 없이 신앙이라는 테마는 『시네마 2』의 한 주제를 이룬다(7장 등을 참조할 것. CII 222/337. 거기서 원어는 'croyance'다). 그 기술은 이 대목과 연결되어 있다.

하는 한에서 공명한다. 축제는 그때 역사에서 분리되면서 역사 속에 드러나는 사건이 되는 것이다.

　세 번째 시간을 반복에서의 세 번째 시대로서, 그 미래성을 전망하면서 파악해 가는 『차이와 반복』의 기술은 시간의 위상과 역사적인 시대성을 분명히 연결시켜 준다. 하지만 이러한 미래에의 생성을 그 독자적인 반복성이 아니라 역사성의 틀에 더욱 깊이 밀착시켜 그린다면 어떻게 될까? 영원회귀의 반복이 세 번째 시대라고 서술되듯이, 역사성을 뛰어넘은 다른 형태의 역사성이 묵시록적인 것으로서 등장해 버릴 가능성은 없을까? 세 번째 시간의 시대가 바로 도래해야 할 것에의 '신앙'으로서 구현되고(『차이와 반복』) 그것이 이후에 '도래할 민중'(『철학이란 무엇인가?』)이라는 방식으로 언급된다면,[6] 그러한 탈근거화적인 위상을 대망하는 방식이 흔해 빠진 구제의 역사관을 상기시킬 것이다. 되풀이하지만, 그것은 바로 하이데거적인 철학의 종언에 관계된 비전과 중첩될 것이다. 역사의 외부에 관계되면서도 그것을 이야기하는 방식이란 실제 극히 역사적일 수밖에 없을 것이다.

---

6) '도래할 민중'이라는 표현이 들뢰즈의 문장으로서는 매우 밝은 묵시록적인 분위기에 차 있다는 것은 주목할 만하다. 일반적으로 들뢰즈/가타리의 저작 전체를 뒤덮는, 말하자면 음울한 기계성의 논의에서 내재면의 등장을 향하는 이러한 긍정성은 일종의 해방감을 느끼게 한다.

철학사와 사유의 이미지

이러한 논의에서는 먼저 들뢰즈의 철학사 서술을, 이어서 들뢰즈의 논의 총체에서 자본주의라는 탈코드화적인 시대성이 점하는 위치를 검토해야 할 것이다. 철학사부터 살펴보자. 주목해야 할 것은 『철학이란 무엇인가?』의 다음과 같은 기술이다.

『철학이란 무엇인가?』는 가타리와의 공저로 간행된 들뢰즈의 최후기 저작이다. 거기에는 들뢰즈/가타리의 주저라 할 수 있는 『안티오이디푸스』 및 『천의 고원』의 기본적인 성과가 반영되어 있고, 특히 '내재면'이 명확히 위치지어져 있다. 하지만 동시에 가타리와의 저작이 가히 철학적 기술의 거부라 할 만한 횡단적인 테마를 축으로 삼은 데 반해, 이 저작은 분명히 '철학'에의 재초점화를 (과학과 예술이라는 사상事象과의 대비 속에서) 시도하며, 고전 회귀 같은 양상을 드러내기까지 한다. 특히 '내재'의 가치와 '개념 창조'로서의 철학이라는 테제를 들 수 있다는 것은 들뢰즈의 초기 논의에서 다뤄진 이념론 및 발생론을 보완한다는 의미에서도 흥미롭다.

들뢰즈가 철학적 개념을 설명할 때, 철학사 속에서 다뤄져 온 개념들(예컨대 '코기토'나 '얼굴' 같은 사례)을 채택하면서 개념과 내재면을 언급하는 것은 주목할 만하다. 나아가 '철학지리학'으로서 논의되는 국면에서는 지리학적인 사상事象을 테마로 삼으며 철학사적으로 취급되어 온 사태를 전환시켜 버린다. 바꿔 말하면 '내재면'이 갖는 가치성 ——그것은 '초월'을 이끄는 철학에의 철저한 '반감'에 기초하는 것이다—— 을 밝혀내는 소재로서 철학사가 논의되는 점이 있다.

먼저 '내재면'부터 살펴보자. 그에 관해 다음과 같은 물음이 제기된다. "철학사 전체를 어떤 내재면의 창건이라는 관점에서 제시하는 것은 가능한가."(QP 46/69) 여기서는 들뢰즈가 보아낸 '이념'의 장인 '내재면'이 그 자체로 '일자-전체'로서 그려진다. 하지만 그러면서도 이러한 '내재면'이 다른 '초월'적인 '일자'로의 '내재'로서 이야기되거나 그것으로 환원되는 일이 있을 수 있다(플라톤주의나 신플라톤학파). 크리스트교의 철학이 출현하면 사태는 더욱 악화된다. 그때 도입되는 '초월'에 의해 '내재'가 '무언가 있는 것'으로의 '내재'로 전환되어 버리는 것이다.

이러한 사태는 주지하듯이 근대철학에서 한층 강력하게 추진되었다. 내재면은 데카르트가 시작하고 칸트와 후설이 전개한 사유 속에서 '의식 영역'으로 취급받는다. 칸트는 선험적인 주관성을 설정하고 '내재 영역'을 주관에 종속시켰다. 후설은 주관성 속에서 타아와의 소통을 들여온 다른 형태의 내재를 찾아내게 된다.

결국 이데아적 관조, 자아에 의한 반성, 타아와의 소통에서 '내재'는 '초월' 쪽으로 기울거나 내속된다. 이때 들뢰즈는 사르트르가 말한 비인칭성의 선험적 영역을 내세운다(『의미의 논리』에서 이념적 영역의 비인칭성이 제시될 때 사르트르가 매우 긍정적으로 언급된 것을 상기해야 한다).[7] 현상학적인 시각에서 완전히 비주관적인 내재 영역을 그려낸 그 서술이 무언가에, 즉 초월이나 주관이나 타자에 의거

---

7) 사르트르(Jean-Paul Sartre)에 대한 높은 평가에 관해서는 『의미의 논리』 계열 14(LS 120/187~188)를 참조할 것.

하지 않는 개체화의 장면으로서 나타나는 것은 중시되어야 한다. '내재'가 그 이외의 어떤 것에도 내재하지 않고 그 자체에 대한 내재일 수밖에 없다는 그러한 존재 방식은 모든 초월의 장면을 인정하지 않는 스피노자의 '내재'라는 장치를 다시 파악하는 것이기도 하다.

즉 이러한 것이다. 『철학이란 무엇인가?』에서 다양한 철학적 사유는 각 '사유의 이미지'를 담당했다. 마치 영상의 기호분류학인 『시네마』가(거기서도 영화사라는 표현은 거부되었다) 각 영상에서 각 이미지의 형성을 파악한 것처럼, 각 철학자가 보여 주는 사유의 이미지는 '내재면'을 마주보면서 '내재면'을 통과하여 나타나는 카오스의 힘(무한 속도의 상태)을 사유 그 자체에 다시 정위한다. 이러한 관계에 관해 다음과 같이 서술된다.

> 내재면은 무엇이든 '일자-전체'다. …… 그것은 오히려 분배적인 것이며, 요컨대 '각각'인 것이다. 내재면 그 자체*Le plan d'immanence*는 얇은 층이 겹겹이 쌓인 것*feuilleté*이다. (QP 51/76~77)

이러한 구도를 보여 준다면, 사유란 전부 '내재면 그 자체'에 의거하면서 각각이 레디메이드에 빠지지 않는 방식으로 다양하게 '내재면'을 그리는 것이 된다. "바로 그래서 각각의 평면은 얇은 층이 겹겹이 쌓여 있을 뿐만 아니라 구멍이 나 있어 그로부터 저 안개를 통과시키고, 그 안개가 평면을 둘러싸며, 이처럼 자주 평면을 그린 철학자가 그 안개 속을 헤매는 최초의 인물이 될 위험성이 있다."(QP 52/78) 개개의 철학자는 한편으로는 '내재면'에 나쁜 '초월'을 반입해 버린다. 또한 개개의 철학자가 반대로 '내재면' 그 자체이고자 하는 경우에는 철학 그 자체가 카오스에 녹아 버린다. 그것은 함께 안개에 둘러싸여 있다.

이러한 철학의 시대성을 사유하기 위해 들뢰즈는 "철학사라기보다는 차라리 철학에 속하는 시간을 고찰할" 필요가 있다고 한다. 그것은 "층위학적인straitgraphique 시간이며, 거기서 '앞'과 '뒤'는 이미 중첩의 질서밖에 제시하지 않는다". "철학적 시간은 '앞'과 '뒤'를 배제하지 않고, 도리어 그것을 층위학적인 질서 속에서 **중첩시키**는superposition 공존의 장대한 시간인 것이다."(QP 58/88~89)

여기서 무엇이 기술되고 있는가. 『시네마 2』에서 시간-이미지의 논의가 도달한 지층성으로서의 시간에 철학사가 포개어져 있음은 분명하다. 철학의 전개도, 거기서는 시계열적인 규정에서가 아니라 항상 가장 내밀한 것이라 여겨지는 '내재면'에 공존하는 얇은 층의 평면들에서, 각각이 '절대적 내재'에 대해 갖추고 있는 거리를(즉 내재의 가치를 감소시켜 버리는 나쁜 '초월'을 약간은 갖는 그 존재 방식을) 보여 준다고밖에 이야기할 수 없게 된다.

그러나 그때 '내재면 그 자체'는 어떻게 되는가. 그것은 '사유되어야 하는 것'임과 동시에 '사유할 수 없는 것'일 수밖에 없다. 그것은 사유의 '절대적인 바깥'이면서, 모든 공존의 형태가 보여 주는 각각의 내재면이 이러한 절대적인 외부와의 '왕복 운동'aller-retour을 발생시키는 것으로서 그려진다(QP 59/89~90). 유일한 전체인 '내재면 그 자체'란 사유 속의 사유되지 않는 것, 사유에 닿으면서도 결국 그 자체는 사유할 수 없는 것으로서의 가장 내밀한 외부가 되어 버린다.

스피노자가 철학자들의 그리스도가 되어 버린다.

철학의 지리학

그렇지만 앞의 의문은 더욱더 깊어질 뿐이다. 다양한 '내재면'의 형성과 그때 취해지는 거리에 관한 사유를 위치짓는 것은 이해할 수 있다. 하지만 '내재면'이 유일한 '내재면'으로 이야기되는 외부에 의존하고 스피노자라는 이름이 붙여진다면, 거기서 드러나는 것은 항상 존재할 수 없는 외부의 역설적인 노출에 불과할 것이다.

동시에 들뢰즈는 이러한 '사유의 이미지'의 논의를 『철학이란 무엇인가?』에서는 '철학지리학'이라는 방향에서 정리하려고 한다. 마치 페르낭 브로델Fernand Braudel이 역사에 대해 역사-지리학을 제시한 것처럼 '철학지리학'을 그려낼 수 있으리라는 아이디어를 읽어낼 수 있다. 그것은 『시네마』의 영상기호학과 마찬가지로 철학사를 그 확장의 지층성으로 정리하려는 시도다.

'철학지리학'에서는 그리스와 독일을 축으로 한 근대철학이 '사유의 이미지'의 유례로 등장한다. 거기서 문제가 되는 것이 대지와 영토화의 연결, 나아가 재영토화와 탈영토화의 작용이다. 그런 한에서 이러한 기술은 『안티오이디푸스』 및 『천의 고원』이 그려낸 생태학적 세계사의 사례에 상당히 근접한 것이라 할 수 있다.

그리스에서 생겨난 것은 커다란 탈영토화의 작용이었다. 고대에 토지가 본질적으로 대지로서 파악된 데 대항하여 나타난 사태다. 그것은 도시 국가를 만들어낸다. 그리스적인 민주 국가는 현대에 이르기까지 민주제의 기본이 된다. 그래서 분명한 재영토화가 수행되고는 있지만, 토지로부터 주체가 분리되는 사태가 가장 중요한 의미를 지닌다. 그것은 국가가 가진 제국적인 강도-공간spatium이나 도시 국가적인 정치적 외연-공간extensio에서 토지로부터 이탈한 시점을 가질 수 있게 하고, 상업적 교통 노선을 원리적으로 낳는다. 이러한 그리스에서 내재면과 관계된 '개념'이 '형상'figure과는 다른 것으로 드러난다. 그것은 절대적인 탈영토화의 운동으로서 기술된다. 그리스와 그 국가들에서는 사태를 다시 국가적인 틀 속에 재영토화한다고 해도 프랙탈적인 도시의 연합체로서 나타나는 이탈의 작용을 주목해야 한다.

독일에서, 특히 하이데거와 헤겔에게서 발생한 것은 이에 대한 재영토화의 벡터이며, 토착의 토지를 다시 회복시키려는 움직임이다. 주지하듯이 그것은 그리스적인 것으로의 회귀로 보이지만, 그 움직임은 역사적인 기원을 창출하고 그러한 역사성에 철학의 작용을 가두려는 것이다. 그것은 역사성 자체의 발명이기도 하다. "그런데도 여전히 하이데거와 헤겔에게 공통적인 것은 그리스와 철학의 관계를 하나의 기원으로서 이해하고, 따라서 그 관계를 철학이 그 자체의 역사와 필연적으로 일체가 된 서양 내부에 있는 역사의 출발점으로서 이해한 것이다."(QP 91/140)

자신의 기원을 창작하면서 회귀한다는 이러한 주장이 역사와 기원을 공범적인 운동 관계에 두지만, 그러한 재영토화는 바로 민족 국가라는 모습으로 나타나게 된다. 거기서는 토지로부터의 탈영토화에 의해 가능해진 내재면이 다시 무언가에 내재되어 버린다. 그리스는 그들에게 외국이기 때문에 토착적인 것이 된다. 독일적인 것은 고향을 처음부터 잃은 것이기 때문에 고향을 희구하는 탐구를 행하는 것이다. 그것은 내재를 무언가에, 즉 자기가 철학하는 행위에, 철학의 주관성에 내재시켜 버린다(프랑스에서는 코기토적인 의식으로의 내재가 이야기되는 한편, 영국에서는 이와 달리 경험적인 것에 의한 습관의 창조성이 논의된다).

반면 들뢰즈가 기술하는 내재공간에의 접근은 그 자체로 절대적인 탈영토화를 드러내는 것이어야 한다. 그것은 '개념'을 무언가에 '내재'시켜 버리는 것이 아니라, '개념'의 '자기 준거적', '자기 정위적'인 존재 방식이 중시되어야 하는 것이다. 이는 내재적 '열광'이라 불리는 것이다. 그러한 '열광'으로서 '혁명'이 이야기된다. 그것은 '지금 여기'에서 무한을 보아낼 수 있는 절대적인 탈영토화의 움직임이다.

이는 자본주의의 운동성과도 연관된다. 그렇지만 근세 철학 이래 명확하듯이, 철학이 자본의 친구였던 적은 없다. 철학은 오히려 "자본의 상대적 탈영토화를 절대적인 것에 도달시키는" 것이다. 즉 철학은 "자본을 무한한 것의 운동인 내재면 위로 이동시키고, 자본을 내적인 한계로서 소실시키며, 새로운 대지에, 새로운 민중에 호소하기 위해 자본을 그 자체에 반항하게 한다"(QP 95/146)는 것이다.

지금까지 철학에서 이야기되어 온 관조, 반성, 소통, 그리고 그 합의나 교환이 일어나지 않게 되는 장면이 역설적인 역사의 단계로서 지시된다. 그것은 프랑크푸르트학파가 '유토피아'라는 말로 제시한 것과 근접하게 그려지기도 한다. 유토피아는 역사성으로부터 분리될 수 없지만, "철학과 그 시대를, 즉 유럽 자본주의를, 그러나 이미 또한 그리스의 도시 국가를 바로 유토피아가 접합시키는"(QP 95/146) 것이다. '절대적 탈영토화'로서의 역사의 유토피아.

이상의 전개를 총괄하면 이렇게 될 것이다. 들뢰즈는 철학사라는 사유의 역사성에 관한 논의에서 절대적 외부로서 '내재'의 지평을 상정하고, 그 '초월'의 편차에 따라 사상事象을 이야기하려 한다. 그러한 역사적 분류의 존재 방식은 시계열적인 방식으로 전개되는 것이 아니라, 그 자체로 지리적이고 지층적인 존재 방식을 드러내는 것이다. 거기서 프랑크푸르트학파적인 유토피아와의 연결도 제시된다.

그렇지만 다시 이렇게 물을 수 있을 것이다. 그것은 결국 단지 절대적인 '바깥'만을 상정하는 단순한 역사의 논의와 무엇이 다른가. 혹은 그 '바깥'의 배치가 자본주의와 '도래할 민중' 또는 '혁명'이라는('바깥'을 이야기하는 데 상당히 진부하다고밖에 할 수 없는) 용어로밖에 이야기될 수 없다면, 결국 다시 한 번 세계사성의 논의로 되돌아갈 수밖에 없지 않은가.

자본주의의 극한과 역사의 외부

이러한 외부, 절대적 영토화의 바깥, 절대적인 탈영토화의 영역을 들뢰즈/가타리는 분열증적인 기계의 장면으로 그려내는데, 이는 역사적인 단계로서의 자본주의라는 용어와 연관시킬 수 있다. 자본주의란 이러한 역사의 외부에 관계되는 한에서의 역사의 내부다. 그렇기 때문에 시대적인 구분이면서 늘 실재하는 경계성으로서 파악되어야 한다. 하지만 분열증적인 외부와 자본주의의 관계에는 복잡한 사정이 관여하게 된다.

> 분열증은 자본주의의 외적 극한, 즉 자본주의가 띠는 가장 깊은 경향의 종착점인데, 자본주의는 이러한 경향을 억지하고 거부하고 치환하여 자기 자신의 내재적인 상대적 극한으로 교체하지 않으면 기능할 수 없다. 자본주의는 규모를 확대하면서 이 상대적 극한을 끊임없이 재생산한다. 자본주의는 한쪽 손으로 탈코드화하는 것을 다른 쪽 손으로 공리화한다. (ACE 292/416)

자본주의는 탈코드화에 관련된 일종의 한계=극한을 설정한다. 그래서 외부적인 것에 열려 있으면서 그러한 외부의 힘을 내부화하는 역설적인 작용을 해야 한다. 그것은 '공리'axiom로서 기술되는 자본주의의 본성과 이어진다. '공리화'는 탈코드화가 끝난 후에 코드를 대신하여 외부를 내부와 잇는 장치다. "자본주의의 문제는 세계적 공리계 속에서 분열증의 전하電荷와 에너지를 묶어 두는 것"이며, "이러한 체제에서 소멸한 코드화를 대신하여 도래할 공리계화와 탈코드화를 구분하는 것, 예컨대 두 시기로 구분하는 것은 불가능하다. 자본주의에 의한 흐름의 탈코드화 그리고 공리화는 동시에 일어나는 것이다"(ACE 292~293/416).

이러한 역설적인 사정에 관해서는 다음과 같이 기술되기도 한다. 조금 주의 깊게 살펴보자.

우리는 자본주의가 외부의 극한을 가지지 않는다는 것과 외부의 극한을 하나 가진다는 것을 동시에 이야기한다. 자본주의는 분열증이라는 극한을 가지고 있기 때문이다. 즉 그것은 여러 가지 흐름의 절대적인 탈코드화다. 그러나 자본주의는 이 극한을 거부하고 쫓아냄으로써만 작동한다. 그래서 또한 자본주의는 내부의 극한을 가짐과 동시에 갖지 않는다……. (ACE 297/422)

그러한 외부와 내부의 이중성에 관련된 역설적인 상황이 자본주의에 관한 시간 의식이나 역사 의식을 근원적으로 규정한다는 것을 쉽게 알 수 있다. 들뢰즈가 세계사적 논의를 전개하는 것이 코드화, 초코드화의 성립과 붕괴의 운동으로 집약되고, 그런 한에서 자연사적이고 생태사적인 시간성과 결부된다면, 자본주의란 탈코드화의 극으로서 외부의 것에 접하는 것이다. 그러나 자본주의는 '공리'를 계속 유지하고 있으며, 그 자체는 끝없는 외부화에 대해 계속 내부에 머무름으로써 의미를 유지하는 것이다.

이러한 이중성에 관한 시간적인 양태는 한 걸음 앞에서 '쫓아낸다' conjurer는 것이다. 외부 바로 앞에서 멈춘다는 것이다. 외부에 이르려 해도 이를 수 없다. 『천의 고원』에서 '끝에서 두 번째'pénultième라는 경제학 용어로 이야기되는 이러한 사태[8]가 자본주의의 시간성을

---

8) '끝에서 두 번째' 개념에 관해서는 『천의 고원』 고원 13(MP 545 ff./813 이하)을 참조할 것. '한계효용설'에서 유래한, 외부를 선취하면서 뿌리친다는 서술이 여기서는 원시 사회의 형성이라는 문맥에서 이야기된다. 이 논의와 『안티오이디푸스』의 자본주의론이 중첩되는 것에 관해서는 검토가 더 필요하다.

그려낸다. 최후까지 가면 역사는 끝나 버린다. 하지만 끝나 버린다는 절박함을 떠안으면서 언제나 한 걸음만을 남겨 두고 있다. 자본주의의 시간은 이처럼 분열증의 시간과, 즉 들뢰즈가 생각하는 존재의 벌거벗은 외부의 현전과 닿을 듯 닿지 않는다. 한 걸음 더 나아가면 모든 것이 끝나 버린다는 것을 새기면서 쫓아내기, 이는 자본의 운동 이상으로 역사가 역사로서 존재한다는 것을 의미하지 않을까?

들뢰즈, 아니 오히려 들뢰즈/가타리가 설정한 비판되어야 할 오이디푸스적인 것이란 이렇게 경계선 위에 있는 자본주의에서 '치환된 표상'으로서의 역할을 행한다. 이는 『안티오이디푸스』 논의의 근간을 쥐고 있다. 즉 자본주의는 시간의 '절대적 외부'를 상정하면서 거기에 초코드화의 장치인 '원原-국가'의 이미지를 씌우고 공리계로서 재생산하는 것이다. 그 비판적 논점은 길지만 중요하므로 인용해 둔다.

> 그래서 자본주의는 분열증 속에서 자신의 외부의 극한을 발견하고 끊임없이 밀어내고 쫓아내지만, 다른 한편으로는 자신의 내재적 극한을 만들어내어 끊임없이 치환하고 확장한다. 그런데 자본주의는 치환된 내부의 극한을 또 다른 방식으로 필요로 한다. 절대적인 외부의 극한 즉 분열증적 극한을 확실히 중성화하거나 밀어내기 위해 자본주의는 이 극한을 내부화할 필요가 있고……, 오이디푸스는 이 치환된 혹은 내부화된 극한이며 욕망은 이 극한에 붙들리게 된다. (ACE 317/447~448)

이러한 내부화의 논의에서 그러한 '치환된 표상'은 상징적인 수준에 존재하는 것이 아니라 '상상적인 것'의 위상에 있다. 그것이 장치로서의 기만성을 드러낸다. "오이디푸스가 구성되는 것은 상상적인 것인 이 한 점에서이며, 동시에 오이디푸스는 표상의 깊은 요소 속에서 이동을 완성한다. 즉 치환된 표상 내용은 그 자체로 욕망의 표상자가 되었다."(ACE 318/448~449)

초코드화로서 이야기되는 '원-국가'는 상징적인 것에서 기표의 결여에 의해 지탱된다. 그것만이 세계사를 세계사적인 것으로 이야기하게 하는 원-장치일 것이다(들뢰즈/가타리는 '원-국가' 이외의 국가는 처음부터 존재하지 않는다고 생각하며 ──민주주의 국가든 사회주의 국가든 마찬가지다── 동시에 근대적인 의미에서의 '자유'는 국가가 없어지면 처음부터 존재할 수 없다고 정당하게 파악한다. '자유'를 근거로 국가에 반항하는 것은 어디선가 이야기를 잘못 이해하는 것이다. 왜냐하면 반항의 거점인 '자유' 혹은 다소 민주적인 국가는 모두 '원-국가'를 이미지화하기 때문이다. 이 점은 운동론적으로 절실한 물음일 것이다). 그리고 모든 것을 내재화시켜 얼핏 외부와 접한 것처럼 보이는 자본주의에 관해 생각되어야 할 것은 '치환된 표상'으로서의 오이디푸스가 주름-접히고, '상상적인 것'으로서 내재화되어 간다는 것이다. 그것은 초코드화의 정신적인 내면화를 구성한다. 하지만 그런 한에서 자본주의는 상징적인 것/상상적인 것이라는 경계의 작용을 보여 준다.

물론 들뢰즈/가타리가 분열분석에서 검토하려는 것은 바로 이 심급을 뛰어넘은 '실재적인 것'의 '미-분화 시스템'이다.

오이디푸스는 "적어도 어느 지점까지 자기비판을 할 수 있다"는 것이 욕망의 보편에 도달하는 조건이 된다. "보편적인 역사가 우발성이나 특이성, 아이러니나 자기비판 같은 조건들을 극복하지 않으면 하나의 신학에 불과하다."(ACE 323/455) 상상적인 것인 오이디푸스가 형성하는 가족적 환영 아래 "무의식이 가진 여러 사회적 투여의 본성을 발견하는 것"(ACE 323/455)이 필요해지는 것이다.

자본주의와 분열증의 관점에 관해 정리해 보자. 자본주의는 세계사를 이야기하는 한계로서의 역할을 떠맡으며, 외부인 분열증을 내부화하고 그것에 접근하면서 단 한 걸음 남겨 두고 쫓아낸다. 그것은 역사를 가능케 하는 '초월'을 내재화하는 형태로 거두어들이면서 상상화하고 심리화해 버린다. 그것이 '공리계'로서 작동함과 동시에 오이디푸스로서 기능하는 것이다. 혹은 바로 내면으로서 작동하는 것이다.

분열분석은 그 바닥을 파고드는 행위이지 않을 수 없다. 그러나 하부에 존재하는 사회적 투여와 그 집단성을 미시정치학적인 시각에서 파악해 가면, 그것 자체가 세계사라는 한계를 뛰어넘는 존재 방식을 갖추게 된다. 자본주의는 파괴의 시간이지만, 자본이 흐름과 통하면서 그것을 뛰어넘지 않는다는 것을 전제하기 때문에 역사를 이야기할 수 있는 최후의 존재 방식인 것이다.

그래서 실제 유일하게 존재하고 유일하게 가능한 세계사적 시간이란 바로 경계선 위에 있는 자본주의의 시간일 것이다. 끝에서 두 번째의 절박한 시간을 살지만 상상적인 표상을 유지함으로써 저편으로 가는 것을 막는, 그러한 시간뿐일 것이다. 그래서 메시아적인 구조와 쉽게 겹쳐진다고 해도 기묘한 일이 아니다. 그렇지만 그것은 구제를 계속 기다리는 것이 아니다. 계속 한 걸음 앞에 존재함으로써 외부를 계속 불러오는 반복인 것이다.

뒤집어 생각해 보자. 세계사란 애초에 이러한 자본주의의 내부화에 의해서만 가능해질 것이다. 그렇다면 자본주의와 그 '내재'화적인 '공리계'는 인간적 시간이 존재하는 이상 아마도 역사의 시초부터 실재했고(시간적인 역사는 외부를 내부화하는 측면을 갖지 않을 수 없다) 계속해서 존재할 것이다. 시간-이미지의 효과화는 영상이나 예술에서 명확한 '반-효과화'로서 드러나는데, 그것을 우리의 신체와 실천을 통해 제시할 수 있을까('반-효과화'로서의 혁명 운동이란 무엇인가).

이제 본 장의 처음에 제출한 물음으로 되돌아오지 않을 수 없다. 역사가 시간의 실재에 의거한 서술의 체계임은 틀림없다. 그때 역사를 기술하는 것과 (인간적인 기술 여부에 관계없이) 어찌할 도리 없이 시간이 흐르고 우리에게 시간적 사태가 출현해 버리는 것의 관계는 어떠한가. 역사의 기술이 어쨌든 재구성적인 것일 수밖에 없다면(역사 서사학이나 구성주의는 한편으로는 긍정되어야 할 내용도 갖고 있다), 거기에는 물론 시간이 실재한다고 기술하는 시간의 존재론에 관한 부분이 있다. 역사가 단면과 파괴, 절단과 교차라는 방식으로만 그려질 수 있다면, 들뢰즈가 베르그송적인 직관과 차이를 연관시켜 간파했듯이 방법론과 존재론의 교차와 유사한 사정이 중첩될 것이다. 그것을 명시하지 않는 한, 자본주의의 시간을 논의한다고 해도 하이데거/데리다적으로 어디까지나 외부를 (기원으로서의 설정 여부에 관계없이) 대망하는 방식과 거의 구별할 수 없는 논의밖에 되지 않을 것이다.

되풀이하지만, 역사 서술과 시간성은 서로 뒤얽힌 테마다. 그러나 이 테마에 관해 어느 정도 이상으로 천착한 서술을 들뢰즈에게서만 구하는 것은 무리가 있다(들뢰즈의 입장에서 본 역사 서사학이나 구성주의 사유의 천박함에 관한 지적은 얼마든지 가능하지만, 그로부터 더욱 긍정적인 무언가를 서술할 소재는 그다지 찾아낼 수 없다). 하지만 들뢰즈 주위에는 들뢰즈적인 사유 장치에 근접해 있을 뿐만 아니라 들뢰즈 이상으로 단편화된 역사의 본성에 자각적이었던 몇몇 사상가가 있다. 당장 벤야민과 푸코, 두 사람의 이름이 떠오른다.

5장 · 단편의 역사/역사의 단편

들어가며

인간에게 '역사적 경험'이란 무엇인가.

철학적으로 생각하면 이는 '시간의 경험'을 근거로 하여 어떤 콘텍스트 아래에 정돈하는 것과 다름없다. 그때 콘텍스트적인 정돈은 반드시 언어에 의한 서술을 매개로 하므로 그러한 역사에는 이른바 '역사 서술'과 관련된 문제들이 반입된다. 서술의 대상이 넓은 의미의 개인사적인 것이든, 일정 범위의 인간 집단이나 민족이든, 19세기 이후에 현저해진 국민 국가이든 마찬가지일 것이다. 그러한 점에서 역사적 경험이란 언어에 의해 구축되는 콘텍스트성에 따르는 것일 수밖에 없다.

말할 필요도 없이 이것은 20세기 역사 이론의 주류를 이뤄 온 발상이라 할 수 있다. 역사 서사학이라 할 만한 이러한 사유를 전제로 하는 이상, 모든 역사적 서술은 무언가를 위한, 어떤 관점(특정 권

력자, 특정 민족, 특정 국가의 관점)에 입각하는 역사로서 그 콘텍스트의 '상대성'을 묻는 것이 얼마든지 가능해진다.

그러므로 이를테면 이에 부수되는 중요한 논의로서 서발턴[하위 주체]적인 역사, 이야기되지 않은 것의 역사, 이야기함으로써 이야기되지 않는 쪽으로 떠밀려 버리는 자의 역사가 장장 전개된다. 그러나 그것은 역사 서사학의 단순한 보완물이 아니다. 하위 주체적인 역사는 어떤 역사적 서술에서도 반드시 그로부터 배제되는 일이 생기게 된다는 점에서 한편으로는 두드러진 주장을 전개하는 것처럼 보이기도 한다. 말하자면 '역사는 서사다'라고 단정지은 후 '그렇다면 서사의 외부는 어떻게 되어 있는가'라는 물음에 무한한 '은폐'의 가능성을 부여하는 것이기 때문이다.

위의 주장이 일종의 현대 사상의 흐름과 중복되어 그려지거나, 포스트콜로니얼 시대, 글로벌화가 진전되는 현 상황에서 소수자의 목소리를 구해내고, 부재하는 것으로 여겨진 역사적 피억압자의 존재에 빛을 비춘다는 점에서 중요한 기능을 맡아 온 것은 새삼 기술할 필요도 없다. 그것이 21세기적인 정치 윤리적인 행동에 긍정적인 영향력을 미친다는 것은 부정할 수 없다.[1]

---

1) 서사의 구축성을 아무리 비판적으로 폭로해도 서사가 그에 따라 절대로 이야기할 수 없는 것을 만들어낸다는 사정은 하위 주체적인 역사관이 이야기의 바깥에 있는 무한한 '실재적인 것'(라캉적인 용어로서)에 어떻게 다다르냐는 문제와도 결부된다. 들뢰즈/가타리의 논의가 애초에 구축된 언어의 '상징적인 것'의 초월성을 회피하고 '실재적인 것의 일원론'으로서의 서술을 감행하는 이상, 이 물음은 중요할 것이다. 이러한 외부의 무한성을 은폐의 은폐로 파악하는 다카하시 데쓰야(高橋哲哉)의 아렌트론(「記憶されえぬもの 語りえぬもの」, 『記憶のエチカ―戦争・哲学・アウシュヴィッツ』岩波書店, 1995 수록)은 하위 주체적인 논의의 뛰

반면 역사 서사학자와는 완전히 이질적이면서 때로는 그러한 조류와 (특히 하위 주체적인 무한한 은폐의 실재를 파악해 간다는 점에서) 미묘한 중첩을 보아낼 수 있는 발상도 존재한다. 그것들은 위의 사유와 때로는 종이 한 장 차이인 것으로서 그려질 것이다. 그렇지만 애초에 원리적으로 역사 서사학적인 배치를 취하는 것은 아니다.

그러한 사례의 대표로 벤야민과 푸코의 논의를 살펴보자. 들뢰즈의 생성을 중심으로 한 역사의 해체와, 그런데도 여전히 계속 이야기되는(계속 이야기되지 않을 수도 없는) 역사 그 자체는 역사에 강렬한 관심을 가진 논의와 교차시켜야 생산적인 방향으로 전개할 수 있을 것이기 때문이다.

이러한 교차를 상정하는 근거는 우선 아래와 같다.

첫째, 이 논자들은 공통적으로 역사적 시간의 단편성, 파괴성을 강조한다.

이에 관해서는 새삼 자세히 기술할 필요도 없을 것이다. 이러한 현대적인 역사의 사유에서 시간의 서열을 단순히 직선적인 것으로 파악하거나 거기에 소박한 출발점 또는 종말=목적을 상정하는 것은 분명히 회피된다. 그것은 원래 과학적으로 상정되는 객관적인 시간성을, 인간학적 해석을 포함하고 있을 역사성에 무전제로 새겨 넣는 데 대한 비판에 기인하고, 또한 크리스트교적인 구원론이나 속류 마

어난 성과라고도 생각되지만, 동시에 다카하시의 서술에서는 자연의 자연사성이 보여 주는 무한의 장에 아무래도 도달하지 않는다(그 장면에 대해 그저 비판적이기만 하다)고밖에 생각할 수 없다. 그렇지만 우리는 최소한 언어임과 동시에 자연이기 때문에 언어를 구사하는 생물인 것이다.

르크스주의 등이 논적으로 상정되어 있다. 반면 들뢰즈를 중심으로 하는 역사성의 논의는 벤야민이나 푸코가 그 전형이듯이 역사적 시간을 먼저 그 단편성, 파괴성을 통해 응시한다. 그것은 역사를 전체화하는 시선을 어디에도 둘 수 없다는 것의 귀결이기도 하다.

물론 이는 들뢰즈 자신의 시간 개념과도 깊이 관련된다. 앞서 논의했듯이 들뢰즈는 한편으로 생성을 역사와 구분하고 예견 불가능한 것의 출현인 시간의 존재 방식을 차이와 반복의 입장에서 그려냈다. 그로부터 도출된 '절대적 차이'의 시간(세 번째 시간)이 그 시간성의 근저를 이루는 것이라면, 역사적 경험은 우선 단편성이나 파괴성(무근거성)에 의해서만 나타날 수 있다. 이러한 시간 속에 있는 역사란 무엇보다도 푸코가 말하는 차이가 분산되는 공간인 것이다.

둘째, 자연사로서의, 한 걸음 더 나아가면 진화사적인 자연의 역사성을 강조한다. 이는 얼핏 보면 앞의 사태와 상반되는 것처럼 보일지도 모르지만, 그렇지 않다. 이 점이 단순한 역사 서사학을 제외하기 위해서도 중요한 논점이 된다.

벤야민의 역사 개념이 자연사를 기둥으로 삼았다는 것은 잘 알려져 있다. 푸코의 고고학적 혹은 계보학적인 역사의 해체가 담론적인 역사를 지질학적이고 지리학적인 국면으로 환원하려 한 것도 확실하다. 그리고 세 번째 시간으로 제시되는 직선으로서의 시간, 모든 시간의 유기적 조성을 해체시키는 시간은 동시에 자연사적인 부감이라는 테마로도 이어진다.

여기에는 두 가지 의미가 있다고 생각된다.

먼저, 앞서 기술했듯이 시간의 존재 방식을 단편이나 파편을 통해 파악했을지라도 단편적인 사태를, 역사를 이야기하는 바로 그 주체가 각각의 이해타산에 따라 '자의적으로' 구축할 수 있는 구조인 것은 꼭 아니라는 점이다. 분명히 벤야민이든 푸코든 객관적인 시간의 흐름을 해체하는 시도는, 역사의 서사학이나 사회적 구축성의 논의에 매우 근접한 주장을 전개한다. 그렇지만 양쪽 논의 모두 단지 이야기된 것의 상대성을 부각시키지 않는다. 왜냐하면 역사는 단지 담론으로만 성립되는 것이 아니라, 담론적인 장면을 둘러싸고 지탱하는 환경성으로서의 자연이 존재하고, 그러한 자연은 무한과 통하면서 다양한 위상을 가지며, 담론을 구사하는 인간은 그 무한에 당장 노출되어 있기 때문이다. 그것은 역사의 서사를, 그 내실을 규정하지 않는 방식으로 조건짓고 가능케 한다.

들뢰즈의 논의로 돌아오면, 이는 무한의 논의 및 그 선험성의 문제 영역과 관계된다. 세 번째 시간이 '공허한 직선'인데도 단선적인 역사를 해체하는 생성의 선험적 조건과 연관되는 것이다. 공허한 직선은 시간적 경험이 성립하기 위한 선험적 조건이지만, 그러한 공허한 시간은 경험할 수 있는 것이 아니다. 따라서 그것은 항상 효과화를 방해하는 반-효과화라 할 수 있는 '영원의 현재'로서, 차이와 반복이라는 사태로서 기능한다. 자연사란 그러한 의미에서 시간이 무한하다는 것(시간이 있다는 것의 선험성)을 경험 불가능한 배경으로 가지면서 역사 경험이 실재하는 데 관여할 것이다. 자연이란 어떤 개별적이고 구체적인 규정성이기 이전에, 역사적인 서사의 영위를 비롯하여 우리가 무언가를 구축한다는 것의 근저에 있는 다층적인 규정을 보여 주는 무규정성일 것이다. 그것이 고고학적이고 지질학적이고 지리학적이고 우주론적인, 한마디로 '인위적인 조작이 당장 불가능'한 서사의 무한한 배경을 이끌어낼 것이다.[2]

셋째, 그런데도 역시 우리들은 '이야기한다'는 사실이 있다. 역사 서사학이 상대주의에 빠져 버리는 함정을 지적해도, 그리고 하위 주체의 논의에서 논의되는 '이야기할 수 없는 자의 이야기'라는 사태의 무한 소급성을 기술해도 우리는 여전히 '이야기하는' 것이다. 그것은 역사에 관해 앞서 언급한 자연사적인 사태를 토대로 삼은 후에 그에 따라/그런데도 무언가를 언명하는 것이리라. 거기서는 자연의 시간=작위화할 수 없는 시간을 근저에 두고 그 무한성을 이용한 인위적인 시간의 관여가 물어지게 된다.

이러한 사태는 자연히 주름-접혀 있는 무의식의 테마로 이어진다는 점도 주목할 만하다. 혹은 무의식으로서의 구조(인위 저편의 무한)와도 관련된다. 시간 속에서 어떤 콘텍스트를 형성할 때 인간은 콘텍스트의 외부인 무의식의 구조를 어딘가에서 의지하는 동시에 배반하고 변용시켜 인위적으로 '이야기한다'는 행위를 성립시킨다.

자연사라는 사태를 생태계적인 혹은 자연 진화적인 역사의 연원 및 그 무한한 존재 방식과, 하지만 역시 그 안에 존재하는 이야기하는 주체와의 연관이라는 구도에서 완전히 이끌어낼 수 있는 것은 바로 이 점에서다. 벤야민에게 현대적인 의미의 생태학적인 관점은

---

2) 이는 사유의 바로크성을 묻는 것이다. 바로크성에 포함되는 자연과학적인 비전과 그것을 '이야기하는' 인위적인 행위가 종교적 색채를 띠게 된다는 착종된 사정은 우리가 역사를 이야기할 때 필연적으로 나타난다.

없었겠지만, 앞으로 기술할 우주론적인 시각은 강고하다. 푸코나 클로드 레비스트로스를 상정하면, 이야기하는 행위에 자연사적인 무의식을 반영시키고, 역사를 이야기하는 것을 그로부터 재구성하는 시각이 오히려 필수적으로 이끌어내어져야 한다. 그리고 들뢰즈 후기의 논의를 역사에 전개시키면, 이러한 생태적인 무한과 얽힌 주체 없는 주체라는 테마에 한없이 접근한다.

여기서는 자연적인 시간이 지닌 역사성의 무한한 부감성과, 그것을 이야기하는 주체에 의한 유한하고 인위적인 시간과의 교차가 문제가 된다. 역사를 단순히 주체에 의한(자의적인) 서사화로 해소하는 것이 아니라, 주체가 이야기할 수 없는 저편이 주체를 작동시키지만 여전히 인위적인 행동이 가능해지는 국면이 물어지게 되는 것이다.

들뢰즈와 벤야민, 들뢰즈와 푸코

직선적 역사를 거부하고 역사의 단편성을 강조하는 논점에서는 벤야민과 푸코의 역사에 관한 비판적 논의를 받아들이지 않을 수 없다. 물론 들뢰즈를 포함시켜 셋을 대치시키면 다양한 문제가 얽힌다. 벤야민이 활약한 시대는 나머지 둘과는 크게 떨어져 있다. 벤야민이 희구한 마르크스주의에 관해, 혹은 그것과 연관되는 메시아 없는 메시아성(거기에 동반되는 농후한 종교성)에 관해 푸코와 들뢰즈는 동의하지 않을 것이다. 그들에게는 이미 헤겔-마르크스 계열을 뛰어넘은, 다른 형태의 '유물론'이 요구되기 때문이다.

그러나 다른 측면에도 크게 주목할 필요가 있다. 벤야민은 종교성과 결부지으며 명확히 모나드론적인 바로크철학을 계승했다. 특히 눈에 띄는 것은 초기의 대표작『독일 비애극의 원천』*Ursprung des deutschen Trauerspiels*의「인식비판적 서론」에서 사유의 방법론을 기술한 부분이다. '별자리'로서의 '이념'Idee을 논의하고 그 모자이크적인 단편성을 기술하는 이 부분은, 마찬가지로 칸트적인 '이념'의 존립을 잠재성의 다양체에 중첩시켜 전개하는『차이와 반복』의 논의와 매우 비슷한 발상에 기초한다. 그것들은 라이프니츠적인 모나드론의 착상을 (일종의 반-헤겔주의 계열도 포함하여) 배경으로 갖추고 있는 것이다. '이념' 서술의 '철학적 문체'에 관해 '중단의 기술', '모티브들의 반복', '간결한 긍정성'을 이야기하는 벤야민에게서 '이념'의 다양체에 관한 들뢰즈의 논의로 착각할 정도의 용어가 여기저기 등장하는 것은, 지금까지 거의 누구도 지적한 흔적은 없지만 그 자체로 중요하기 이를 데 없는 테마일 것이다.[3] 들뢰즈가 후기에 '세 번째 시간'의 구현화라 할 만한 이미지론을 전개하면서 거울과 결정체 같은 단편의 접합처럼 이념의 존립을 그려냈던 것을 생각하면,[4] 벤야민이 말하는 모자이크로서의 '이념'과의 관련은 표면적인 데 그치

---

3) 바로크철학과 모나드론을 축으로 하는 벤야민의 '방법론'이, 칸트적인 '이념'을 선험적이고 경험론적인 장치로서 파악하려는 점을 비롯하여『차이와 반복』의 '이념'과 겹치는 것은 주목할 만하다. 칸트적인 '이념'이 칸트의 정당한 독자라고는 도저히 생각할 수 없는 이러한 계보 속에서 다시 파악되고, 나아가 '파괴'와 '단편'의 논의를 떠받치는 역할을 한다는 것을 철학사적으로 어떻게 볼 수 있을지 다시 정리할 필요가 있다.
4) 3장을 참조할 것.

지 않는다.

또한 벤야민이 「역사의 개념에 대하여」에서 이러한 자연사라는 모나드론에 기초한 논의로부터 마르크스주의적인 테제를 다시 끌어내려 한 점에도 주목해야 한다(들뢰즈에게서는 4장의 주1에서 언급한 졸라론에서 이러한 자연사적인 모티브와의 관련을 지적할 수 있다). 벤야민 사유의 배경에는 항상 바로크철학이 있다. 물론 벤야민이 거기에 들뢰즈나 푸코에게서는 보기 힘든 '이름'이라는 심급을 도입하고, 데리다적인 것에 접근할 수 있는 논점을 제시하고 있는 것도 분명하다. 그렇지만 벤야민의 역사적 사유에는 무한으로서의 바로크성이라는 발상이 늘 개입하며, 그 점에서 『차이와 반복』과 관련짓는 것은 오히려 불가결하다고도 생각된다. 역사라는 테마를 직접적으로는 사유하지 않았던 들뢰즈의 논의가 벤야민적인 바로크성으로써 역사성에 비스듬히 접속될 가능성을 생각해야 할 것이다.

푸코의 담론의 분산을 기술하는 논의에서는 이러한 모자이크적이고 바로크적인 자연이 표면적으로 논의되지는 않는다. 후기의 푸코가 자기에 대한 자기의 관계나 생명을 주제로 삼았을 때도 단순한 의미에서의 생명적인 바로크성의 문제가 아니라 생명의 '담론화'가 테마였다. 그렇지만 들뢰즈가 만년에 '지층'이나 '지리성'의 개념을 제시하며 일종의 생태학적인 사유를 전개한 데는 (물론 한편으로 가타리의 영향을 감안해야 하지만) 동시에 푸코가 그려낸 지층이라는 문제와 깊이 관계되어 있는 것처럼 보이기도 한다. 들뢰즈는 그러한 지층성의 물음을 새로운 '생기론'이라는 방식으로 파악하고, 지리적인 부감 개념과 철학사를 중첩시켜 전개한다(『푸코』, 『철학이란 무엇인가?』). 역사성을 해체하는 고고학적 혹은 계보학적인 발상이 자연사적인 은유를 이미 포함한다면, 주체의 파악이나 주체적 작용이 달성하는 구축을 훨씬 뛰어넘은, 그러나 주체의 역사를 논의할 때는 그것을 포함하지 않을 수 없는 새로운 역사성의 파악이 지향되고 있을 것이다.[5]

　　반복하지만 이 세 사람에게 공통되는 것은 역사성을 해체하면서 인위적인 역사의 범주에 들어가지 않는 일종의 자연적 시간의 무한성을 역사의 논의 그 자체로, 그 성립 요건으로서 파악하려는 자세다. 주체라는 역사를 이야기하는 자의 위치는 일종의 무한원점의 방향에서 확산적으로 산란되는데, 그때 무한한 자연이 자연으로서의 힘을 비축하여 역사에 끼어드는 것이 명확해진다. 벤야민에게는 바로크성의 '이름'이, 푸코에게는 고고학적 혹은 계보학적인 탐구의 '담론'이 역사를 해체하는 역사의 구성 요소였을 것이다. 그러한 논의와 연관시키면, 역사라는 주제에 관해 결국 긍정적으로 무언가를 이야기할 수 없었던 들뢰즈의 논의로부터 현대적인 역사의 이론에 관한 시각을 이끌어낼 때 파문이 일어날 것이다.

---

5) 『푸코』의 부록인 「인간의 죽음과 초인에 대하여」에서 굳이 지층적이고 자연사적인 표현을 계속 사용한 들뢰즈는 그때까지의 생명론과는 다른 새로운 '생기론'을 전개하는데, 그것은 후기 푸코의 주제가 '생명'이라는 문제들로 수렴해 간 것과 연결된다. 들뢰즈는 '자기에의 배려'라는 문맥도 분명 그러한 방향에서 독해한다.

벤야민 ― 파편과 들뢰즈의 역사

벤야민과 들뢰즈의 교차를 생각할 때, 벤야민을 관류하는 바로크성을 배경에 두면서도 파악되어야 할 것은 「역사의 개념에 대하여」에 나타나는 벤야민 고유의 역사성의 사유다. 물론 메시아 없는 메시아주의 같은 농후한 종교성이나 당시의 시대에 즉응한 사회민주주의에 대한 비판은 들뢰즈에게 직접 드러나지는 않는다. 그렇지만 『철학이란 무엇인가?』에서 '도래할 민중'으로서의 미래를 논의하거나 프랑크푸르트학파를 언급한 것(유토피아 개념에 관해) 등을 고려해도[6] 공통적인 지향점이 보인다.

그러한 논의는 「역사의 개념에 대하여」의 한가운데서 이끌어지는 것처럼 여겨진다.

먼저 벤야민의 다음 구절을 살펴보자.

역사는 구성의 대상이며, 이 구성의 장을 이루는 것은 균질하고 공허한 시간이 아니라, 지금시간Jetztzeit에 의해 채워진 시간이다. …… 현실적인 것이 과거라는 정글의 어디를 헤매더라도 그것을 민감하게 포착하는 후각이 모드[유행]에는 있다. 유행이란 지나간 것으로 호랑이가 도약하는 것이다.[7]

---

6) '유토피아'라는 표현에 관해서는 특히 『철학이란 무엇인가?』를 참조할 것. 거기서 철학지리학이 서술되고는 있지만(애초에 독일어권의 철학이 주제화되어 있다), 들뢰즈가 '프랑크푸르트학파'를 직접 언급하는 드문 부분이기도 하다(QP 95/146).

이 문장은 단조롭게 읽으면 역사를 구성주의적으로 파악하는 것처럼 보일 것이다. 역사를 그릴 때 단선적이고 균질적인 시간을 상정하는 것이 아니라, '지금시간'이라 여겨지는 것의 관점에서 역사를 보아내야 한다면, 그리고 거기에 "역사적 인식의 주체는 투쟁하는 피억압 계급 자신"[8]이라는 언명이 중첩된다면, 이러한 벤야민의 주장은 바로 구성주의나 하위 주체적인 역사 서술의 원형으로 파악될 수 있을 것이다.

그렇지만 거기서 문제인 것은 이러한 현재가 '현실적'이라고 기술되는 것의 의의다. 역사를 균질하고 공허한 시간에서 해방하면 거기서 출현하는 것은 먼저 파편의 산이겠지만, 문제는 그것을 '수집'하는 현실적인 '관점'이 무엇이냐는 것이다. 역사를 구성하는 현재는 결코 자의적으로(혹은 완전히 인위적으로) 설정될 수 있는 것이 아니다. "역사의 연속을 박살내고 비집어 여는" 의식은 "혁명적인 계급에 특유한" 것이다. 이는 무엇을 가리키는가.

이것들을 생각하기 위해서는 먼저 벤야민이 현재에 관해 어떻게 서술하는지 검토해야 한다. 그는 다음과 같이 기술한다.

이행점이 아닌 현재의 개념, 시간의 저울이 균형 잡혀 정지에 이른 현재의 개념을 역사적 유물론자는 포기할 수 없다. 이 현재의 개념

---

7) Walter Benjamin, *Abhandlungen*, Gesammelte Schriften, Band 1-2, Suhrkamp, 1991, S. 701[『역사의 개념에 대하여 / 폭력비판을 위하여 / 초현실주의 외』(발터 벤야민 선집 5. 이하 『선집 5』), 최성만 옮김, 길, 2008, 345쪽].

8) *Ibid.*, S. 700[『선집 5』, 343쪽].

이야말로 다름 아닌 그 자체가 역사를 쓰고 있는, 바로 그 현재를 정의하는 것이기 때문이다. 역사주의가 과거의 '영원한' 상像을 세우는 데 반해, 역사적 유물론자는 과거에 관한 경험을, 그것도 지금 여기에 유일한 것으로 있는 그것을 드러낸다.[9]

다소 이해하기 어려운, 이러한 현재의 시간이란 무엇인가.

"시간이 균형 잡혀 정지한다"고 하는, 벤야민 고유의 정지 상태 변증법의 이미지에는 「복제예술론」에서의 '아우라'에 대한 서술이 직접적이지는 않을지언정 효력을 발휘한다고 생각된다. 아우라에 관해서는 다음과 같이 이야기된다.

아우라란 무엇인가? 공간과 시간으로 짜인 불가사의한 직물이다. 즉 아무리 가까이 있어도 일정한 거리가 일회적으로 나타나 있는 것이다. 여름날 오후, 조용히 쉬면서 지평선에 펼쳐지는 산맥을, 혹은 쉬고 있는 자에게 그림자를 드리우는 나뭇가지를 눈으로 좇는 것 ── 이것이 이 산의 아우라를, 이 나뭇가지의 아우라를 호흡하는 것이다.[10]

그런데 이러한 아우라의 개념이나 정지 상태의 변증법에서 그

---

9) *Ibid.*, S. 702[『선집 5』, 347쪽].
10) *Ibid.*, S. 440[『기술복제시대의 예술작품 / 사진의 작은 역사 외』, 발터 벤야민 선집 2, 최성만 옮김, 길, 2007, 50쪽].

려지는 과거와 현재와의 부감적이고 원근감을 상실한 중첩, 그리고 그 일회성이 현재에서의 반복이라는 존재 방식에 바로 결부될 수 있다는 것은 들뢰즈가 『의미의 논리』에서 '영원의 현재'라 할 수 있는 반-효과화의 시간을 제시한 것, 그리고 『시네마』에서 그러한 반-효과화적인 현재의 이미지를 그대로 그려내려 했던 것과 분명히 겹치는 부분이 있다. 특히 「복제예술론」의 문맥은——물론 거기서 아우라는 소실될지라도 기술론적으로 새로운 지각이 생겨나기 때문에 벤야민의 서술이 단순히 상실적이고 노스탤지어적인 색채에만 결부되는 것은 아니다——『시네마』에서의 시간-이미지의 '발견'에 관한 논의(들뢰즈에게는 오히려 테크놀로지가 새롭고 더 근원적인 아우라를 끌어낸다는 방향에서 논의될 것이다)와 특히 지각과 기술의 문제에 즉응하여 연관시킬 수 있다고 생각된다.[11]

나아가 정지 상태의 변증법으로서 그려지는 현재에 관해 벤야민과 들뢰즈 모두 '축제'와 그로 인해 형성되는 '달력'을 중시한다는

---

11) 아우라의 상실이라는 테마에 관해서는 다양한 논의가 있는 것 같은데, 독일철학이나 미학과 겹치는 영역을 현시점에서는 도저히 전문적으로 따라갈 수 없다. 그러나 적어도 「복제예술론」에서 벤야민류 '지각'의 시대적 변화에 관한 논의와 사진 및 영상문화에 대한 평가가 이루어지는 한, 또한 수수께끼 같은 마지막 문장("파시즘에 대해 코뮤니즘은 예술의 정치화로 맞선다")을 독해하는 한, 그것은 단순히 아우라의 쇠락이라는 노스탤지어적인 언명을 읽어내야 하는 것이라기보다, 파시즘이 영상을 '정치의 탐미화'에 이용해 버리는 데서부터 복제예술 시대에 고유한 아우라적 현실을 (대중과의 관련에서) 어떻게 이끌어낼지를 묻는 것으로 읽을 수 있다. 들뢰즈가 그려내는 영상의 테크놀로지는 투명한 여름 공기 속에서 모든 거리(距離)를 가까이 되찾는 아우라적인 것을 '보여 주는' 장치일 것이다(그것이 대중화되어 어디서든 '보이게' 되는 것이 분명 비판받고는 있지만, 단순한 예술의 대중적·타락적인 논의——이른바 기 드보르Guy Debord의 '스펙터클 사회'론과 이어지는 논의——와 중첩된다고는 볼 수 없다).

점도 주목해야 할 것이다.

벤야민은 역사의 연속을 비집어 여는 사건에 관해 영상적인 비유를 이용하면서 다음과 같이 기술했다. "달력이 시작되는 첫날은 역사의 저속 촬영[퀵 모션]이라는 의미를 담고 있다. 그리고 축제날——그것은 상기의 날과 다름없다——로서 되풀이해서 회귀하는 것도 근본적으로는 이와 동일한 날인 것이다."[12]

이 부분은 『차이와 반복』에서 들뢰즈가 샤를 페기를 인용하면서 "축제의 반복 불가능성의 역설"에 관해, 즉 "바스티유 습격을 기념하거나 표상하는 것이 연맹제인 것이 아니라, 바로 바스티유 습격이 연맹제를 미리 축하하고 반복하는 것"(DR 8/27)이라고 기술한 장면과 거의 맞닿아 있는 것으로 해석해야 한다. 그것은 역사적인 사건을 사건으로서 개체화하고 역사에 기술하는 것(달력을 만드는 것) 그 자체를 묻고 있다.[13]

그것은 정지 상태의 현재가 영원성과 현재성이 동시적으로 뒤얽히는, 들뢰즈적으로 말하면 무한 부감 같은 '세 번째 시간'의 한가운데에 있음으로써 성립하는 현실성이라는 것을 보여 준다. 다시 말해 거기서 서술되어야 할 역사적인 사건은, 즉 수평적인 연속성을 깨뜨리는 사건은 그러한 영원과 현재의 교차 속에서 '저속 촬영'이라

---

12) *Ibid.*, S. 701 [『선집 5』, 346쪽].

13) 달력에 관한 논의는 시간을 새기는 것, 시간을 반복하는 것, 시간을 구분하는 것으로서 매우 중요한 문제임과 동시에 이후 시사하는 의례적인 문제성과도 연관된다. 파울 첼란(Paul Celan)을 다룬 데리다의 '달력'에 관한 논의(Jacque Derrida, *Schibboleth: Pour Paul Celan*, Galilée, 1986)와의 연관성도 관심을 끈다.

는 이미지로서 그 자체가 무한히 반복됨을 미리 새겨 넣은 것이다. 벤야민과 페기/들뢰즈에게 사건이라는 것은 현재이면서 반-효과화인 것과 새로우면서 미리 반복적인 것을 이미지화함으로써만 이끌어낼 수 있다.

물론 이러한 발상의 배경에 존재하는 것은 자연사적인 바로크성이다. 벤야민은 「역사의 개념에 대하여」의 말미에서 "역사적 대상이 모나드가 되어 역사적 유물론자와 마주할" 때 "그는 역사적 대상에 접근한다"고 기술하고, 나아가 다음과 같은 생태계적인 은유를 이용한다. 즉 호모 사피엔스의 5만 년은 지구상 유기적 생명의 역사에 비하면 하루의 마지막 2초 정도이며 "메시아적인 시간의 모델로서 전 인류의 역사를 터무니없이 단축해서 포괄하는 지금시간은 인류의 역사가 우주 속에서 보이는 그 모습과 정확히 일치한다".[14]

이로부터 무엇이 이끌어지는지 정리해 보자. 「역사의 개념에 대하여」의 결말 부분이 자연사적인 '수축'으로서의 현재를 끌어낸다면, 파편으로서의 역사 수집이 처음부터 어떤 구체화된 시각에서 서사의 콘텍스트성에 의해 그려진다는 줄거리를 벤야민은 구상하지 않았을 것이다. 그러한 서사를 그려내는 '시점'인 현재는 이미 인류사를 수축하는 부감으로서(정지 상태의 현재로서) 존재하며, 사건이란 그러한 영원성을 배경으로 한 차이와 반복의 이미지화로서만 그려질 수 있을 것이다. 달력이 형성되는 것이 역사라면, 달력과 그에

---

14) Benjamin, *op. cit.*, S. 703[『선집 5』, 348~349쪽].

따라 수행되는 축제는 그 최초의 사건에서 나중에 생길 축제를 이미 반복하고 있다. 모든 역사적인 사건은 그처럼 이미 있는 반복이다. 그렇다면 역사적인 사건은 자의적인 시각이나 콘텍스트로부터 서사적으로[구성주의적으로] 기술된다기보다도 현재를 형성하는 두께 속에서, 바로 영화의 장치에서 다양하게 리듬화되는 이미지의 부류일 수밖에 없을 것이다. 그것은 언어에 의한 구축물이라기보다는 차라리 영상의 속도 변환, 혹은 그 반복 속도의 리듬 조정에 의해 떠오르거나 가라앉는 '형상'일 것이다.

이는 벤야민이 기술한 '이념'이 그 자체로서는 모자이크나 '별자리'이며, 또한 세 번째 시간이 단편적인 이미지나 반복의 연결이었다는 것과 관계된다. 역사란 모자이크로서의 파편을, 즉 이념의 수준에 존재하는 '경험 불가능'한 심급을 '수집'하고 그 경험 불가능성을 어떤 식으로든 잇는 '별자리'로서 멀리 바라보는 것이며, 역사도 그러한 방식으로 제시될 것이다. 그리 생각하면, 역사를 기술하는 주체로서의 '피억압 계급'이란『철학이란 무엇인가?』에서 '소수자적'인 '민중'으로서 그려지는 인칭화될 수 없는 주체의 무의식 혹은 그 바로크성이 강고한 다수성＝멀티튜드multitude를 가리킬 것이다. 그(녀)들은 의식이나 기표의 종속에 즉응하지 않는다는 의미에서 소수자적이며, 결코 특정 시점이 될 수 없는 바로크적인 견자들이다. 이들은 아우라를 다른 관점에서 영상화할 수 있을 것이다.

물론 그렇게 독해하면 벤야민의 문맥에서 구체적인 정치사적 테마가 경시되고, 경우에 따라서는 은폐될지도 모른다. 그렇지만 들뢰즈가 역사로서 그려내려고 한 사태는 들뢰즈 자신의 논의에서는 명확히 나타나지 않은 '자본주의의 극한' 앞에 있는 '내재면 그 자체'(『안티오이디푸스』, 『철학이란 무엇인가?』)를 역사의 문맥에 편입하는 작업을 의미하기도 한다. 그것은 들뢰즈보다도 역사적인 서술의 주체에 다가붙은 벤야민 쪽에 빛을 비춰야 명확해질 것이다. 역사에 대한 견자만이 시계열을 해체하고 혁명으로서의 사건을 보아낼 수 있는데, 이는 정지 상태에서 현재를 포착하는 자만이 이룰 수 있는 반시대적이자 현실적인 행위다.

푸코 — 자연의 지층학과 들뢰즈

푸코와 들뢰즈의 관계는 벤야민과의 관계에 비하면 말할 필요도 없이 직접적이다. 동시대에 푸코가 에피스테몰로지적(인식론적)인 서술을 고집하면서 역사성을 해체하고 고고학과 계보학을 수행한 것은 철학사에 내재적으로 침잠하면서 자기 형성을 한 들뢰즈에게 방향은 반대일지라도 영향을 주었을 것이다. 들뢰즈는 『푸코』(1986)를 저술하여 푸코의 방법론에 관해 정리했다. 거기서 눈에 띄는 것은 푸코의 서술에 늘 나타나는 공간성과 지층성의 중시다. 『지식의 고고학』(1969)에서 담론을 지층화된 공간성으로 해체한 것, 『감시와 처벌』(1975)에서 '카르토그라피'라는 형식을 포함하는 가시적인 것/담론적인 것과 그 다이어그램적 편성이 주목된다는 것은 말할 것도 없다. 『성의 역사』(1976)를 거친 후에 주체성의 논의를 향한 것도 지층과 그 습곡, 혹은 거기서 형성되는 주름에 의해 두드러진다. 들뢰즈는 전반적으로 위상학적인 방식으로 역사적인 편성을 다시 파악하는 데에 관심이 있었고, 그러한 서술이 『말과 사물』(1966)에서 '인간의 소멸'이라는 외부 힘의 개재(초인으로서의 초-주름의 형성, 탄소적인 생명이 아닌 실리콘적인 생, 유기체가 아닌 디지털유전자적인 무기성, 기표가 아닌 비문법성의 힘)로서의 역사를 해체한 이후의 역사로도 향했다.

푸코 자신의 서술을 살펴보자.

역사에 대한 푸코의 사유를 검토할 때 먼저 참조해야 할 것은 자신의 방법론을 집성한 『지식의 고고학』일 것이다. 거기서는 역사를 '시원, 최초의 구성, 목적론적 지평, 시간적 연속성'으로 파악하는 '선험'을 배제하는 것,[15] 즉 주체도 객체도 존재하지 않고 발전적인 연속성으로는 드러나지 않는 담론의 절단을 이끌어내는 것에 역점을 둔다. "문제는 더 이상 전통이나 흔적이 아니라 절단이나 경계와 관계된다. 영속하는 것은 더 이상 기초의 문제가 아니라 변환의 문제이며, 변환이란 기초의 설정과 그 쇄신을 아우른 것을 포함한다."[16]

역사의 서술에서 선험성의 회피라는 문제 설정은 담론의 편성을 기술하는 것에서 그 권력관계로 시선이 이행했다고 여겨지는 계보학의 시기에도 그다지 변용하지 않는다. 계보학에 관해서는 「니체, 계보학, 역사」(1971)[17]가 중요한 텍스트인데, 거기서는 니체의 'wirkliche Historie'(현실적 역사)를 받아들이면서, 계보학적인 탐

---

15) Michel Foucault, *L'archéologie du savoir*, Gallimard, 1969, p. 246[『지식의 고고학』, 이정우 옮김, 민음사, 2000, 262~263쪽].
16) *Ibid.*, p. 12[『지식의 고고학』, 23쪽].
17) 이광래, 『미셸 푸코』, 민음사, 1989에 수록.

구가 'Ursprung'(시원)으로서의 시원을 묻는 것인 데 반해 그 유래 Herkunft를 묻는 것으로 향한다고 이야기된다. 계보학에 고유한 역사적 감각은 '패러디적', '해체적', '희생적'이라는 세 가지 방식으로 존재하여 플라톤적인 역사의 양상과 대비된다.

그렇지만 이것만으로는 내용적으로 봤을 때 고고학적인 탐구가 역사적 의식으로의 초월을 배제한 것과 중복될 뿐이다. 그러한 초월적인 사태를 배제한(역사의 해체를 이루는) 계보학이 그럼에도 여전히 계보학적인 '역사'로서 그려진다면 그 입장은 무엇에 의해 확보되느냐는 메타계보학적인 물음이 추가로 제기되어야 한다.

이러한 물음을 정면에서 검토하는 것은 만년의 논문 「계몽이란 무엇인가?」(1984)에서다. 거기서 푸코는 칸트의 계몽에 관한 텍스트를 분석하고 다양한 역사철학의 물음을 고려하면서 현재적actuel이라는 것의 의미를 묻는다.

'계몽이란 무엇인가'라는 물음에 대한 칸트의 대답을 독해해 가는 이 논문에서 주목해야 할 것은 푸코가 역사를 초월하고 통괄하는 심급을 배제하면서도 그러한 역사를 서술하는 시선이 어디서 설정되느냐는 물음을 그대로 검토한다는 점이다. 역사를 서술하는 '현재'란 무엇인지 묻는 것이다. 그것은 역사적 사상事象이 단지 분산하는 공간성인 데 대해 그러한 계보학적 분산을 어떻게 간파할 수 있느냐를 둘러싼 메타적인 물음일 수 있다.

푸코는 칸트가 현재라는 시간성에 관해 "시간의 내재적인 목적성과 인류의 역사가 향하는 점을 결정"하려는 것이 아니라, 오히려 "계몽을 인류가 성인成人 상태로 이행하는 것이라 정의함으로써 전체의 운동 및 그 기본적인 방향과의 관계에서 현재성을 위치짓는" 것이라 강조한다.[18] '성인 상태'라는 것은 무언가가 어딘가를 향해 성장하고, 현재를 그 이전 상태와 이후 상태 사이에 그려내지 않는 위상을 의미한다. 즉 성인 상태라는 것은 발전적인 존재 방식 안에 파묻혀 있는 것이 아니라, 현재에 대한 의식을 파악하는 것으로서 그려지는 것이다. 그때 인류는 자신이 위치하는 현재적인 것을 어떤 권위에도 복종하지 않고(즉 '초월'을 참조하지 않고) '비판적'으로 물을 수 있다고 여겨진다. 푸코는 이 지점이 칸트의 세 비판서와 역사성을 잇는 대전환점을 형성한다고 기술하는 한편, 그러한 현재성의 의식이 바로 '근대'modernité라고도 지적한다.[19] 근대란 역사 속의 한 시대가 아니라, 그 자체로 현재적이라는 것과 관련된 하나의 '태도'라는 것이다. 그것은 들뢰즈와 벤야민이 간파한 부감적이고 정지적인 현재의 역사에 매우 근접해 있다고 여겨진다.

또 주목해야 할 것은 이러한 문맥에서 '거의 필연적'이라고 기술하면서 보들레르의 이름을 언급한다는 점이다. 보들레르를 근대인의 대표로 취급한 벤야민에 대한 의식이 푸코의 서술에 존재하는지 알 수 없지만, 역사의 연속성을 타파하고 나서 한참 뒤에 이끌어지는 부감적이고 정지적인 시각의 실천자로서 19세기의 대표적인 인물이 거론된다는 점은 역시 유의해야 한다.

푸코는 보들레르가 역사의 연속성에 대해 '일시적인', '변하기

---

18) Michel Foucault, *Dits et écrits, 1954-1988*, IV, Gallimard, 1994, pp. 567~568.
19) *Ibid.*, p. 568.

쉬운', '우발적인' 것을 보는 것은 "이[역사성의] 운동에 대해 일정한 태도를 취하는" 것이라고 기술한다. "이 의지적이고 곤란한 태도는 영원한 무언가를 '현재'의 순간의 저편도 그 배후도 아닌, 그 순간에 포착하는 데 있다"[20]는 것이다. 이는 극히 벤야민적인 서술이다.

푸코는 또한 이러한 자세를 단지 새로운 것을 수집할 뿐인 산책자의 자세로 간주해서는 안 된다고 기술한다(여기에 굳이 벤야민과 대비를 이룰 의도가 있는지는 알 수 없다). "근대의 태도에서 '현재'가 지닌 높은 가치는 그 '현재'를 다르게 상상하는 열정, '현재'를 파괴하는 것이 아니라 '현재'의 그러한 존재 방식 안에서 '현재'를 포착함으로써 '현재'를 변형하려는 열정과 분리할 수 없는 것이다."[21]

현재에 대한 이러한 태도는 푸코 자신이 후기의 논의에서 자기에 대한 자기의 관계성을 윤리로서 이끌어내는 문제 설정(자기의 진리를 탐구하는 것과는 대비적으로 그려지는 자기와의 실천적인 관계로서의 생이라는 테마)과 관계지어진다. 또한 '현재'의 변형을, 그 자체로 '정치적'으로 실현되는 것이 아니라 '예술적'인 것으로 기술한 것도 자기관계성을 생존의 미학이라는 방향에서 파악하는 것과 이어질 것이다.

칸트와 보들레르를 둘러싼 논의에서 푸코가 바로크적인 주제에 접근한 것도 역시 강조되어야 한다. 그리고 들뢰즈가 『철학이란 무엇인가?』에서 '미래'라는 개념에 관해 다음과 같이 기술할 때 이러한

---

20) *Ibid.*, p. 569.
21) *Ibid.*, p. 570.

문맥과 결부된다고 생각된다. 니체가 말하는 반시대적인 것이란 푸코가 현실성으로서 논의하는 바로 그것과 다르기는커녕 일치한다는 것이다.

> 그러나 그 개념['미래'라는 개념]은 니체가 비-현실적인 것이라 불렀는데 어떻게 현실적인 것이라 불리게 되었는가. 푸코에게 중요한 것은 현재적인 것과 현실적인 것의 차이이기 때문이다. 새로운 것, 흥미로운 것, 그것이 현실적인 것이다. 현실적인 것이란 우리가 누구냐가 아니라 무엇이 되느냐 …… 인 것이다. (QP 107/164)[22]

푸코에 관해 정리해 보자. 현재성에 관해 기술하는 푸코의 논의와 들뢰즈를 이어 주는 것은 무엇인가.

먼저, 현실적인 것을 이야기한 이 논문에서 푸코가 시간적인 연속성 속에 있는 것도 초월적인 주체에 의해 파악되는 것도 아닌 역사적 사상事象을 이야기하기 위해 영원성을 현재성 속에서 포착하는 장치가 필요하다고 분명히 밝히는 점이다. 그리고 또 한 가지는 이 장치가 '근대'라는 시대 아닌 시대에 고유한 것이며, 그것을 현재를 살아가는 태도로서 부각시키는 것이다.

이것이 칸트론으로서 정당한지는 차치하더라도, 그 논의가 벤야민이 서술하는 역사의 개념에 접근하고 들뢰즈 자신이 이러한 푸

---

22) 이 서술은 계몽을 둘러싼 푸코의 논문을 분명히 계승한다. 여기서 들뢰즈는 근대라는 부감적인 시대 특유의 지각 양식을 니체의 반시대성과 결부시킨다.

코의 주장을 중시하는 것은 들뢰즈로부터 독자적인 역사 개념을 읽어내려는 시도에서 염두에 두어야 할 부분을 포함한다고 생각된다. 벤야민이 정지 상태의 변증법과 아우라라는 말로 제시한 부감적인 현재의 존재 방식은, 현실적인 것에 관한 푸코의 논의와 함께 세 번째 시간으로부터 그려낼 수 있는 단편으로서의 역사성을 이야기하는 것과 이어져 있을 것이다.

그렇게 생각하면 결국 벤야민, 푸코, 그리고 들뢰즈도 일종의 근대주의자가 아닌가, 근대주의자이기 때문에 '역사란 무엇인가'라는 물음을 그것이 포함하는 전제를 해체하면서 여전히 이야기할 수 있지 않은가 하는 다소 진부한 결론에 이를 뿐이라고도 생각된다. 그것은 진실일지도 모른다. 하지만 그들의 담론을 다시 살펴보면, 근대가 시대 구분 속의 위치에서 해방되고 현재와 현재 속에 있는 영원성을 함께 발견시키는 국면과 다름없다는 것, 그것을 가능케 하는 테크놀로지의 발견이 이러한 시간=역사를 전개하는 데 불가결하다는 것, 이 점은 명확해져야 한다. 벤야민에게 그것은 종교성(이는 시간의 테크놀로지를 이야기할 때 매우 원초적이고 강력한 '장치'로서 파악되어야 할 것이다)과 마르크스주의가 결부됨으로써 이루어진다. 푸코도 계몽에 관한 논문에서 현재를 살아가는 태도로서 그것을 예술 및 미학과 연관지었다. 들뢰즈 또한 19세기적인 다양한 테크놀로지와 그것이 엮어내는 예술(특히 시간의 테크놀로지와 다름없는 영상 장치)의 분석을 시간론의 한 열쇠로 삼는다.

시간과 역사에 관해, 우리는 그것을 직접적인 구축 대상으로서 이야기하는 것이 아니라, 스스로 시간성과 관계시켜 가는 기술(테크놀로지)이나 기법(푸코적인 자기 배려의 윤리)의 시각에서 역사의 존재론의 논의를 이끌어내야 하지 않을까? 현재를 변형시키기, 미래의 반복을 향하기, 따라서 단순한 새로움의 추구가 아니라 역사가 생성과 일체가 된 존재 방식을 보여 주기, 이것들이 생성의 역사가 향해야 할 구체적인 내실일 것이다.

이 물음은 결국 자연사적인 존재론의 위상에 현재의 철학의 어떤 장면이 이르렀을 때, 거기서 다시 주체가 자신을 이야기하는 행위, 그러한 형태로 절대적인 수동성 속에서 능동적으로 행동하는 것이 어떤 방식으로든 가능해지는 구조를 탐구하는 것과 연결될 것이다. 구조주의를 불러낸다면, 주체의 심부를 자연사적인 무한성으로 해체한 후에도 여전히 구조 자체를 이야기할 욕망을 가지며 동시에 그것이 주체의 자발성이라는 형식이 없어도 구조를 변용시키는 요인이 된다는 것을 향해 논의되어야 할 것이다. 역사적으로 행위하는 주체가 주체성을 박탈당한 뒤에도 계속해서 역사를 이야기한다는 존재 방식을 다른 각도에서 생각해야 할지도 모른다.

6장·자연의 시간과 인위의 시간

들어가며

6장에서는 지금까지 검토한 들뢰즈의 시간과 생성의 논의를 이어받으면서, 다시금 인간 존재와 주체의 자발성을 파악하는 방식에 관해 사유의 보조선을 그을 것이다.

이러한 논점에 관해 필자는 현재 생태계적인 기술론을 구상하면서 잡지에 연재를 하고 있다.[1) 그 논의를 완성시키려면 앞 장에서 논의한 자연사와 결부된 시간론을 전개하면서, 의식적인 수준의 행위가 발생하고 그것이 다시 자연적 위상과 관계되는 국면을 고찰하는 것이 필수적이다(그때 '테크놀로지'라는 주제의 역할이 클 것이다). 하지만 그러한 논의의 경위는 제쳐 두고, 여기서는 자연사적인 시간

---

1) 『現代思想』의 연재물 「ヴィータ・テクニカ」를 참조할 것(개시는 2009년 10월호)[이후 단행본 『ヴィータ・テクニカ—生命と技術の哲学』, 靑土社, 2012로 출간되었다].

과, 그것이 주체적인 행위성에 관계되어 가는 기반이 될 인위의 시간에 관해 일별함으로써 이 문제를 전망하려고 한다. 이를 위해 클로드 레비스트로스(1908~2009)가 그려내는 '구조'에 시간과 주체가 어떻게 관여하는지 논의할 것이다.

'구조'라는 테마, 혹은 '구조'와 시간에 관한 논의는 들뢰즈에게도 미묘한 위치를 점한다. 『차이와 반복』의 '이념론'은 그 자체가 '구조'에 관한 탐구이며, 자연적인 물질성으로부터 구조적 형태발생론의 모델을 제시한다. 그러나 들뢰즈는 '구조/발생'이라는 이분법을 취하지 않는다. '이념'은 '구조'적이지만 동시에 '발생'적이기도 한 것이다.

> 구조/발생이라는 대립이 존재하지 않는 것처럼 구조와 사건 사이, 구조와 의미 사이에도 대립은 존재하지 않는다. (DR 247/415)

즉 '구조'란 먼저 비-시간적인 것으로서 실재하고 뒤이어 시간적인 운동성과 관계되어 가는 것이 아니다. 시간이 '구조'에 외재하는 것이 아니라, '구조' 그 자체가 시간적인 것이다. 더욱이 그 시간에는(즉 '구조/발생'의 시간에는) 주체적인 존재자의 의식적 시간은 우선 관여하지 않는다. 그것은 어디까지나 자연의 촉발=감응태affect로서의 시간이며, 주체적인 존재자란 그러한 구조의 시간-공간계의 작용에 의해 그려지는 '개체화'의 한 위상으로 석출되는 데 불과하다.

『차이와 반복』4장 및 5장은 그러한 '개체화'에 의한 '발생'적 전개의 논의로서 읽을 수 있는데, 한편으로는 비-주체적인 것으로부터 이루어지는 '주체'의 형성론이기도 하고, 다른 한편으로는 선험적인 영역을 비-주체적인 자연 영역의 기능으로서 그려내는 것이기도 하다. 이것을 시간론과 연결시킨다면 '개체화'의 형태발생적인 리듬에 관한 서술이 중요해지지만, 그것 또한 여기서는 제쳐 둘 수밖에 없다.[2]

지금까지 들뢰즈의 시간론을 통해 도출된 것은 다음과 같다. 즉 주체가 자기를 살아가는 경험은 시간의 촉발(시간의 수동적 종합)에 의해 성립하는데, 그때 주체가 살아가는 시간이란 주체의 시간이 아니다. 그 시간은 어디까지나 자연의 시간이며, 개체가 가질 수 있는 의식의 시간('개체화' 이후에 드러나는 '내면화'된 시간)과는 그 존립의 위상이 다르다. '이념'으로서 그려지고(『차이와 반복』 4장) '강도-공간'spatium으로 전개되는(『차이와 반복』 5장) '구조'는 '구조/발생' 그 자체이며, 물질성과 깊이 연관된 그 시간은 살아 있는 개체의 시간과는 역설적으로만 결부된다.

본서에서도 『시네마』의 영상론과 역사적인 '근대'의 검토(벤야민과 푸코)를 통해 논의했듯이, 문제가 되는 시간은 자연적 존재의 이접적 종합을 직접 보아내는 '견자'처럼, 혹은 근대적 상품 문화의 착란 속에서 역사적·지리적인 '부감'을 행하는 '산책자'처럼 '탈인

---

2) 리듬론은 특히 『천의 고원』 11번째 고원에서 다뤄지는 리토르넬로론과도 관계가 있다(MP 381 ff./587 이하). 거기서는 자연의 생태성과 문화적인 음악성의 접합이 '리토르넬로'라는 테마와 결부되어 논의된다. 동시에 시간론적인 반복과도 밀접하게 관계되는데, 이에 관해서는 『시네마 2』에서 가타리를 언급하는 관련 부분을 참조할 것(CII 122 ff./183 이하).

칭화'된 주체에 의해 파악되는 것일 수밖에 없다. 그래서 그것은 들뢰즈의 논의 총체에 그러한 색채가 강하게 나타나듯이 주체의 '수동적'인 특성을 부각시키지 않을 수 없다(부감하는 데 있어 개체는 너무나 작은 것이다). 따라서 역사를 구축하는, 혹은 역사적 세계나 제도적 세계를 작성하는 '주체'를 그려내는 과제에는 좀처럼 도달하지 않는다(들뢰즈에게 역사적인 운동이란 역시 수동적인 색채가 강한 '저항'에 진력하는 부분이 있다). 하지만 그러한 문제 설정은 역사–사회의 동태성을 시스템적으로 이해하는 데 불충분할 것이다.

이 물음에 답하기 위해서는 물론 다양한 우회로가 요구될 것이다. 앞서 기술했듯이 다른 장소에서 시도되는 주체의 물질적인 신체성을 둘러싼 '생'과 '기술'을 주제로 삼은 탐구는 자본주의와 테크놀로지의 연결, 인류사적으로 말하면(그리고 들뢰즈/가타리적으로 서술하면)[3] 원초부터 이루어지는 연결에 주목하여 이 물음에 접근하려는 것이다. 그러나 이러한 테마를 추구하기 위해서도 자연적 시간에 관한 수동성과 능동성에 관한 논의를 다루고, 문제의 범위를 드러낼 필요가 있다.

---

3) "만일 보편적인 것이 결국 탈기관체와 욕망적 생산으로서 존재하고, 표면상으로는 승리자로 보이는 자본주의에 의해 규정되는 조건들 속에 있다면, 순진하게 보편사를 이야기하는 일은 불가능할 것이다. 욕망적 생산은 처음부터 존재한다."(ACE 163/245)

레비스트로스의 자연 바로크 구조론

레비스트로스의 '구조'에 관한 논의부터 시작하자.

사르트르 비판을 염두에 둔 『야생의 사고』(1962)의 「역사와 변증법」에서 레비스트로스는 어떤 의미에서는 당치도 않은 자연주의(루소적인 울림을 가진 것)에의 신봉을 표명한다. 거기서는 '인간'을 '용해한다'dissoudre[4]는, 마치 푸코를 연상시키는 테제가 자연사와 그것에 뿌리를 둔 '구조'의 비인간성/비역사성을 드러내는 것으로서 그려진다. 그에 따라 단순히 상정될 수 있는 역사적 주체성이라는 것이 자연사에 대해 철저히 무력하다는 것이 밝혀진다.

이에 관해 레비스트로스는 '역사학자'는 '시간'을 다루지만, '민족학자'는 '공간'을 주로 다룬다고 기술하고는 있다. 그러나 그것은 단지 '통시성'通時性에 대해 '공시성'共時性을 강조한다는 주지의 논의 틀에 들어맞는 것이 아니다(그래서는 생성과 구조라는 이항성이 모든 것의 전제가 되어 버린다). 레비스트로스는 시간=주체라는 형식으로 이야기되는 인간의 '용해'를, 인간이 다룰 수 없는 무의식적 시스템 속에 정위시키는 데 할애한다.

어떤 혁명, 어떤 전쟁의 각 삽화는 다수의 심리적이고 개인적인 움직임으로 분해된다. 그리고 이러한 심리적인 움직임들은 각각 무

---

4) Cf. Claude Lévi-Strauss, *La pensée sauvage*, Plon, 1962, p. 327[『야생의 사고』, 안정남 옮김, 한길사, 1999, 355쪽].

의식의[생리적인] 진화를 반영하고 있으며, 또한 그 변화는 뇌, 호르몬, 신경의 현상으로 분해된다. …… 역사가 또는 역사적 생성의 행위 주체가 추상화에 의해, 또한 무한으로 거슬러 오르는 위험을 감지하여 그것[사실史實]을 만들어내는 것이다.[5]

또한 이후에 펴낸 『먼 시선』(1983)에서는 이러한 '무의식'으로서 이야기되는 위상의 생물학적, 생태학적, 뇌과학적 영역화가 쉽게 일어나는 경향이 논의된다. 예컨대 「구조주의와 생태학」이라는 논고에서는 다음과 같이 서술되어 있다.

반면 'émique'[음성론phonétique/음운론phonémique의 언어학적 대립을 빌려 전자에 해당하는, 이를테면 현상적인 'étique'와 대비시켜 구조론적인 위상을 보여 주기 위한 레비스트로스의 조어]의 수준은 감각적인 작용과 정신의 가장 지적인 기능이 마주치고 융합하고 현실적인 것의 본성에 공통으로 적응하는 것을 표현한다. 이는 구조 안에서 심적 활동의 순수 소산을 보는 것이 아니라, 감각기관에 이미 구조적인 활동이 있으며, 우리들 외부에 존재하는 모든 것, 즉 원자, 분자, 세포, 그리고 기관에도 같은 종류의 성질이 있다는 것을 인정하는 것이다.[6]

---

5) *Ibid.*, p. 340[『야생의 사고』, 367~368쪽].
6) Claude Lévi-Strauss, *Le regard éloigné*, Plon, 1983, p. 162.

레비스트로스에게는 서양 문명과 그 저류에 있는 리버럴한 개인적 사회성에의 혐오감 내지는 그로부터 도피하려는 감정이 현저한 부분이 있고, 이는 한편으로는 들뢰즈/가타리적인 기계기술의 철저한 긍정과는 대극적인 노스탤지어적 감응을 환기하는 것으로도 보이지만, 양쪽이 응시하는 것은 실제로는 상당히 근접한다. 그것은 생이 불가피하게 갖추고 있는 자연사라는 맥락이며, 또한 거기서 생물학적, 생태학적, 뇌과학적인 지식이 구조와 인간이라는 테마 끝에 설정되는 것이다. 덧붙이자면 레비스트로스의 이러한 발상을 떠받치는 것은 이 또한 매우 강고한 바로크적 사유다.

그것은 『야생의 사고』의 다음 문장을 통해 이해할 수 있다. 특히 두 번째의 '맞거울질'의 비유에는 놀랄 만큼 바로크적인 사유의 요소가 포함되어 있다.[7]

공간의 각 지점에 다수의 개인이 숨어 있고, 그 각각이 타인과는 다른 방식으로 역사의 생성을 전체화한다. 이들 중 한 사람만 살펴봐도 각 순간이 다 담을 수 없을 정도로 풍부한 생리적·심리적 사상事象을 포함하고 있으며……[8]

---

7) 거울 속에 비치는 자기의 상을 타자의 논의와 중첩시키기, 이러한 맞거울질과 무한의 비유는 니시다 철학에도 나타나며, 철학의 바로크성을 생각할 때 지표가 된다. 『자각에서의 직관과 반성』(自覚に於ける直観と反省)의 서술은 말할 필요도 없이 중기 이후에도 선험적 술어의 면에서 자기가 자기를 본다는 표현을 이용하거나 「나와 너」(私と汝, 『무의 자각적 한정』無の自覚的限定 수록)에서 너 안에서 자기를 본다고 기술하는 부분과도 이어지고, 개체화된 자기의 밑바닥에서 자기가 무한한 다양성과 이질성 속에서 반복되고 비춰지는 모습을 보여 주며, 그 자체가 니시다 사유의 결정적인 모티브를 이룬다.

야생적 사유의 특성은 비-시간적인 것이다. 그것은 세계를 동시에 공시적·통시적 전체성으로서 파악하려고 한다. 야생적 사유의 세계 인식은, 마주보는 벽면에 설치되어 엄밀히 평행이 아니도록 서로를 비추는 …… 몇 장의 거울에 비친 방의 인식과 비슷하다.[9]

바로크성을 강조하는 데는 큰 의미가 있다. 레비스트로스가 파악하는 '구조'가 단순한 '탈-시간적'이고 객관적인 소여가 아님을 명확히 보여 주기 때문이다. 그 '구조'란 통시성/공시성이라는 짝 개념의 '외부'에 있고, 개별화되거나 구현화되지 않는 실재로서 생명체와 문화와 개인 속으로 깊숙이 들어오며, 다양하게 변이되어 출현하는 모나드적이라 할 수 있는 장치인 것이다. 만년의 레비스트로스가 뇌신경과학을 지나치게 두둔하는 과학주의를 채용했다는 비판은 다소 있을 수 있어도, 예컨대 『먼 시선』에서 인문주의적인 역사성이 자연사적인 위상과 교차하는 것이 명시화된 것을 생각하면, 그것을 단순한 객관적 자연에의 환원론으로서 읽을 수는 없다. 바로크적인 상호 함의성이야말로 자연과 문화가 교차하는 곳에서 포착되어야 하며, 이른바 사르트르적 근대주의자인 체하는 '역사의 변증법'도 또한 이러한 함의의 한 국면에 불과한 것이다. 그것이 레비스트로스가 이야기하는 '자연주의적' 주장의 내실일 것이다.

하지만 동시에 문화 의례를 논의하는 레비스트로스가 단지 무

---

8) Lévi-Strauss, *La pensée sauvage*, p. 340[『야생의 사고』, 368쪽].
9) *Ibid.*, p. 348[『야생의 사고』, 374~375쪽].

의식적인 시스템이 생물학적인 생태계에 기인하고 있음을 지적하기만 하는 것은 아니다. 레비스트로스의 논점 중 하나는 '구조'가 문화적 의례에 의해 '반복'된다는 점에 있으며, 그처럼 '반복'되는 가운데 역사성에서의 '이접'disjoint과 '통접'conjoint이 결부된다는 것이 드러난다. 이러한 논의는 『신화학』(1964~1971)에서 보다 상세히 다뤄지며(자연과 문화의 차이에 관한 문제도 포함하여) 다듬어졌다는 것을 고려해야 하지만,[10] 그것은 훗날을 기약하고 여기서는 『야생의 사고』를 인용(「되찾은 시간」)하는 데 그칠 것이다.

따라서 신화에 나타나는 역사는 현재에 대해 동시에 이접적이고 통접적이라는 역설을 보여 준다. 이접적인 이유는 맨 처음 등장한 선조가 현대의 인간과는 다른 속성을 부여받았기 때문이다. 즉 그들은 창조자이지만 현대의 인간은 모방자다. 통접적인 이유는 선조의 출현 이래, 회귀에 의해 주기적으로 특수성이 사라져 버리는 사건밖에 일어나지 않기 때문이다. ……
의례 덕분에 신화의 '이접적' 과거는 한편으로 생물학적·계절적 주기성, 다른 한편으로 전 세대에 걸쳐 산 자와 죽은 자를 연결하는 '통접적' 과거와 이어진다. …… 의례 체계의 기능은 세 가지 대립을 극복하여 통합하는 것이다. 세 가지 대립이란 통시태와

---

10) 『신화학』의 검토는 훗날을 기약하겠지만, 요리의 삼각형을 비롯한 개별적인 테마는 차치하더라도 기본적으로 자연성과 문화성의 중첩에 관해 매우 구체적이고 예민한 사유가 전개되는 것은 주목할 만하다. 애초에 인간이 자기의 생물적·생태학적 자연에 맞설 때 신화를 기본 축으로 하지 않고서는 어떤 이야기도 불가능했다는 사실은 많은 논의를 환기할 것이다.

공시태의 대립, 그 양쪽 어디서든 생길 수 있는 주기성과 비주기성의 대립, 마지막으로 통시태 속에서의 가역적 시간과 비가역적 시간의 대립이다.[11]

검토해야 할 내용을 다수 포함하는 부분인데, 레비스트로스는 여기서 구체적으로 장송 의례이자 기념 의례에 이용되는 '추링가' churinga[탕가니카 호수의 마법의 힘(마나)]를 제재로 삼는다. 그것은 바로 '시원'의 '반복'과 그로부터 이끌어지는 '차이', 그 '시원'에 상정되는 의례의 이를테면 시간적으로 필연적인 '이접', 그럼에도 공간 표상을 거치는 한에서 그 '시원'과의 '공재'共在 즉 '통접', 그리고 그것을 골자로 하여 이야기되는 '시간'의 '주기'와 '비주기', 바로크적 양태로서의 '가역성'과 역사적 제약이 전면에 드러났을 때의 '불가역성'을 다루는 것이다. 의례에 사용되는 추링가라는 물체에는 이처럼 서로 모순되는 사태가 '사건'으로서 짜여 있다.

추링가의 신성성은 이 체계 속에서 그것만이 이룰 수 있는 통시적 의미 생성 기능에서 오는 것이다. 이 체계는 분류 체계이기 때문에 완전한 공시태 속에 전개되어 있고, 그 공시태에는 지속까지도 동화될 수 있다.[12]

---

11) Lévi-Strauss, *La pensée sauvage*, pp. 313~314[『야생의 사고』, 338~339쪽].
12) *Ibid.*, p. 320[『야생의 사고』, 345쪽].

물론 여기서 이야기되는 사항은 벤야민과 들뢰즈가 영상 장치와 근대적 상품 문화를 모델로 하여 논의한 것과는 다르며, 아주 소박한 것으로 보일지도 모른다. 하지만 유럽의 '외부'에 서려는 레비스트로스가 그러한 의례로써만 이끌어낼 수 있는 인간의 '사건'적인 시간 양태를 이러한 분석을 통해 밝혀내려 한다는 것은 분명하다.

이러한 문맥에서 논의되는 사태는 들뢰즈 시간론의 핵심을 이루는 '반복'이라는 테마, 일례로 샤를 페기의 글을 인용하면서 '연맹제'連盟祭의 반복에 관해 서술한 부분과 깊은 연관이 있다고 생각된다. 들뢰즈의 해당 서술은 '사건'의 시간이 지닌 수수께끼의 모든 것을 포함하며, 인위적인 행위의 '사건성'에 관해 천착할 때 근간적인 사례인 것처럼 보인다.

> 바스티유 습격을 기념하거나 표상하는 것이 연맹제인 것이 아니라, 바로 바스티유 습격이 연맹제를 미리 축하하고 반복하는 것이다. 혹은 모네의 첫 수련이야말로 다른 모든 수련을 반복하는 것이다. 그래서 우리는 특수성의 일반성으로서의 일반성과, 특이성의 보편성으로서의 반복을 대립하는 것이라 여긴다. (DR 8/27)

현존하는 의례는 '시원'에 대해 '이접'적일 수밖에 없다. 그래서 바스티유의 연맹제는 최초의 바스티유 혁명을 '재현=표상'하는 것일 수 없다. 바스티유는 나중에 올 연맹제를 미리 축하해 버렸으며, '시원' 그 자체가 '반복' 속에만 존재한다. 그러나 연맹제의 반복은 그 반복에서 '통접'적인 시원으로 계속 지시하고 있다. 그것은 단순한 '회귀'가 아니다. '회귀'적인 연결을 만들어내면서도, 그것은 새로운 혁명의 창발이고 새로운 시간의 전진인 것이다. 그래야 경험적인 시간의 연속성을 파괴한 후에 드러나는 클로소프스키/니체의 '비밀의 일관성', 즉 이산적인 한에서의 역사적 연속성을 끌어내고,[13] 그것을 인위적인 시간의 '사건성'에 연결시키는 것이 가능해진다. 그때 모든 '시원'은 그 자체로 미리 이루어진 '반복'에 불과하다. 개인에게 행위의 시간은 으레 '반복'에 의한 '통접'의 설정인데, 그것은 미리 이루어지는 '반복'인 '시원'에의 소급으로서 이야기되는 것이다. 이는 사르트르가 말하는, 근대적 주체를 전제로 하는 한에서의 '행위의 자유'가 무엇을 골자로 하여 성립하는지 잘 보여 준다.

들뢰즈의 레비스트로스

들뢰즈가 레비스트로스를 언급하는 장면은 극히 한정되어 있다. 먼저 『차이와 반복』 3장과 『의미의 논리』 계열 8 등에 나타나듯이 기표와 기의의 어긋남을 주제로 한 '제로 기호', '마나'mana, '지명할 수 없는 것'을 둘러싼 논의다. 이것들은 들뢰즈가 파악하는 '이념-구조'가 정적인 것이 아니라, 그 자체가 동적인 시스템으로서 작동한다는 것을 설명한다고 볼 수 있다. '구조'가 떠안고 있는 공백은 '결락'으로서가 아니라 오히려 필연적으로 생겨나는 과잉이나 부족으로서 처

---

13) 이 점에 관해서는 1장을 참조할 것.

리되고, '구조'의 '반복'이라는 운동성이 가능해진다고 서술되는 것
이다. 그것은 '이념'이라는 '구조'가 왜 그 자체로서(의식적인 주체도
행위도 없이) 작동하는 '강도-공간'일 수 있는지 일련의 설명을 부여
하는 것으로 읽을 수 있다.

> 필연적으로 "부유하는 기표*signifiant flottant*가 있다. 부유하는 기표
> 는 모든 유한한 사유를 속박하지만, 모든 기법, 모든 시, 모든 신화
> 적이고 미적인 발명도 보증한다." …… 다른 한편으로 일종의 부유
> 되는 기의*signifié flotté*가 있다. 이 기의는 기표에 의해 주어지지만
> "그렇다고 해서 인식되지도 않는다." …… 레비스트로스가 지향하
> 는 것은 이러한 방식으로 거시기truc, 아무개machin, 어떤 것quelque
> chose, 무언가aliquid라는 말을, 그리고 유명한 마나*mana* …… 까지
> 도 해석하는 것이다. (LS 64/117)

들뢰즈에게 '이념'이 자연, 신체, 언어, 정신 각각의 시스템 총
체에 결부되는 것으로서 나타나는 이상, 이것들은 매우 원리적인 언
명으로 파악될 것이다. 거기서 레비스트로스가 말하는 '부유하는 기
표'가 '이념'을 논의하는 문맥(이를테면 '세 번째 시간'이 관여하는 영
역)에 그 운동성을 보증하도록 위치지어졌다는 데 주목해야 한다.
　'부유하는 기표'인 '제로 기호'란 단지 '의미지어지지 않는 것'
이 아니다. '의미지어지지 않는 것'이라는 특성이 부여되어 버리면,
언어의 영역에 포섭되는 논의가 될 수밖에 없다. 레비스트로스의 사
유로 되돌아가거나 들뢰즈가 왜 '이념'(나아가 거기서의 '사건')이라

는 문맥에서 레비스트로스의 이러한 표현을 중시하는지 생각해 봐
도 이때의 '제로 기호'는 오히려 '유한'으로만 표현할 수 있는 '구조'
에 그 본래적인 '무한성'이 포함되어 있음을 보여 주는 것이다. 그래
서 그것은 언어라는 틀에 포착된 의미의 '외부'로서 제시되거나 자연에 대
한 언어의 과잉성을 말하는 것이 아니라, 그 자체가 '세 번째 시간'의 무한
직선에 의해 드러나는 '유한'한 '순간'을 움직이는 '무한'한 '영원'의 단편
적 개재를 가리킨다. '제로 기호'란 그러한 바로크적인 무한 중층성 속
에서 유한한 것으로부터 불거져 나오는 '무언가'의 단편화된 관련을
보여 준다. 들뢰즈에게 레비스트로스의 중요성 혹은 '제로 기호'의
역할이 바로크적 무한에서의 '순간과 영원'이라는 주제와 결부되었
다는 점에 주의해야 한다(이는 또한 부분대상이나 대상 a에 관한, 라캉
보다는 멜라니 클라인에 의거한 규정과도 연결될 것이다. 그것은 무無의
그림자를 감추고 있는 유有에의 개재다).[14]

---

14) 라캉의 '대상 a'는 『차이와 반복』에서는 잠재적 대상(대상=x)으로서, 타나토스적인 것에 노
출된 부분대상으로서 나타난다. 『의미의 논리』의 전개를 봐도 분명하듯이, 거기에는 멜라
니 클라인적인 방향성이 크게 포함된다. "이 부분적 혹은 잠재적인 대상은 또한 다양한 형
태로, 바로 멜라니 클라인의 '좋은 대상과 나쁜 대상'에서도 …… 그리고 특히 라캉의 대상
a에서도 또다시 발견된다."(DR 134/230) "잠재적 대상은 그것을 골라내는 현실적 대상에
비해 무언가가 결여되어 있을 뿐만 아니라, 그 자체로 무언가 즉 자신의 반쪽인 것이 결여되
어 있으며, 잠재적 대상은 자기 자신의 그러한 또 하나의 반쪽을 서로 다른 것, 부재인 것으
로서 정립한다."(DR 135/232~233)

　이 규정이 『의미의 논리』에서는 '팔루스'의 논의가 되는데, 그 관련성은 이미 『차이와 반
복』에 나타나 있다. "라캉은 모든 잠재적 대상 즉 부분대상 아래서 상징적 기관으로서의
'팔루스'를 발견했다. 그가 팔루스라는 개념을 그처럼 확장할(즉 그 개념에 모든 잠재적 대
상을 포섭시킬) 수 있는 것은 그 개념이 실제로 앞서 말한 특징을 포함하기 때문이다."(DR
136/235) 또한 『의미의 논리』의 다음 구절을 참조할 것. "팔루스야말로 …… 자기 자신과의
유사성, 자기 자신의 동일성, 자기 자신의 시원, 자기 자신의 장소를 결여하고, 늘 자기 자신

이러한 의미에서 레비스트로스의 논의는 자연의 바로크적 공통 시야에 입각하여 '구조'의 운동성이라는 관점에서 '유한'과 '무한'의 관련을 그려낸 것으로 읽힐 수 있다. 그것은 '구조'가 애초에 '사건' 적이라는 것을, '구조'를 규정하는 언어학적인 장치(기표, 기의)를 이용하면서 그것을 뛰어넘은 자연성으로써 파악하기 위한 것이었다고 할 수 있다.

하지만 동시에 레비스트로스의 논의가 특히 문화적인 사상事象의 존립을 둘러싼 것이라는 점에도 주의해야 한다. 전기의 들뢰즈에게는 문화적 사상을 자신의 이론에 편입시킬 만큼의 큰 관심은 없었던 것 같다.[15] 이 점에 관해 가타리와의 공저 『안티오이디푸스』에서 인류학을 원용한 것이 레비스트로스와의 또 하나의 접점을 이루게된다.

---

*으로부터 이동한다. 즉 부유하는 기표이자 부유되는 기의이며 ……."(LS 265/371) "대상=x 로서의 팔루스는 …… 계열에 의미를 배분하는 표층의, 그 무-의미가 아닐까."(LS 272/379) 팔루스는 심층에서 표층으로 이어지는 장치, 무의미를 의미 속에서 구동시키는 장치(분열적 단계의 페니스와 신경증화되는 오이디푸스의 중간)에 위치지어진다. 『안티오이디푸스』의 부분대상론도 포함된 들뢰즈의 정신분석적 용어는 후기 정신분석에의 비판과 함께 다각적으로 검토되어야 하지만, 여기서는 전기의 들뢰즈가 정신분석적 장치와 레비스트로스를 일치시킨 것, 그러나 후기에는 그것을 더 자연사적인(비-정신분석적인) 표현으로 전환한 것에 유의해야 한다. 대상 a에 관해서는 2장의 '두 번째 시간'에 관한 부분도 참조할 것.

15) 물론 『의미의 논리』는 심층의 신체로부터 언어적인 심급의 성립을 논의하고, 그것은 일종의 공동성의 테마와 통하지만, 『차이와 반복』은 '이념론'에서 마르크스를 참조하거나(DR 240/405) 모나드론적 사회학자 가브리엘 타르드(Gabriel Tarde)를 언급하는 것을 제외하면 '공동성' 논의의 지향이 희박하다. 물론 들뢰즈의 초기 논고가 본능과 제도를 둘러싼 것이었음을 생각할 필요는 있다.

혈연과 결연

『안티오이디푸스』에서 레비스트로스의 논의가 도입되는 것은 '강도'적인 생물자연성으로부터 '외연도'성을 확보한 문화적 인간성이 발생한다는 것을 이야기하는 다음의 문맥에서다.

> 니체는 말했다. 중요한 것은 인간에게 기억을 부여하는 것이라고. 인간은 망각이라는 적극적인 능력을 통해 생물학적인 기억을 억압함으로써 인간이 된 것이기 때문에 이제 다른 기억을 갖춰야 한다. 그것은 집단적인 기억이며 …… 말의 기억이다. (AŒ 169/253)

강도성 속의 무한성을 그대로 긍정하는 생물학적인 상황을, 그리고 그 반복적인 상황을 인간은 완전히 '망각'해야 한다. 인간이 되기 위해서는 그러한 자연성의 '망각'이 불가결한 것이다. 이러한 망각은 동시에 혈연filiation과 결연alliance이라는 인류학적인 테마와 중첩된다. 거기서 레비스트로스가 등장하는 것이다.

이때 바로 '시원'적인 것인 '혈연'의 세계가 일종의 강도성으로서 생물적-사회적인 것 총체의 무근거인 근거로서 그려진다.

> 계보학적인 혈연이 생물학적이지 않고 사회적이라고 말해 봤자 아무 소용 없다. 혈연은 대지의 충실한 신체의 우주적 알 위에 등기되어 있는 한, 필연적으로 생물적-사회적이다. (AŒ 181/269~270)

이는 '세 번째 시간'에서 이끌어졌듯이 무한성 그대로를 현기증이 날 정도로 긍정하는 것을 의미할 것이다. '혈연'이란 '이접'으로서 드러나고 어떤 의미도 부여되지 않는 생명-사회적인 시원의 실재적 존립이라고도 할 수 있다. 그렇지만 인간에게는 그것을 '망각'하는 은폐의 기능이 작용하지 않는 한, 제도로서 작용하지 않는다. 이러한 '외연도'화에서는 '결연'이 중요한 시스템으로 등장한다. '결연'이란 이를테면 '혈연'의 무한한 수직적 깊이를 수평성에 집어넣으면서 소거해 가는 장치일 것이다. 인간적인 '제도'에 의한 '통접'적 사태가 형성되는 것은 '강도'가 '외연도'화되고 무한이 유한한 반복의 시스템에 분절되어 새겨지는 이러한 국면에서다.

> ······ 외연도화된 시스템은 결연과 말의 기억처럼 혈연의 강도적인 기억에 대한 능동적인 억압을 포함하고 있다. ······ 역으로 혈연은 강도적인 한에서 특수한, 암흑의, 생물적-우주적인 기억의 대상이며, 이 기억은 새로 외연도화된 기억이 성립하기 위해 억압을 받아야 했던 것이다. (ACE 182~183/271~272)

> 문제는 에너지적, 강도적 질서로부터 외연도적 시스템으로 이행하는 것이며, 이는 질화된 결연과 외연도화된 혈연을 동시에 포함하고 있다. (ACE 183/272)

『차이와 반복』의 개체화의 논의와 평행하기도 한 이러한 과정 속에서 강도적인 시원은 먼저 외연도화되고 그 원초적인 존재 방식을 잃음과 동시에, 결연이라는 제도적 시스템이 질화된 것으로서 출현한다.[16] 강도성이 갖추고 있었던 본질적인 양의성이 소실되고, 외연도적인 한에서 기호의 세계(즉 0/1의 '코드화'된 세계)가 전개된다는 것이다(통접적 강도의 말소로서 코드화가 형성된다).

'억압'과 '망각'이라는 다소 정신분석적인 용어가 쓰이는 것은, 인위적이고 인간적인, 그런 한에서 외연도적인 제도화가 탄생하는 장면이 탐구되기 때문일 것이다. 거기서는 강도성을 잃은 장면, 즉 시간의 반복으로 말하면 '영원'이라는 시간의 기둥이 망각되고 '순간'이라는 현재적인 점의 연쇄에서 표상되는 것과 결부되어 인간적이고 사회적인 제도가 탄생하는 것이다. 그것은 시원의 양의성을 코드화함으로써 소거하면서도, '제도화' 또한 강도를 그 밑바닥에 갖는 한, 코드를 뒤흔드는 사태를 함축하고 있다. 인위적인 제도가 시간적인 차이와 반복을 갖추고 있다는 것은 그런 의미일 것이다.

이 과정은 강도적 무한성인 생명이 개체로서 존립하고 인위적인 행위를 하는 신체성으로서 나타나는 것과 들어맞는다. 거기서는 강도성을 망각한다는 것과, 하지만 그러한 망각=억압이 최종적으로는 불가능하며 반복에서의 흐트러짐처럼 제로 기호로 단편화된 무한하고 무의미한 근저가 모습을 드러낸다는 것이 둘 다 파악되어야 한다. 망각이 완수된 장면에서 제로 기호적인 사태는 완전한 코드화(0/1 기호)에 빠져 버린다. 그러나 삶과 죽음을 모두 포함하는 영원

---

16) 이 점은 『차이와 반복』 5장에서 논의되는 일종의 인칭화론과 평행하기도 하며, 개체화론과 사회화론의 평행성과의 차이는 더 밝혀져야 할 테마다.

성의 감수感受를 잃었을 때, '제도'는 형성되지만 죽은 것에 불과하게 된다. 그것은 되살아나기, 즉 사건으로서의 반복을 필요로 하는 것이다.

레비스트로스가 이끌어낸 제도에 관한 이러한 사유는 나아가 기호의 체계와 연관된 인간의 제도 일반으로, 혹은 (들뢰즈에게 특히 커다란 테마이기도 한) '얼굴'이라는 사태[17]와 결부된 '인칭성'이나 '사성'私性의 논의로 향하는 것이기도 하다. 인위의 시간이 순간과 영원이라는 들뢰즈적 주제를 이어받는 것처럼 그려지는 것은 이러한 사정이 있었기 때문일 것이다.

의례와 반복 — 반복과 창조의 시간

이러한 레비스트로스적인 사례로부터 들뢰즈의 시간론을 적극적으로 전개시키려면 어떤 방향을 취해야 하는가. 그것은 바로 '의례'라는 방식으로 인위적인 행위와 연관되는 반복과 그 차이의 시간을 생각하는 데 있을 것이다.

풍습과 의례는 '제도'의 무의식이 구성할 수 있는 것이다. 그런 한에서 자연적인 것이 아니다. 하지만 그러한 '제도'의 무의식은 마

---

17) '얼굴'이라는 테마는 들뢰즈 철학의 숨겨진 포인트다. 그것은 타자성의 얼굴임과 동시에 타자성과 결부된 자기성의 얼굴이기도 하며, 마땅히 '얼굴'은 '그리스도의 얼굴'로 여겨진다 (『천의 고원』 7번째 고원의 이러한 서술을 개체화론과 관련지어 생각할 필요가 있다). '얼굴'의 테마가 『시네마 1』의 클로즈업 부분에서도 '임의공간'이라는 철저하게 강도적인 사태를 보여주는 것과 연관되어 다뤄진다는 데 유의해야 한다.

치 자연인 것처럼 존립한다. 또한 자신을 반복하는 주체가 없어지면 어디에도 실재하지 않게 된다. 그 존립은 주체의 반복이라는 행위에 의거하는 것이다.

들뢰즈가 상정하는 '이념'으로서의 구조가 이러한 풍습과 의례의 구조와 일치한다고는 생각할 수 없다. 들뢰즈에게는 생물학적인 논의가 크게 작용하고, 행위의 반복과 비슷한 정도로 개체가 전제되지는 않기 때문이다. 물론 현실적인 개체화가 잠재적인 구조의 존립에 필요하다는 것은 분명하다. 그러나 그때 전개체적인 시공간적 위상의 중요성은 결정적이다. 개체가 시간적인 것에 관련되는 진화도 개체 없이는 당연히 진행될 수 없으며, 진화 그 자체가 생기는 장소는 역시 잠재적인 장면일 것이다. 주체는 '구조-발생'에서 차이와 반복의 '수동적'인 '순간'밖에 구성하지 않는다. 그것만으로 능동적 계기를 이끌어내는 것은 단순히 말해 곤란하다.[18]

그러나 인간적 풍습의 행위성에 관해서는 이러한 '순간'에서 행위의 반복의 '능동'적 측면이 필요하며, 그것 없이는 풍습 자체가 존립할 수 없다. '이념'에 의해 지지되는 인위적인 행위는 물론 '시원'의 단순한 반복이 아니다. 반복 그 자체가 시원을 유지하고 떠받치도록 기능하는 것이다. 그렇지만 그 모델은 바스티유 습격이 미리 연맹제를 축하한다고 기술되듯이 역설적인 관계를 가진 반복일 수밖

---

18) 능동성의 시간을 이끌어내려면 단지 도구기술적인 것만을 기술해서는 충분치 않다. 인간의 신체성이 갖추고 있는 본질적인 테크놀로지성(그것은 물질적이기 때문에 가능해진다)과, 그에 따라 푸코가 이야기하는 '자기통치'로서의 '자기'가 성립한다는 점이 해명되어야 한다.

에 없다. 원본이 복사본을 사전에 반복하며, 그러한 방식으로 반복을 계속하는 복사본으로서만 규정되는 되풀이가 의례적인 행위의 기본이 된다. 추링가를 이용한 의례가 원래부터 실재한 무언가를 반복하는 것이 아니라, 의례야말로 처음부터 '이접'적인 '원초'에 '통접'적인 연결을 만들어낸다고 할 수 있듯이, 반복적 행위야말로 '사건'적인 생성의 시간인 것이다.[19]

그렇다면 인위적인 모든 행위, 즉 신체에 의해 이루어지는 사건적인 행위는 사전의 반복인 연맹제나 추링가를 이용한 의례 같은 사례에 준하여 파악해야 할 것이다. 즉 제도나 언어의 모든 포이에시스는 이러한 방식을 모델로 삼아 이야기해야 할 것이다. 나아가 '자기'라는 '행위'能作의 주체는 그러한 인위적 행위성을 더욱 형식에 포괄하는 것으로 파악해야 할 것이다. 주체라는 존재자 자신이 반복의 '순간'이라는 행위의 '장소'로서 탐구될 때 '자기'가 일종의 틀처럼 드러난다고 해도 틀리지 않을 것이다.

주체가 무언가를 능동적으로 '구성'한다는 발상은, 이러한 반복이라는 '순간'을 갖추면서 그 반복이 가져오는 '시원'의 창설을 주체 쪽에 강력히 가탁하고, 자연 시스템의 힘을, 즉 순간이 영원의 강

---

19) 이미 3장에서 언급했듯이, 신체예술은 '반-효과화'론에서 주요한 역할을 담당하는데, 의례 행위를 이러한 예술(들뢰즈는 팬터마임 등의 예를 중시한다)에 결부시키는 것도 신체론적 관점에서 많은 테마를 포함할 것이다. 신체는 원본적인 체험의 장치라기보다도 '거동'에 대해 '시늉한다'는 사태를 함의한다. 이 논의에 관해서는 사카베 메구미(坂部恵)가 현대 프랑스 사상의 지견을 엮으면서 문제제기를 한다(『坂部恵集 4―「しるし」「かたり」「ふるまい」』, 岩波書店, 2007 등).

도성에 의해 찢기기 때문에 '구성'이 가능해진다는 사태를 은폐하고 있는 것이다. 예컨대 레비스트로스가 비판하는 사르트르적인 논의에서는(완전히 가벼운 '자유'를 시인하는 입장에서는) 파악하기 어려운 신체의 자연사성, 인위적 의례의 고고학적 심도, 사유의 우주론적 확장이 창조적 행위=포이에시스의 원천으로서 실재하며, 그 '반복'의 '순간'이야말로 '자기'의 행위를 규정한다고 다시 파악해야 할 것이다.

이러한 방향에서 행위의 능동성을 논의하는 것은 다음과 같은 두 가지 측면을 동시에 갖고 있다고 생각된다.

첫째, 이러한 '의례'의 시간성이 어딘지 모르게 과거의 작성이라는 주지의 '구성주의적' 측면을 갖추고 있다는 것이다. '의례'란 결국 지금 여기서의 '반복'으로서 '시원'을 '구축'하고 그것을 소급적으로 날조하는(즉 '통접'성을 확립하는) 것이다. 그러나 이미 역사성과 연관되는 장면에서 기술했지만,[20] 이것은 이른바 '역사 구성주의'나 '역사 서사학'과 결부되는 것이 아니다. 과거는 '영원' 속에 사전의 반복으로서, 무한한 이산의 상태로서 실재하기 때문이다. 분명 그것은 이러한 강도성을 '은폐'하고 '제도화'적인 '역사 서사'에 밀어 넣음으로써 이야기할 수 있게 된다. 그렇지만 이것이 '역사 구성론자', '역사 서사학자'의 논의와 입장이 크게 다른 것은, 바로 거기서 '이접'의 '은폐'와 함께 '통접'의 일종의 '구제'가 긍정되기 때문이다. 차

---

20) 이에 관해서는 4장을 참조할 것.

이와 반복의 시간성이 영원의 위상을 사상捨象하는 것이 아니라, 오히려 그 실재가 차이와 반복이라는 장치를 구동시킨다는 것을 보여주는 것이다.

그것은 굳이 말하자면 벤야민적인 '별자리'로서 역사가 '구제'되는 것과 겹친다(앞서 논의했듯이 벤야민에게도 '정지 상태의 변증법'이라는, 일종의 무한 부감 같은 관점이 채용되는 데 유의해야 한다).[21] 행위의 반복이란 별자리를 그리면서(과거를 '구축하고') 과거를 구제하는 것에 가깝다. 그것은 분명 반복적인 과거의 제작이기는 하지만, 과거 그 자체를 제작하는 것은 아니다. '순간'에 잉태된 '영원'성이 현재의 행위와 관련되는 것으로 이 문제는 파악되어야 하며, 오히려 '이접'하는 과거의 실재는 순간의 전제가 된다. 우리는 자연의 신체를 사상捨象할 수 없는 것과 마찬가지로 영원한 시간도 사상할 수 없다. 또한 그로부터 드러나는 자연사성도 사상할 수 없다. 제도나 역사에 대해 인위적인 의례의 모델을 취하더라도, 그것은 자신이 포함하는 무한한 강도력을 은폐하면서 반복한다는 행위를 모방하는 것 외에는 아무것도 할 수 없다. 주체의 자유는 차이와 반복 속에서만 실재하는 것이다.

둘째, 그렇기는 해도 그러한 차이와 반복은 창조적인 감응태와 결부된다는 것이다. 모네의 모든 그림은, 모든 연맹제는, 추링가를

---

21) 이 점에 관해서는 앞서 언급한(서장 주 12) 졸고 「記憶の実在」를 참조할 것. 아우라는 오히려 반복 속 일회성의 문제로서 이야기해야 하고, 정지 상태의 변증법이라는 것은 특히 시간의 영원성과 그 순간성의 교차에 관한 논의로서 읽어야 한다. 그것은 역사-이미지의 사유에서 결정적일 것이다.

이용한 모든 의례는 사전의 반복인 시원을 작성하면서 그 강도적인 힘을 은폐하는데, 그러한 반복의 '장소'인 '자기'는 창조의 기쁨의 위상이기도 하다. 시간을 자연의 촉발=감응태affect로서 그려내는 것의 의의와, 우리의 존재가 자연인 것의 최종적인 중복이 거기서 드러날 것이다.

주체에 한정되는 감응태란 항상 신체=물질적인 것, 즉 자연사적인 형성물인 자기와 거기서 이루어지는 행위의 접점에서 발생한다. 자기가 행위를 하는 것은 자연사적인 배경을 이어받은 차이와 반복에 있어서 새로운 것을 창조하는 '순간'에 위치하는 것이기도 하다. '순간'을 산다는 것은 감응태성에 의해서만 지시되는 미래로의, 그 자체는 내용이 없는 충동에 불과할지도 모른다. 그 내용이 드러나는 것은 각 행위의 가치가 '구축'되듯이 그 이후의 일('외연도'화되고, '제도화' 되고 나서의 일)이다. 그래서 '순간'의 자기란 자연사를 배경으로 한 창조적 감응태라고 기술할 수밖에 없는 부분이 있다. 하지만 이는 의식이 달성하는 자기 촉발이 아니다. 오히려 자연의 자기 촉발 속에 그 순간의 형식으로서 자기가 위치하는 것이기도 하다. 거기서 보수성과 혁신성이, 종교성과 혁명성이, 또한 제도화와 과학화가 서로 층을 조직해 가는, 수동적이면서 자유로운 생의 주체의 양상이 순간과 영원의 연결로서 드러나는 것이리라.

생의 시스템 총체에 연관되는 시간과 행위에 관한 탐구는 생태적 시간에 고유한 리듬, 신체적 시간에 고유한 리듬, 행위적 시간에 고유한 리듬, 그리고 의식적 시간에 고유한 리듬과 함께 영역을 넓히면서 추구되어야 할 논점일 것이다.[22] 그것은 들뢰즈나 들뢰즈/가타리의 탐구를 하나의 범형으로 삼으면서도, 그것을 뛰어넘고 그 앞에 그려져야 할 생태/사회 시스템론을 지향하는 방향성이기도 하다. 들뢰즈의 시간론은 다양한 문화적 배치와의 연결을 통해 재검토되어야 한다. 레비스트로스가 논의한 구조주의적인 자연과 문화의 중첩은 이러한 각도에서 들뢰즈적인 자연사적 시간성의 영역을 확장하는 것일 수 있다. 현대의 고전이라 할 수 있는 구조주의적 논의가 그 생성론적인 위상을 부각시키면서 생명적이고 생태적인 테크놀로지성이 농밀한 21세기적 사상의 영위에 진입해 가는 하나의 지표가 바로 거기서 드러나는 것이다.

---

22) 이 점에서는 제도와 법의 생태학이 불가결하다고 여겨지며, 동시에 이 문제는 다양한 정신적 질병이 개체화의 독자적 위상 성립과 평행하게 파악할 수 있는 것으로서도 논의되어야 한다(『의미의 논리』에 수록된 「미셸 투르니에와 타자 없는 세계」는 바로 그러한 논의로서도 읽힌다). 강도성과 관계되는 정신의학적 분석에 관해서는 우쓰미 다케시(内海健) 등의 저작을 참조할 것(内海健, 『パンセ・スキゾフレニック─統合失調症の精神病理学』, 弘文堂, 2008 등).

보론 1 · 역설과 유머의 철학

사유를 무엇부터 개시할까?

20세기 사유의 대부분이 그러했듯이, 들뢰즈 논의의 핵심에는 언제나 역설이 있다. 그 기조를 이루는 것은 물론 현실성과 잠재성에 관한 베르그송의 상투적인 역설이다(뒤에서 언급하겠지만 『의미의 논리』에 등장하는 언어의 자기 언급적인 역설은 말하자면 그 변이체에 불과하다). 그리고 신체=물질성의 어긋남이 안고 있는 역설(앙토냉 아르토를 내세워 이야기되는 것)이 추가된다. 이러한 역설은 불문곡직하고 우리를 사유로 몰아붙인다. 역설적인 상황은 생生이 사유를 시작할 때 기본이라 할 수 있다.

인간이 사유를 시작하기 위한 역설의 실례는 얼마든지 있다.

대학입시도 취직활동도 경험하지 않은 정치가가 신자유주의적인 주장을 해서 수상이 된 적이 있다. 모든 경제단체 회장의 경력을 보면 자신의 노력만으로(적어도 초창기에는) 현재의 지위에 올라 있지 않다는 것이 명확한데도 "경쟁 사회에서 이겨낸 인간에게 정당한 사회적 분배를"이라고 외친다. 무슨 농담인가 싶기도 하고, '경쟁'으로 피폐해져 정신 질환에 걸리거나 프리터[알바족]가 되는 인간의 '악의'라도 부추기고 싶은지 의심하게 만든다. "부모가 부자이고 사회적 요직에 있으면 좋은 자리를 꿰차는 것이 정당한 사회입니다"라고 솔직히 주장하면 될 것을. 그들은 대체 어떤 속셈으로 경쟁사회의 승자를 격찬하는가.

우파의 예만 들면 불공평하니 반대의 예도 들어 보자. 가두에 나오면 '인간의 평등성', '약자의 구제'를 소리 높여 외치면서 집에 돌아가면 가사를 전부 여성에게 떠맡기고 아무런 의문도 갖지 않는 활동가가 대량으로 존재한 것은 페미니즘 역사의 단골 소재였다. 일본의 천황제와 내셔널리즘을 혐오하면서 집에서는 자국 정치가의 초상을 태연히 걸어두는 모국의 활동가도 있다. 요컨대 좌든 우든, 국가주의자든 반제국주의자든 어느 쪽도 마찬가지다. 이러한 인물의 존재는 단적으로 역설에 차 있다.

그런데도 이러한 인물이 어쩌다 부끄러워하는 표정을 지으면 우리는 다소 안심하기도 한다. 자신을 부끄러워할 줄 아는 것이 인간에게 일종의 미덕이라는 것은 분명하다. 하지만 부끄러워하는 표정이나 태도를 보이지 않을 때, 그 모습은 오로지 우둔함으로 비친다.

그러나 동시에, 이러한 인물을 단지 우둔하다고 비판하는 것이 정당하다고 할 수 있는 것도 아니다. 생각해 보면 대체 누가 정색하고 이 무리를 비판할 수 있는가. 비판할 때에 비판하는 주체의 입장이란 과연 무엇인가. 인간은 누구든 항상 우둔하다. 우둔함을 벗어난

인간은 존재하지 않는다. 우둔한 것은 부끄러워할 줄 아는 것과 함께 자기라는 것의 핵심을 이룬다.[1]

　나아가 이러한 모습을 규명해야 할 모순으로서 서술하는 것도 어딘가 진상을 잘못 파악하는 것이라 생각된다. 모순과 해결, 난점을 지적하고 없애려는 정의의 비판을 행하는 것, 그러한 방식이 오히려 앞서 언급한 역설에 본질적으로 물든 것이다. 게다가 적시敵視만을 품는 비판은 사유를 개시하는 장치로서는 전혀 기능하지 않는다. 비판 행위가 자신을 안전한 장소에 방치하기 때문이다. 그렇지만 그런 장소는 어디에도 존재할 수 없다.

　앞의 예는 적당히 세상을 조망하여 골라낸 것에 불과하다고 여겨질지도 모르겠다. 그러나 실제로 그것들은 모두 언어와 신체의 어긋남을 포함한다는 데에 유의해야 한다. 언어 표현과 신체 행위는 원래부터 일치하지 않는다. 그 어긋남은 원칙적인 문제다. 역설은 항상 이것들 사이의 어긋남과 관련되기 때문이다.

　이러한 역설을 들이대는 것(그리하여 자신의 우둔함에 조금은 부끄러워하는 것)이, 인간이 사유를 시작하는 원초에 있을 것이다. 들뢰즈가 '마주침'이라 부르는 사태, 사유를 강요하는 '마주침'이란 그 자체로 이러한 역설적인 자기의 생일 것이다.[2] 자기의 무-사유를 자기

---

1) 주체가 갖춘 고유의 부끄러움이라는 주제는 조르조 아감벤(Giorgio Agamben)의 논의에 근접해 있는데, 내게는 후기 푸코의 자기 개념, 자기와 행위적으로 관련되는 자기의 논의가 이러한 주제와 깊이 부합한다고 생각된다. 자기 중심화나 정합성이 애초에 없는 자기를 행위 속에서 만들어 가는 것은 자연 속 비-자연으로서의 자기를, 즉 아무래도 기묘하고 부끄러운 자기 자신을 파악하는 것의 기본일 것이다.

에게 들이대고 '사유할 수 없는 것의 사유'를 이끌어내기. 하지만 모순 속에서 사유 정지에 빠지는 것이 아니라 바로 거기서부터 사유를 시작해 보기.[3)]

인간은 기묘한 행위를 하고 정합성이 없는 말을 내뱉는다. 무책임한 일을 하고는 그 기괴함을 자각하게 된다. 그때 인간은 새로운 것과 마주치고 우둔함으로 사유를 발생시킨 것이다. 이를 명확히 해야 한다. 그리고 부끄러움과 포개지는 자기의 윤리를 탐구해야 한다.

역설이란 무엇인가

역설paradoxe이란 무엇인가. 들뢰즈의 규정은 우선 매우 명확하다. 그것은 '표상'으로서의 독사=신빙doxa이 아닌 것을 뜻한다('para'는 '거스르다'라는 의미의 접두어다). 존재 그 자체가 '표상'에 들어맞지 않아 어긋남이 나타나는 것. 이것이 역설을 형성한다.

그럼 '표상'이란 무엇인가. 그것은 '양-식'과 '상-식=공통감각'에 의해 이끌리는 세계다. 미리 부여된 '동일성'identité이 의심받지 않는 세계다.

이러한 '동일성'에 관해 적어도 전기의 들뢰즈는 아주 고전적인 도식을 상정했다. '동일성'이란 '세계'와 '신'과 '자아'가 삼위일체가

---

2) '사유를 강요하는 것'은 『차이와 반복』에서 '기호'로서 기술되는데, 이에 관해서는 『프루스트와 기호들』에서의 분류가 중요하다고 생각된다.

3) 『차이와 반복』에서는 감각되어야 할 것, 상기되어야 할 것, 사유되어야 할 것이라는 세 가지 위상에서 그것들이 선험적인 단계를 상승시키는 것으로 그려진다(cf. DR 182 ff./311 이하).

된 상태로 지시되는 것이다. 이 세 가지 '동일성'은 같은 궤도에 오름으로써 '표상'을 지탱해 가는 것이다.

하지만 이러한 동일적인 것으로 사건성을 끄집어내는 것은 불가능하다. 그렇게는 시간 속의 사건을 보아낼 수 없다. 역설이 여기저기서 불거진다. 그에 따라 세계의 삼위일체적 동일성의 토대를 탐구할 필요성이 생겨난다.

『의미의 논리』에서 들뢰즈는 한편으로 현상학적인 사유에 접근하고 '선험적 영역'에서 비롯되는 발생의 논리를 구상했는데, 거기서도 후설의 시도는 우어독사Urdoxa(근원적 신빙)의 탐구로서 제외된다(그때 사르트르가 중요시되는 것도 그의 서술이 자아의 동일성을 철저하게 결여한 비인칭성의 영역을 보아내려 하기 때문이다). 독사적인 것, 표상적인 것의 근저를 탐구하는 데 그 복사본에 불과한 것(우어독사)을 들고 와서 어쩌겠다는 것인가. 그것이 들뢰즈의 물음이다. 동일한 것의 근지에서 동일한 것을 발견한다면, 그것은 사유가 아니며 우둔함에 이르지 않는다. 그래서는 역설이 될 수 없다.

왜 동일성의 세계에서는 살 수 없는가. 극히 명확한 것이지만, 우리가 시간을 살아가는 생물이기 때문이다. 이토록 유물적이고, 변증법에 빠지지 않는 사실이 사건으로서 제시되는 것이다. 동일적인 나를 상정하면, 그 동일성은 반드시 어긋남에 빠져든다. 생성·변화란 단지 미끄러지듯 변한다는 것을 의미하지 않는다. 그저 변화하는 것에 어긋남은 없다. 그래서는 변화하는 환경 원인 속에 몸을 떠돌게 할 뿐이다. 어긋나는 것은 스스로 변화해 가는 것을, 변화하는 자기라는 상황 속에서 받아들여야 한다. 사건이란 어쩔 수 없이 동일적인 생이 의념에 직면하는 위상을 뜻한다. '마주침'이란 그러한 '사건'이 덮친다는 것의 다른 이름이다.

'사건'을 살면, 우리의 생은 원활함을 잃고 불능이 된다. 말을 더듬고 신체가 잘 작동하지 않게 된다. 대화는 제자리에 맴돌고 운동은 어색해진다. 그것이 세계와의 '마주침'의 현상이다. 그러나 그 정도로는 아직 역설이 아니다. 역설은 '사유'와 깊이 이어져 있다. 사유되어야 할 것이 들춰지지 않으면 역설에 이를 수 없다.

그런데 사유란 무엇인가. 사유란 언어의 조작인가. 그렇지 않을 것이다. 하지만 단지 신체적인 것도 아니다. 역설에 직면하는 생물은 환경에 유도되기만 해서는 사유에 이르지 못한다. 사유할 수 없는 것을 사유하라는 압박에 시달리는 생물만이 '철학'을 개시할 수 있다.

들뢰즈는 극히 유물적인 자연주의의 입장을 취하면서도 이상할 정도로 '사유'의 가치를 중시한다. 『차이와 반복』 3장, 『의미의 논리』의 동적 발생론 말미, 그리고 이미지론인 『시네마』까지 바로 '사유'가 중대한 논점을 형성하는 것이다.

언어도 신체도 아닌 '사유'의 존재 방식은 언어와 신체의 역설 사이에 설정되는 것이리라. 바로 거기에 '철학'의 이미지가 드러날 것이다.

'의미작용'의 역설

『의미의 논리』는 두 가지 역설을 제시한다. '의미작용'signification에 관한 언어의 역설(정적 발생의 역설)과 '의미'sens에 관한 신체의 역설

(동적 발생의 역설)이다. 전자는 감성적인 질서로서의 대상성의 영역에서 시간적인 사건성으로의 이행을 강요한다. 후자는 심층의 신체가 갖춘 물질성의 어긋남을 드러낸다.

전자의 경우 버트런드 러셀Bertrand A. W. Russell과 루이스 캐럴의 언어적인 계층성과 그 자기언급성이 구체적인 예로 제시되며 도출된 것은 말할 필요도 없다. 그러나 그 논의의 방식은 오히려 베르그송적인 '현실성'과 '잠재성'의, 즉 대상화된 물체와 그것을 떠받치는 비대상성의 연관과 겹친다고 할 수 있다. 언어의 '의미'('잠재성')를 언어로 표현하지 않을 수 없는('현실성'이 발동되어 버리는) 순환과 관계되는 것이다.

구체적으로 그러한 논의는 대상, 주체, 개념과 연관되는 언어의 지시, 표출, 의의가 그 동일성의 내부에서 '의미'를 묻지 못하고 제자리에 맴돎으로써, 그리고 '의미'가 거기에 채 들어가지 못하는 네 번째 차원으로 서출됨으로써 진행된다. 생각할 짐은, 말 자체는 항상 동일성을 축으로 한 '표상'의 차원에서 지시와 의도와 개념(이것들의 독사적인 동일성)과 결부되어야만 제시되는데도, 그 '의미'를 묻는다면 사건이라는 다른 수준으로 이행하지 않을 수 없다는 것이다.

언어는 눈에 보이는 말로서 현실화된다. 그러나 의미는 현실화될 수 없다. 그래서 말로 의미를 보여 주려 하면 무한퇴행이나 악순환에 빠져들 수밖에 없다. 언어의 의미를 언어를 통해 보여 주려 한들 그것은 하나의 의의에 불과하기 때문에 의미는 무한히 퇴행해 가거나(의미의 의미의 의미……) 캐럴의 '혼성어'처럼 그 자체가 분기하여 의미의 일부가 의의 속에 뒤섞이고 악순환이 설정된다(연대聯隊의 이발사). '현실적'인 것을 통해 '잠재적'인 것을 표현하는 데 고유한 계층성의 혼효가 발생한다.

거기서는 분명 무한이 (잠재적인 것을 생각하기 때문에) 물어진다. 혹은 유한과 무한의 연관이 문제가 된다. 하지만 논의의 핵심은 바로 유한적인 것(의의로서 현실화된 의미)으로부터 무한적인 것(사건으로서의 의미)을 파악하는 것의 역설성에 있다. 무한(잠재적인 '의미')은 유한(현실화된 '의의')을 통해서는 파악할 수 없는데도, 그 불가능성으로부터 무한=의미가 슬쩍 엿보일 수밖에 없는 것이다.

베르그송에게서는 흐름으로서의 잠재적인 연속체를 현실적이고 현재적인 단면에서 파악하려는 시도가 흐름의 실재를 제대로 설명할 수 없는 국면에 봉착해 버리는 것과 이 위상이 겹친다. 실재를 구성하는 두 부분은 계층적으로 일치하지 않는 별개의 위상인데도 한쪽은 보이는 것(동일성의 '표상')이고 다른 쪽은 보이지 않는(잠재적인) 것이다. 보이지 않는 것은 보이는 것을 통해서만 이해할 수 있는데도 그 자체는 항상 표현으로부터 달아난다.

'의미'의 역설

그렇다면 '의미'는 그로부터 어떻게 달아나는가. 이어서 논의할 '의미'의 역설이 이와 관련된다.

이 역설에서는 현실이 무한히 하위 분할되는 것, 그리고 거기서 열린 공간이 드러나는 것이 명시된다. 노마드적인 배분으로서 그려지는 이 역설은 위에서 언급한 유한과 무한의 역설과는 방향이 반대다. 무한성이 지닌 역설성과 결부되는 것이다.

'의미'의 역설에서는 먼저 무한 하위 분할로서 흐름이 그 자체 내에 무한을 함의한다는 것이 밝혀진다. '양-식'이 유지했던 '방향'이 상실되어 버리는 것이다.

다음과 같은 것이 나타난다.

흐름 속에서 흘러가는 사태는 무한히 분할 가능하며, 어느 부분을 고정적으로 선택해도 그 자체의 하위 구분을 계속해서 설정할 수 있게 된다. 앨리스가 동시에 커지기도 작아지기도 한다고 그려지는 이 역설은 앞서 다룬 '의의'의 역설과는 다르다. 흐름에 무한한 분할을 들이는 것은 '현재'화되는 '유한'한 영역을 그 안쪽에서 철저하게 세분화하고 분쇄해 버리는 것이기 때문이다. 그러므로 여기서는 '유한'이 '무한'을 포함하는 사태의 불일치가 물어지는 것이 아니다. 정점定點＝현재화하는 점이 무한히 세분화되고 사라져 버리는데도 무한 자체가 현전해 버리는 것이 물어지는 것이다.

이는 '상-식＝공통감각'에 관한 역설에서도 마찬가지다. 거기서는 '방향'이 아니라 '기관'이 문제가 된다. 기관화된 것으로서의 자기 혹은 그 한정성은 하부에 자리하는 무의식적인 다수성으로 무수히 해체되어 버릴 수 있다. 그때 동일적인 기관에 의존한 재인의 대상도 그것을 파악하는 자기도 하위 구분적인 무한성 속에 분산되어 버린다.

이러한 장면이 후기의 들뢰즈가 논의하는, 탈기관체와 분열증으로서 이미지화되는 바탕-허의 개방성 혹은 노마드적인 배분이라는 사정과 이어지는 것은 분명하다. '의미'의 역설은 말하자면 '무의미'가 '의미'에 관여해 오는 역설이다. 그것은 '유한'과의 불일치가 드러내는 '무한'이 아니다. 오히려 '방향성'은 존재하지 않고 동일성을 만들어내는 '기관'으로서도 나타나지 않는데도 '무한'이 '유한'의 기저에서 '무의미'이면서 '의미의 증여'를 마치는 역설성이 물어지는 것이다. 즉 '무한'한 것이 그 자체는 '유한성'에 관계되지 않는데도 무의미하다는 데서 '유한'한 것으로서 기능한다는 것이 이 논의의 근간을 이룬다.

들뢰즈가 후기의 저작에서 이용한 '내재면', '매끄러운 공간', '리좀', '욕망하는 기계', '탈기관체', '노마드' 같은 용어가 '무의미'에 의한 '의미의 증여'를 말하는 이 역설을 계승하면서 '이접적인 종합'으로서의 작용을 제시하는 것이라는 데 충분히 유의할 필요가 있다.[4] 그것들은 단순한 평탄한 구조도 아니고 '무의미'함의 '매끄러움'만을 부각시킬 만한 위상도 아니다. 유한과 무한의 불일치와는 다른, 역설의 동적 상태가 파악되어야 한다.

그렇지만 동시에, 이 두 가지 역설만으로는 무언가가 결여된 것처럼 보이기도 한다. 전자는 현실화된 영역에 관한 부조화이고, 후자는 잠재성의 심층에서 이루어지는 무의미와 의미의 생산적인 운동성이다. 전자는 동일적인 표상 아래에 포착된 대상적인 물체성과 결부되는 한에서의 역설이고, 후자는 심층의 신체가 지닌 물질성의 어

---

4) 일의성의 위계 없는 공간은 종차(種差)의 논리에 따라 부정적으로 분류공간을 그리는 아리스토텔레스적 발상에 대한 근저적인 비판이며, 생물학적 지식과 정보론적 지식은 이러한 논의의 이미지화가 가장 크게 요청되는 영역이다.

굿남이 드러나는 역설이다. 전자에서 후자로의 이행은, 『의미의 논리』의 논의에 따르면 상층에서 심층으로의 이동이다. 하지만 그러한 심층은 어떤 자격으로 무의미한 자기 자신에 대해 의미를 증여하는 가. 즉 이번에는 어떻게 그것이 '사유'를 촉발하는 측면에서 드러나는지 물어져야 한다.

말이 자기 언급을 발동하고 제자리를 맴돌며 기능 부전에 빠지는 것과 의미가 분열자의 신체에서 탈-분절화하고 무의미화하는 것만으로는 '사유'가 촉발되는 장면이 제시되지 않는다. 상층에서 심층으로의 하강도 심층의 무의미도 아닌, 그 양쪽의 수직적인 연결의 위상이 필요한 것이다.

언어도 신체도 아닌 '사유'는 바로 거기에 위치할 수 있을 것이다. 그것은 오직 '사건성' 속에만 정위된다. 그리고 '철학'이란 언제나 거기서 이루어지는 작업일 것이다.

'사유'의 역설

『의미의 논리』에서는 '표층'으로서 그려지는 이 국면이야말로 '사유'의 장면이다. 『차이와 반복』에서 이러한 국면은 개체가 전개체적인 것과 양면을 이루고 경계에서 개체화해 가는 위상으로서 그려졌다. 그러나 개체가 된다는 것은 '사유'하는 자가 되는 것, '사유'하지 않을 수 없게 되는 것을 가리킬 것이다.

이 영역을 파악할 때 이용되는 것이 레비스트로스가 말하는 '부유하는 기표'와 '부유되는 기의'라는 발상이다. 그것은 구조에서 '구조-발생'의 동시성을 다루는 것이다. 과잉과 부족에 관한 이 논의는 표층의 사건성이 역설로 이어지는 작용을 그린다. 거기서 심층의 무의미가 의미에 관여하는 것이다.

> 두 계열이 주어질 때, 한쪽은 기표의 계열이고 다른 쪽은 기의의 계열이며, 한쪽은 과잉을 제시하고 다른 쪽은 부족을 제시한다. 과잉과 부족에 의해 두 계열은 영원히 불균형하고 영속적으로 이동하면서 서로 관계된다. (LS 63/115)

> 기표의 계열에서 과잉한 것은 문자 그대로 공허한 모눈, 점유자 없는 위치이며, 이는 항상 이동한다. 기의의 계열에서 부족한 것은 위치지어지지 않고 인식되지 않는 정원 외의 소여, 위치도 없이 항상 이동되는 점유자이기 때문이다. (LS 65/118)

사건은 대상적인 물체에도 물질적인 심층에도 생기지 않는다. 사건은 그 자체 내에 시간적인 어긋남을 포함하는 영역임으로써 성립한다. 그래서 사건은 이러한 어긋남이 그 자체로 현현해 버리는 것으로서, 즉 언어와 신체를 가지면서 언어도 신체도 아닌 그 사이에서 자기를 결여하는 것의 어긋남으로서 밝혀지는 것이다. 그것은 순수한 언어의 영역에서 발생하는 자기 언급의 혼란이 아니다. 또한 신체의 물질성의 무의미함을 떠맡기만 하는 것도 아니다.

이처럼 어긋나는 것은 언제나 두 계열 사이를 더듬으면서 생겨난다는 것이 주목되어야 한다. 거기서는 어긋나는 것이 '의식'되어 버린다. 사유가 표상의 영역에 머무르는 것도 단순한 무의미인 채 지속되는 것도 불가능하다는 것이 드러난다. '자기를 결여하는 것'으로서의 자기가 나타나는 것이다.

이 논의는 『차이와 반복』에서 아르토가 말하는 무사유가 제기되면서 '근원적인 출발점'으로서 그려진 것과 결부된다. 『의미의 논리』는 심층적인 묘사를 표층의 불균형성으로 전개함으로써 표층으로 끌어올린다. 물론 이러한 시각이 『차이와 반복』에 결락되어 있지는 않다. 그것은 '주사위 던지기'라는 신적 유희의 이미지, 리스크 계산과 깊은 관련을 맺는 파스칼의 내기가 아닌 무한한 내기의 이미지, 시원의 신적 내기의 이미지로서 그려지기도 한다. 주사위 던지기가, 항상 지금 여기서 반복된다는 영원회귀의 현전이라는 이미지가 사건에서의 어긋남에 대한 논의에 담겨 있다. 레비스트로스가 말하는 구조의 어긋남이 지닌 '놀이'가 때때로(특히 데리다적인 편견에 빠진 이해로 인해) 언어의 형식성이나 자기언급성만으로 축소되면, 유한성에서 무한의 현전화가 포함하는 시간의 운동성이 전혀 제시되지 않게 된다. 그래서는 무한한 유희의 반복으로서의 현재와 그 표층에서의 사건이 사유를 유발하는 과정을 제대로 설명할 수 없게 된다. 언어의 자기 언급도 오히려 그러한 표층의 작용 쪽에서 인식되어야 할 것이다.

이처럼 '사유'는 언어를 이용하면서, 그리고 신체의 무의미성을 유지하면서 그 사이에서 계속적으로 개시된다. 계속 사유하지 않을 수 없는 것이 우리의 생이다. 그것은 생이 단순한 환경성으로 해소될 수 없음과 동시에, 동일자로서의 사유체일 수도 없다는 것의 발현이기도 하다. 그런 한에서 사유하는 자는 바로 사유하는 개체로서, 자기를 결여한 자기로서 자신을 보아내는 것이다.

역설의 생 — 유머

이러한 표상의 생, 역설로서의 개체의 생이란 무엇인가. 들뢰즈는 『의미의 논리』에서 심층의 철학자(소크라테스 이전 철학자, 그 분열적인 심연의 생)도 상층의 철학자(플라톤, 그 조울적인 사유 격류)도 아닌, 표층의 철학자로서의 스토아학파를 상찬한다. "표층, 휘장, 양탄자, 외투, 키니코스학파와 스토아학파는 거기에 자리 잡고, 그것들에 둘러싸인다. 표층의 이중적 의미, 겉과 속의 연속성이 상층과 심층을 대신한다. …… 표층의 먼지에 글씨를 쓰도록, 혹은 창유리의 이슬에 손가락으로 쓸 수 있도록 표층을 적절히 두드리면, 의미는 거기에 나타나 작동한다."(LS 158/238)

들뢰즈의 스토아학파에 대한 애착에 관해서는 생각해야 할 점도 많다. 그렇지만 단순히 철학자의 '세 가지' 이미지를 제시하면서 동굴 속(자궁의 심층)에 틀어박히는 것도 하늘에의 격류(관념의 이데아화)를 통해 비상하는 것도 아닌, 표층의 사건성을 살아가는 것이 장려되는 점에는 주의를 기울여야 한다. 역설을 살아가는 것은 표층의 생을 실천함으로써 달성되는 것이다.

이 세 가지 철학자의 이미지는 『의미의 논리』의 말미에서 풍자, 아이러니, 유머로서 정리되는데,[5] 이 문맥에서는 특히 아이러니와 대비되는 유머에 논의의 초점이 설정된다.

아이러니의 모든 형태에 공통되는 것은 개체나 인칭의 한정 내에 특이성을 가둔다는 것이다. …… 그런데 특히 그렇기 때문에 아이러니의 모든 형태는 안에서부터 모습을 가공하는 내면의 적에게 위협받는다. 즉 앞서 우리가 말한 미분화된 바탕, 바탕-허에 의해 위협받는다. (LS 165/246~247)

아이러니는 낭만파적인 비극의 색채를 항상 띠고 있다. 자기의 동일성이 카오스에 의해 위협받을 것에 대한 두려움이 부착된다. 야유와 냉소는 고전적인 개체성을 어딘가에서 확보한 다음에 그에 대한 거리의 설정으로서 기능한다. 그것은 자신을 비웃는 것이기도 한데(자기 조소), 그 비웃음에서 자기와 자기를 위협하는 것이라는 대비를 계속 남겨 두게 된다. 그런 의미에서 아이러니는 자기와 외부를 둘러싼 변증법적인 모순의 담론으로 수렴되어 버린다. 이러한 아이러니는 들뢰즈가 그리듯이 독일관념론적인 틀로 포착된 반성의 시스템에 기인한다고 할 수 있을 것이다. 그것은 현대사상 전체에 만연해 있는 냉소주의의 기원이기도 하다.

들뢰즈는 심층과 상층 속에서 흔들리는 아이러니의 형태를 거부한다. 사건의 생은 늘 표층에서의 유머인 것이다. 모순의 담론이 아닌 역설의 담론, 항상 자신을 결여한다는 사정이 갖추는 "자기가 자기 자신의 모델이며 자기의 리얼리티인 밀교적인 언어"(LS 166/

---

5) 『의미의 논리』 계열 34(LS 286ff./389 이하)를 참조할 것. 동적 발생론의 문맥에서는 물질적인 것으로의 퇴행이라는 주제와 함께 풍자라는 테마가 덧붙여진다.

248)가 중요해진다.

> 해체된 자아, 금이 간 '나', 잃어버린 동일성은 가라앉는 것을 그
> 만둘 때, 반대로 표층의 특이성을 해방하기 위해 형태를 바꾼다.
> 무의미와 의미는 동적인 대립관계를 끝내고, 표층의 무의미와
> 표층을 활주하는 의미로서 정적 발생의 공현존에 돌입한다. (LS
> 166/248)

스토아학파가 도입하는 새로운 가치로서의 유머. 그것은 표층
인 사유의 영역을 자기 동일성을 결여하는 방식으로 살아가는 것이
다. 자기를 결여한다는 것이 자기와 닮은 모습으로 나타나는 생이다.
자기의 의미와 무의미가 양면에 달라붙어 있는, 자기에의 조소
가 아닌 평탄한 생. 이것은 사건으로서의 시간을 살아가는 존재 방식
과 결부된다.

> 사건의 효과화를 혼합 없는 현재에 한정하기, 한정되지 않는 미래
> 와 과거를 표현하기까지 순간의 강도를 높이고 긴장된 것, 순간적
> 인 것으로 만들기, 이것이 표상의 사용이다. 점쟁이가 아니라 마임
> 배우다. …… 이처럼 스토아학파의 현인은 사건을 이해하고 원할
> 뿐만 아니라, 사건을 표상하고 그에 따라 사건을 선별한다. 그렇게 마
> 임 배우의 윤리는 필시 의미의 논리를 확장시킨다. (LS 173/258)

적극적으로 자기임을 결여하는 생은 무한 속에 존재하면서 고

정된 점을 구하지 않는다. 그것은 한편으로 '반-효과화'로서의 마임이나 거울 속의 자기 반복(자기와 닮은 모습으로서의 자기)처럼 보이기도 할 것이다. 하지만 거기서 무한 속에서의 노름꾼이라는 말라르메적인 비전이 유효하다는 것도 강조해야 한다. 자연 속에서의 근거 없는 내기로서 자기의 말과 신체를 보아내기. 그것은 파스칼의 내기가 보아내는 음울한 리스크 계산과는 거리가 멀다(그래서 파스칼의 무한에 대한 두려움은 낭만파적인 색채가 강한 실존의 아이러니에 계속 관계된다). 역설인 생은 올바른 나의 실현이나 그 불가능성, 혹은 그것들이 유지하는 모순과 고뇌 같은 것과 결부되는 것이 아니다.[6]

유머로써 살고 유머로써 죽기. 스토아학파와 사건의 개체론에서는 개인적 생의 영역으로 논의된 이 사건을 굳이 정치·사회적으로 그려낼 수는 없을까? 『의미의 논리』에서는 신체예술로서만 파악된 '반-효과화'인 마임을 일종의 정치·윤리적 사태로서 이야기할 수는 없을까? 부끄러움의 주체로서의 자기 없는 자기의 윤리나 정치를 이야기할 수는 없을까? 정치, 그리고 하물며 윤리를 도덕 비판적으로 이야기하는 것은 역설이 아닌 모순과 아이러니로 다시 파악될 뿐인 행위에 불과할까?

순간과 영원의 관계에서 영원이 초래하는 폭력과, 지금을 살아가는 자들의 비소한 생과, 하지만 그 비소함 속에서 오히려 유머적으로 살아갈 가능성을 파악한다는 점에서, 들뢰즈에게서 유래하는 이

---

6) 신의 유희와 우연성에 관해서는 앞서 언급한(1장 주 14) 졸저 『賭博/偶然の哲学』, 특히 2장에서 다룬 구키 슈조의 논의와 들뢰즈와의 관련성을 참조할 것.

러한 물음은 벤야민이 「복제예술론」의 말미에서 파시즘에 의한 '정치의 탐미주의화'가 아닌 코뮤니즘에 의한 '예술의 정치화'를 이야기한 것과 깊이 연관된다고 생각된다. 그렇지만 그 사유의 곤란함은 들뢰즈가 가타리와의 공저에서 정치철학적 고찰을 행하며 굳이 역설의 제시를 삼간 것과도 이어진 것으로 보인다.

　이야기하는 것과 신체로 존재하는 것 사이에 위치하면서 그 양쪽의 역설이 아닌, 자기를 결여한 유머를 계속 살기. 의도하지 않음을 의도하고, 살려고 하지 않음을 살고, 살고 싶지도 않음을 오히려 기꺼이 살기. 그것은 애초에 실현하기 곤란한 테마이기는 하지만, 종래와 달리 윤리와 정치의 논의가 신체와 환경이 무한히 확산되는 것을 다뤄야만 하는 이 시대에, 즉 자본이 자연과 연결되고 그것을 무한히 직면하는 것이 불가피한 시대에 고유한 물음을 형성할 것이다.

보론 2 · 들뢰즈 철학에서의 '전회'에 관하여

들뢰즈의 철학

들뢰즈에게 '철학'이란 무엇인가.

들뢰즈 사유의 총체를 관류하는 개념을 나열하는 것은 비교적 쉽다. '다양성', '잠재성', '내재성', '일의성' 같은 키워드는 들뢰즈의 서술 스타일에 관계없이 초기부터 최후기에 이르기까지 변함없이 유지된다. 베르그송의 개념을 계승 및 비판하고(지속적인 이질적 다양체의 존재론적 전개), 니체의 역능의 사유를 평가하고(초월에 대한 철저한 혐오와 근저적인 힘의 위상의 명시), 스피노자의 실체 개념을 원용하는(내재의 가치 찬양과 그 유물적인 차원의 제시) 입장에 별다른 흔들림은 없다. 생의 철학을 통해 발견된 잠재성의 존재론을 현대적 인문과학의 지견을 개재시키면서 종횡으로 철저히 논의한 것이라 할 수 있다. 거기서 제시되는 '차이'라는 용어는 아무리 낮게 어림잡아도 20세기 사상사를 특징짓는 용어 중 하나일 것이다. 들뢰즈가 그리려고 한 잠재적인 차이의 존재론은 표상과 동일성에 지배되는 사유를 비판하고 그 근저에 있는 힘의 존재 방식을 직접 끌어낸다. 그것은 정신, 언어, 생명, 사회에 관한 현대적인 형이상학적 시스템을 형성하는 것이라 할 수 있다.[1] 이는 철학사에서도 정당하게 평가받아야 한다.

하지만 동시에 들뢰즈의 영위 속에서 그 서술의 역점이 크게 변화해 간 점에도 주목해야 한다.

초기의 들뢰즈, 주로 1960년대 후반을 중심으로 하는 들뢰즈는 철학사적인 분석과 함께 『차이와 반복』(1968)과 『의미의 논리』(1969)처럼 형이상학적인 색채가 매우 짙은 저작을 펴냈다. 칸트적 비판철학의 역전을 저술의 순서에서도 실현하는 『차이와 반복』은 물론, 계열의 연쇄로 구성되는 『의미의 논리』 역시 논의되는 사항은 심층에서 비롯되는 발생 시스템의 전개로서 매우 체계적이다.

그렇지만 1970년대 이후의 들뢰즈는 주로 가타리와의 공동 작업을 축으로 하여 서술 방식을 분명히 변화시킨다. 『안티오이디푸스』(1972) 및 『천의 고원』(1980)의 논의에서는 특히 후자에 현저하지만 서술 방식 자체가 변용한다. 물론 스타일의 문제로만 한정하면 『의미의 논리』의 계열 형식과 『천의 고원』의 고원이라는 형식에는 시도의 유사성이 있다. 그러나 철학 텍스트를 펴낸다는 의미에 관

---

1) 특히 『차이와 반복』 4장의 서술은 그 자체로서도 학문들을 포섭하는 차이의 일반이론으로 읽을 수 있다. 거기서 '이념'인 다양체는 고전적인 의미에서의 존재론적인 규정처럼 그려진다(cf. DR 238 ff./402 이하). 심적 시스템에 관해서는 5장 말미를 참조할 것.

해서는 뚜렷한 간격이 생겨났다고 할 수 있다. 전기의 저작은 차이의 일반존재론으로서 독해 가능한 것이었다. 후기에는 오히려 그와 다른 방향의 구체적 실천(정신분석 비판, 자본주의 비판, 정치적 효과)으로 크게 기울어 간다.

그리고 나아가 최후기의 들뢰즈가 있다. 『시네마』(1983~1985), 『푸코』(1986), 『철학이란 무엇인가?』(1991. 이것은 가타리와의 공저이지만, 내용적으로는 들뢰즈의 저술로서의 색채가 짙다)에서 들뢰즈는 철학적 사색으로 일종의 회귀를 이루는 것처럼 보이기도 한다. 그렇지만 그것도 전기의 사유와 화합하는 것이 아니다.

이것들에 관해 어떻게 생각해야 할까? 들뢰즈 철학에서 '전회'는 존재했을까? 그리고 '전회'가 존재한다면, 그것은 들뢰즈의 시도 가운데 어떤 의미를 지닌 것이었을까?

이러한 문제에 관해 여기서는 들뢰즈의 텍스트 스타일이 아니라(그 또한 중요한 물음이기는 하지만) 들뢰즈가 무엇을 자신의 철학적 서술의 축으로 파악했는지 중점적으로 생각해 볼 것이다. 그때 테마가 되는 것은 '개체화론'의 위상이다.

발생론으로서의 들뢰즈 철학

『차이와 반복』과 『의미의 논리』에서 들뢰즈는 차이의 존재론을 전개하는데, 그 논의에는 일정한 방향성이 보인다. 잠재적인 영역을 탐구하면서 그 현실화를 그려내는 '개체화'의 논의로서 텍스트 총체가 정돈되는 것이다. 『차이와 반복』에서는 '이념'으로 제시되고, 『의미의 논리』에서는 '선험적 영역'이라 불리는 차이의 영역이 바로 그 '개체화'의 작용에 의해 파악된다.

표상이 의거하는 동일성을 무너뜨리고 차이의 역동성을 발견해 가는 들뢰즈의 탐구에서는 무근거성(즉 비동일성)으로부터 동일적이고 표상적인 무언가가 지각 가능한 현상으로 성립한다는 것이 그려져야 한다. 그것은 차이라는 철저한 내재성과 긍정성의 영역에서 그러한 차이 자체에 대한 부정의 계기가 도입되고 잠재성이 스스로 사라지면서 현실화되는 길을 더듬는 것이다. '개체화론'은 이러한 발생의 논의라 규정할 수 있다.

물론 그 표현법에 흔들림은 있다. 『차이와 반복』에서는, 특히 4장과 5장의 논의가 중요한데, '이념'으로서 그려지는 차이의 영역 (4장)과 강도-공간의 위상(5장)은 잠재성의 존재 방식을 제시하면서 그 자체가 분화하여 현실화하는 것이라 기술된다. '이념'은 '문제'의 영역이지만, 그것에 일종의 '해답'을 부여하는 것으로서 현실화의 선 아래에 놓인다. 그러한 과정이 강도-공간론을 거쳐 존재에서 현상으로의 전개로서 그려지는 것이다.

『의미의 논리』에서도 기본적인 사유의 도식은 마찬가지이지만, 거기에는 어떤 차이가 도입된다. 이 저작은 『차이와 반복』의 논의에 더해 심층의 신체(아르토의 '탈기관체' 개념으로 제시되는 것)라는 영역을 명시화하고, 그로부터 형성을 정적 발생에 대한 동적 발생으로서 이끌어내기 때문이다. 그것은 『차이와 반복』에서 논의된 '이념'의 현실화론을 정적 발생으로서 한정함과 동시에[2] 심부로부터의 동적 발생을 정적 발생의 역설적인 동인動因과는 다른 원리를 지시하면서 제시한다.

그렇게 이끌어진 일차적 질서＝영역ordre primaire은 동일화적인 발상에서 드러나는 근거적인 기반이 아니다. 『의미의 논리』에서는 이 장면이 독립됨으로써 『차이와 반복』보다 심화된 서술이 이루어진다. 하지만 거기서 전개되는 심층→상층→표층이라는 논술의 방향성은 역시 존재의 근저로부터 성립되는 현상을 그린다는 의미에서 『차이와 반복』과 동일한 입장을 취한다고도 할 수 있다.

그렇지만 잠재성의 현실화를 논의하는 '개체화'의 논의는 그 이후 완전히 모습을 감추게 된다. 그러한 양상은 가타리와의 공저에서 '기계'(추상기계)와 '내재면'(혼효면)이라는 개념, 그리고 그와 깊이 결부되는 '탈기관체'의 묘사가 서술의 중심을 점유함에 따라 뚜렷해진다.

잠재적인 차이의 감축으로서 현상이 성립하는 과정은 더 이상 탐구되지 않는다. 개체의 발생론은 단적으로 그려지지 않게 되는 것이다.

이는 다양한 사태를 이끌 것이다. 『차이와 반복』에서의 '이념'이나 『의미의 논리』에서의 '선험적 영역'은 내재면으로서 재파악된다. 이 일원론적인 평면에 심층의 역설적 장치인 '탈기관체'는 이미 짜여 있다. 그러나 이러한 내재면은 현상으로서 현실화해 가는 수직적인 운동을 맡는 심층적인 역할을 더 이상 부여받지 않는다. 심층은

---

2) 『차이와 반복』에서도 '정적 발생'(genèse statique)이라는 말은 '동적'(dynamique)이라는 표현에 대비되면서 '이념'의 논의에 이용된다(cf. DR 238/401).

소멸한다. 다양한 배치agencement로써 포착되는 평탄한 평면성의 운동 그 자체로 해소되는 것이다.

그렇다면 이른바 동일적인 것인 현상성은 어떻게 되는가. 그러한 현상성의 형식에 관해 차이의 분화로서 드러나는 개체의 논의는 더 이상 이루어지지 않는다. 기표라는 공허한 초월적 중심의 도입을 하나의 축으로 한 코드화-초코드화라는 언어론적인 모델이 채용된다. 그것은 생명론과 열역학을 모델로 한 전기 철학의 변용을 의미하는 것만은 아니다. 거기서 코드화를 통해 이야기되는 사상事象은 어디까지나 내재라는 다양체에 대한 초월의 형성으로서만 드러나는 것이다. '개체화'에서는 현실화적인 분화가 잠재성으로부터의 내적인 발동으로서 (일종의 역설적인 작용의 이면처럼) 파악되었다. 하지만 코드화-초코드화의 작용은 오이디푸스 장치에의 비판에서 전형적으로 나타나듯이 철저한 비판을 받는 대상에 불과해진다. 그 서술은 이러한 초월에 의거하지 않는 내재적인 힘을 드러내는 방향으로만 이어진다.

'개체화'가 더 이상 논의되지 않는 것. 그에 동반하는 수직적인 논의의 필연성이 포기되는 것. 이는 중대한 '전회'일 것이다.

'개체화'에 얽힌 문제는 다시 최후기의 들뢰즈와 관계된다. 『철학이란 무엇인가?』에서 현실화의 내용을 이루는 미분적인 논의는 명확히 과학의 영위로 간주되고, 그것은 더 이상 철학의 시도조차 아니게 된다. 만년의 들뢰즈는 한편으로 철학으로의 전환을 재차 이루는 것처럼 읽힐 수도 있지만, 전기의 '철학'을 결정짓는 차이의 일반 존재론에서 다뤄진 '개체화'적 발생의 논의는 다시 파악되기는커녕 철학에서 제외된다.

들뢰즈 철학의 '전회'는 이러한 사태를 종합적으로 고려하면서 고찰되어야 한다. 전기 논의의 근간을 이룬 수직적인 '개체화' 과정은 가타리와의 공동 작업 이후 코드화와 초코드화라는 논의로 대체되어 적극적인 의의는 나타나지 않게 된다. 모든 것은 내재면(혹은 혼효면이나 내재적인 실체)으로 일원화되고, 그로부터의 초월은 오로지 착시를 낳는 것에 불과해진다. 이러한 '전회'를 어떻게 파악해야 할까?

개체화론의 구성 ─ 『차이와 반복』과 『의미의 논리』

『차이와 반복』과 『의미의 논리』는 '전회'가 이루어지기 전에 들뢰즈 철학의 기본을 제기하는 저작이다. 그 점에서 양쪽의 시도는 본질적으로 일치한다. 하지만 이 두 저작 사이에는 텍스트의 스타일은 제외하더라도 시도 자체의 어긋남이 있다. 그 자체가 '전회'라고는 할 수 없지만 『의미의 논리』는 『차이와 반복』과는 다른 위상의 서술을 보이고 '전회' 이후의 논의와도 관계되는 부분이 있다. 들뢰즈 전기 철학의 이러한 동일성과 차이를 먼저 파악해 보자.

양쪽의 공통점은 표상 세계의 배후에 위치하는 잠재적인 차이의 영역을 실재로서 그려내는 데 있다. 거기서 강도적인 산출력은 외연도적으로 표상화된 위상이나 그에 의거하는 도그마틱한 사유로는 파악할 수 없다는 것이 기본이 된다. 감각하고 지각할 수 있는 것은 표상으로 전화되고 '사태'로서 이야기되기에 이른 사상事象이다. 그러나 이러한 사상을 만들어내는 생성의 힘을 표상의 입장에서는 보아낼 수 없다. 생성의 영역을 표상의 방식으로 그리려고 하면 일종의 역설이 드러나지 않을 수 없다.

철학적 사유의 단서에 관계되는 이러한 상황은 매우 베르그송적이라고도 할 수 있다. 베르그송의 논의도 현실화된 공간적 연장성에 의거해서는 흐름으로서의 시간을 더 이상 그릴 수 없다는 역설에서 시작되었다. 『차이와 반복』의 논의에서는 베르그송과 마찬가지로 현실성과 잠재성 사이에 존재하는 역설적인 사정이 큰 의미를 가진다. 그리고 『의미의 논리』에서 이러한 생성의 영역은 의미작용signification의 역설에 의해 나타나게 된다.

표상의 영역은 양-식bon sens과 상-식=공통감각sens commun에 의해 지탱된다. 그것은 시간적으로도 하나의 방향성을 지닌 크로노스적=현재 중심적 사태를 제시한다. 그러나 동일성을 토대로 한 심급만으로는 새로운 것의 출현인 생성을 이야기할 수 없다. 크로노스로서의 시간을 통해서는 습관화된 현재와 그에 기인한 예기豫期밖에 제시할 수 없는 것이다. 생성은 그러한 현재를 조각내는 다른 심급을 필요로 한다. 무한한 과거와 무한한 미래가 현재를 분할해 버리는 생성이 현재와 그 표상에 기초하지 않는 방식으로 이끌어질 필요가 있다. 그때 아이온으로서 나타나는 생성의 시간은 상식적인 시간 표상의 입장에서는 역설일 수밖에 없다.

하지만 이렇게 역설적으로 제시되는 생성의 영역은 결코 부정성을 띠고 나타나는 것이 아니다. 그것은 분명 동일성을 갖지 않으며, 동일성에 의거하는 유사, 대립, 유비에 의해 이해되는 것도 아니다(『차이와 반복』 1장 참조). 그렇지만 이러한 차이의 영역은 바로 생성의 충만으로서, 그 자체의 긍정성에 의해 파악되어야 한다. 그것은 출현할 때 일종의 분산, 어긋남, 비균질성으로서 제시되고 역설적 상황을 일으킨다. 그것을 떠받치는 논리는 역-식para-sens이나 부차적 모순vice-diction으로서 밝혀진다. 하지만 이러한 작용 자체는 (오히려 대립이나 유비가 품고 있는) 부정성이 아니라 그 산출적인 존재 방식을 통해 파악되어야 한다.

그것이 '문제'의 영역이라는 것을 생각하면 쉽게 이해할 수 있다. 차이화의 힘은, 예컨대 연속적으로 변화하는 생물 진화의 추동력에 견줄 수 있는데, 그때 구체적으로 종이 되고 개체가 되는 생명체란 그러한 흐름인 '문제'의 한 '해답'인 것이다. 개체의 발생론은 '문제'로서의 생성의 영역에 '해답'이라는 방식으로 개별적인 현실성을 부여하는 것으로서 파악된다.

동시에 그러한 논의의 열쇠는 차이의 영역에서 그에 대한 취소를 어떻게 직조하느냐는 점에 있다. 차이의 영역은 일반성으로서의 반복을 형성하지 않는 특이성singularité의 영역으로서 이끌어진다. 그래서 동일적인 것의 발생이란 특이성을 만들어내는 차이 그 자체가 말소되는 것이어야 한다. 그것이 현상으로서의 개체가 성립하기 위해 불가결한 것이다. 차이의 취소는 부정성이라는 착각을 낳지만, 이러한 착각은 발생에 포함되지 않을 수 없다. 그 과정은 판명distinct하지만 애매obscure하다고 규정된 차이의 국면에서 그러한 차이의 분화가 발동하고 명석clair하면서 모호confus한 위상이 출현하는 것으로서 역설적인 원리를 통해 기술된다(cf. DR 325/536). 그 개체에서 나(종별화)와 자아(조직화), 타자성을 통한 가능적 세계, 그리고 현상의 성립이 차이의 해명explication 끝에 이야기된다.

이러한 상황은 『의미의 논리』에서도 거의 비슷하다. 그러나 『의미의 논리』에서 논의되는 발생론은 이를테면 이중으로 되어 있다. 그 하나는 '이념'='문제'로부터 동일성에 기인한 발생이 이끌어지는 국면이다. 그것은 존재론적인 발생이 배경에 있는 논리적인 발생으로 집약될 것이다. 내재insister하는 의미sens의 영역이 무한한 분석성을 가진 개체에 의해 구체화됨과 동시에 유한한 종합성을 가진 인격personne에 의해, 그리고 다양한 클래스와 가변적인 특성에 의해 기술되는 것이다(cf. LS 143 ff./219 이하). 이는 의미와 언어라는 시각에서 『차이와 반복』의 '이념'의 발생론을 보강한 것이라 할 수 있다. 들뢰즈는 그것을 선험적 영역인 이차적 조직화organisation secondaire로부터 삼차적 배열ordonnance tertiaire의 형성을 다루는 정적 발생의 논의로 규정한다. 『차이와 반복』의 개체화는 바로 정적 발생으로서 파악된다.

그렇지만 『의미의 논리』의 서술은 여기서 그치지 않는다. 『차이와 반복』과는 다른 방식으로 일차적 질서라는 '탈기관체'의 분열증적 심층을 드러내고 그로부터 동적 발생을 논의하기 때문이다. 그때 들뢰즈는 멜라니 클라인을 경유한 정신분석을 논의의 틀로 채용한다. 심층(망상-분열적 태세) → 상층(억울적 태세) → 표층(오이디푸스적 태세)의 전개 속에서 라캉적인 거세castration와 팔루스의 논의가 생산적인 역할을 부여받으며 그려진다. 흘러넘치는 긍정성의 영역에 공허를 도입하는 것이다. 신체로부터 언어의 발생을 다루는 이러한 논의를 축으로, 동적 발생론은 전개된다.

함께 잠재성의 현실화를 그려내고 그런 한에서 차이의 취소를 통해 발생을 파악해 가는 이러한 『차이와 반복』과 『의미의 논리』의 차이에 관해 잠시 검토해 보자. 그것은 '전회'라고까지는 할 수 없는 소규모의 이동일지도 모른다. 하지만 그 차이는 더 큰 '전회'를 준비하는 것이기도 하다.

작은 전회 ─ 『차이와 반복』과 『의미의 논리』 사이

『의미의 논리』에서 지시되는 일차적 질서, 그로부터의 동적 발생, 그 주축을 이루는 라캉/클라인적인 정신분석의 논의, 거세로서의 부정성의 직조, 이것들은 『차이와 반복』에서 명시화되지 않은 논점이다. 물론 『차이와 반복』과 『의미의 논리』는 개체의 발생을 논의한다는 점에서 철학의 기획으로서는 일치한다. 그러나 다른 한편으로 『의미의 논리』가 '이념'이라는 '문제' 위상의 차이-분화시스템에 '탈기관체'와 분열증이라는 심층의 영역을 부여함으로써 발생론을 변용시킨 것도 사실이다.

물론 일차적 질서인 심층이 『차이와 반복』에서 제시되지 않은 것은 아니다. 오히려 역설을 일으키는 근원인 이 위상은 '이념'을 구동시키는 것으로서 『차이와 반복』 3장과 4장에서 중요한 역할을 맡는다. 사유를 강요하는 '명령'을 발하는 것이다. 즉 '이념'이 우연적인 점에 의한 특이성의 영역으로서 기능할 때, 그러한 기능을 촉발하는 '근원적인 출발점'으로서, 혹은 '문제'를 작동시키는 '물음'으로서 이러한 심층의 영역은 상정되어 있다.[3] 그것은 바로 '주사위 던지기'라는 우연적인 긍정성으로서 발생을 이끄는 무근거의 힘이라고 할 수 있다.

그렇기는 해도 『의미의 논리』가 그러한 심층을 적극적으로 기능시키려 한 것도 확실하다. 들뢰즈는 그것이 단순히 코스모스와 카오스의 이원론처럼 질서에 대한 미분화未分化의 어둠으로서 이야기되지 않도록 신중을 기한다.[4] 심층은 그 자체로 드러나는 것이 아니다. 그것은 '문제'의 영역에 들어가서 그것을 구동시키는 것일 수밖에 없다.

하지만 일차적 질서의 논의는 독립성을 띠고도 있다. 일차적 질서가 보여 주는 분열증적인 역설(아르토적인 신체의 역설)은 캐럴의 예로써 드러난 언어의 표층적인 역설과는 엄격히 구분된다. 또한 이러한 동적 발생을 통해 들뢰즈는 정신분석, 특히 분열증의 장면을 철학 텍스트 속에 적극적으로 도입해 간다. 『차이와 반복』에서는 차이의 취소에 의해 제시된 장면이 여기서는 거세와 팔루스의 도입에 따른 공허함의 직조로서 나타난다. 그리고 이러한 테마는 1970년대 이후 들뢰즈의 논의를 확실히 준비하는 것이다.[5] 그 이후 들뢰즈는 분

---

3) '근원적인 출발점'에 관해서는 DR 251/421 등을 참조할 것. 그와 연관되는 '문제'와는 다른 '물음'의 위상에 관해서는 그 이후의 서술들을 참조할 것. '근원적인 출발점'에의 탐구가, 무근거로서 긍정되는 우연성의 '주사위 던지기'의 장면, 그리고 명령으로서 제시되는 '물음'의 논의를 이끈다.

4) 완전히 개체화된 위상이냐 미분화의 심연이냐 하는 안이한 양자택일이 아닌 방식으로 심층을 논의하는 것에 관해서는 『의미의 논리』 계열 15(LS 125/194~195, 129/199)를 참조할 것.

열증적인 '탈기관체'를 내재영역이나 내재면을 특징짓는 것으로서 그려내고 오이디푸스적인 초월을 계속해서 거부하게 된다. 그런 의미에서 『의미의 논리』의 논의는 후기 들뢰즈의 테마를 『차이와 반복』의 발생론의 틀로부터 끌어낸, 마치 반환점 같은 역할을 다한 것이다.

그렇지만 심층으로부터의 수직적인 발생이라는 이러한 도식은 『의미의 논리』 이후 소멸된다. 심층은, 혹은 심층을 통해 논의되는 시뮬라크르는 더 이상 특권적으로 이야기되지 않게 된다. 차이의 취소와 공허함의 매개를 거쳐 그려지는 '개체화'의 논의 자체가 상실되어 가는 것이다.

그것은 심층 그 자체가 드러난 데 따른 하나의 귀결일지도 모른다. 심층을 이야기하는 것은 상층을 철저히 거부함으로써 '개체화론'과는, 혹은 '개체화'를 중심으로 이야기되는 시스템의 서술과는 처음부터 화합하지 않는 내막을 드러내는 것이라 할 수 있다. 그것이 여기서 주제화되며 들뢰즈의 서술의 변화도 촉진되었을 것이다.

정리하면 이러할 것이다. 『의미의 논리』는 『차이와 반복』의 바탕을 꿰뚫으면서도 그 자체는 『차이와 반복』의 사유의 장에 있는 저작이다. 그러나 거기서 제시된 사태는 오히려 『차이와 반복』에서 가

---

5) 『의미의 논리』는 이후 들뢰즈의 논의에서 결정적인 역할을 하는 개념들을 다양하게 도입했다. 아르토의 '탈기관체'와 분열증의 위상은 물론, '반-효과화', '부감', '정신적 자동기계' 등, 이후의 논의에서 중요한 의미를 갖는 용어가 여기서 명시화되었다. 이로부터도 심층을 근저적인 역설 기구로서 드러내는 이 논의가 '전회' 이후의 서술을 구체적으로 준비하는 것임이 드러날 것이다.

동되는 철학의 프로그램을 파괴하는 무언가를 포함한다. 심층으로부터 솟아나는 별종의 역설로서 드러나는 그 내막에서 개체의 발생이라는 표현 방식 그 자체를 폐기시키는 것이다.

코드화의 논의로 — 가타리와의 공동 작업을 통해

그런데 이렇게 그려지는 들뢰즈 철학의 방향성은 1970년대를 중심으로 한 가타리와의 공동 작업을 통해, 즉『안티오이디푸스』와『천의 고원』을 저술하는 과정에서 큰 '전회'를 맞이하게 된다.

그것은 한편으로『의미의 논리』에서 이루어진 일차적 질서의 묘사를 이어받는 것이다. 분열증적인 기계 개념은『의미의 논리』에서 이미 제시되었고, 거기에 '이념'의 위상을 중첩시킴으로써 후기 사유의 위상인 혼효면이나 내재면이 형성된다고도 할 수 있기 때문이다. 물론 커다란 단절은 있다. 그러한 '전회'에 관해 먼저 다음 세 가지를 논의하려고 한다(『안티오이디푸스』와『천의 고원』사이에 있는, 이 또한 미세하다고는 할 수 없는 차이는 논의하지 않을 것이다).

첫째, '개체화'를 이끄는 발생의 논의가 모습을 거의 감추는 것이다. '개체화'의 논의는『차이와 반복』후반 프로그램의 많은 부분을 점하며,『의미의 논리』에서도 골자를 이루었다. 차이의 논의가 차이의 취소를 포함하고, 그 비-동일적인 존재 방식으로부터 동일성을 짊어진 현상이나 의미작용을 발생시킨다는 것이다. 하지만 무근거에 의한 근거짓기라고도 할 수 있는 이러한 철학의 구상은 이 시기 이후 들뢰즈의 서술로부터 사라져 간다. 이로부터 다양한 점이 귀결될 것이다.

둘째, 바로 그 귀결에 관계되는 것이다. 들뢰즈의 논의로부터 일종의 수직적인 다이너미즘이 상실되어 간다.

다시 말할 필요도 없이 들뢰즈/가타리가 기술하는 기계 개념과 내재면은 그 자체로 '이념'과 그 심층인 '탈기관체'의 무근거성을 이어받는다. 기술되어야 할 것은 연속된다. 그러나 그려내는 방식이 다르다. 내재면은 상당히 단조롭게 스피노자적인 실체 개념과 중첩되고, 있을 법한 실재를 이야기하는 유일한 위상으로 화해 버린다.

물론 거기에는 분자적-몰적, 매끄러운-홈 파인이라는 대립적인 해독 격자가 준비되며, 하나같이 평평한 서술이 생겨나는 것은 아니다(『안티오이디푸스』에서 이루어지는 단계적인 수동적 종합의 의의도 검토될 필요는 있다). 하지만 대체로 말해서 수직적인 현상의 형성을 역설적인 다이너미즘이라는 축을 통해 제시하는 것은 포기된다.

셋째, '개체화'가 논의되지 않는다면 현상성의 성립에 관계되는 논의는 어떻게 되느냐는 것이다. 그것은 코드화 혹은 초코드화라는, 일종의 언어론적-화폐론적인 모습으로 다시 파악된다. 현상화의 논의는 코드로 정돈되는 것으로서 계승된다.

다만 표현 방식에 상당한 변화가 나타난다. 단순히 생각해도 전기의 저작에서 '개체화'의 모델을 이룬 것은 직접적으로는 질베르 시몽동Gilbert Simondon을 경유하는 생물 개체의 형성과 『차이와 반복』 5장에 보이는 열역학의 논의다. 그러한 발생의 장면은 이를테면 등가 교환적인 가능성이 더 강한 코드적인 모델로 바뀌어 논의된다. 그리고 균질화적인 작용이 강해지는 이러한 코드화의 위상은 차이의 필연적인 감축으로서가 아니라, 철저히 제외되어야 할 초월로서만 위치지어진다. 코드화는 내재에 대한 초월의 계기를 불러오지만, 그것은 잠재성의 자기 전개가 아니라, 일종의 시대성 속에서 상대화되는 계기에 불과하며, 착시를 낳는 것으로서 가치 비판의 대상이 되어 간다. 그리고 그러한 시대의 상대화적인 비판에 뒷받침된 실천이 전면에 드러나는 것이다.

개체화론에서의 전회

'개체화'라는 수직적인 운동성 속에서 철학을 그리는 것이 아니라 모든 것을 일원화된 다양체의 서술로 집약시키는 이러한 '전회'의 의의란 무엇인가. 그것을 두 가지로 정리해 보자.

첫째, 코드화와 초코드화는 내재=다양체의 혼효면에 대한 초월로서 이해된다. 그러므로 내재의 긍정성에 대한 부정적인 계기를 당연한 것처럼 포함해 버린다. 물론 이러한 초월성의 가치 비판적 논의는 초기 저작에서부터 다양하게 이루어졌다. 『차이와 반복』에서 도그마적인 사유 이미지를 비판한 것이 바로 그에 해당할 것이다. 초월의 부정이라는 장면에서 차이가 그려내는 실재를 파악해 버리는 데 대한 거부는 무엇보다 필요한 것이었다.

그러나 '개체화'를 논의하는 들뢰즈는 그러한 차이의 취소라는 계기를 차이의 운동 자체로부터 간파했다. 『의미의 논리』에서는 심층의 신체로부터 언어가 발생하는 데에 거세와 팔루스의 심급이 불가결했다. 그것은 논의의 전개상 결락시킬 수 있는 것이 아니다.

하지만 『안티오이디푸스』에서 라캉적인 거세의 논의는 그 자체로 가치 비판의 대상일 수밖에 없게 된다. 물론 『안티오이디푸스』에서도 라캉적인 '현실적인 것'에 확고한 평가가 부여되었고,[6] 모든 정신분석적 지견이 일률적으로 비판되는 것은 아니다. 그러나 처음부터 오이디푸스(적인 해석)의 비판을 목적으로 하는 이 저작에서 일종의 '공허'함을 근원적으로 도입하는 거세의 논의는 큰 논란을 빚을 수밖에 없다는 것도 분명하다.

비슷한 상황은 기표에 관해서도, 혹은 그와 연관되는 '얼굴성' visagéité의 테마에 관해서도 찾아낼 수 있다. 특히 『천의 고원』에서 주제화되는 기표 개념은 이 시기의 들뢰즈에게는 역시 나쁜 초월의 대상에 불과하다.[7] 그리고 기표와 결부되고 인칭성의 형성에서 중심적인 역할을 하는 '얼굴성'의 개념도 초코드화를 이끄는 과정이라는 점에서 비판받는다.[8] 존재에서 현상으로, 심층에서 표층으로 향하는 발생론의 다이너미즘이 소멸된 결과, 초월(주체성과 의미성이 초래하는 것)은 오로지 배제되어야 할 것으로서만 기술된다.

둘째, 그런데도 현상적으로 파악되어 버리는 초월적 위상, 즉 코

---

6) 예컨대 AŒ 62/102에서 '현실적인 것'을 어떻게 다루는지 참조할 것. 또는 AŒ 47/78~79 등도 참조할 것.

7) 기표는 일종의 공허한 무한 회부로서의 '용장성'(冗長性)이라는 주제와 함께 규정된다(cf. MP 144/222). 거기서는 기표의 결여나 과잉에 관해 비판적으로 언급되며, '부유하는 기표'가 논의의 한 축을 이루는 『의미의 논리』의 자세와 명확히 대비된다.

8) MP 144/223에서 이야기되듯이, 기표를 구체적으로 신체화하는 것이 바로 '얼굴성'이다. 그것은 '의미성'과 '주체성'이라는 기표의 기능들이 교차하는 특별한 위상으로서 그려진다 (cf. MP 205/321). 얼굴과 초코드화에 관해서는 MP 208/325~326을 참조할 것.

드화되고, 기표로서 기능하고, 얼굴로서 주체화되고, 홈이 파이며 형성되는 존재의 측면은 어떻게 되느냐는 물음이 여전히 설정될 수 있다. 이때 들뢰즈의 시도로서 남는 것은 일종의 시대적인 상대화이며, 그런 한에서 세계사적인 전망을 가진 비판적 실천의 과정일 것이다.

『안티오이디푸스』와 『천의 고원』에 특징적인 것은, 코드화로서 나타나는 '개체화'가 사실상 성립하는 국면, 즉 거세나 기표가 들어오는 장면이 세계사(세계-존재사)적인 틀 속에서 상대화되고, 그것을 만들어낸 시대의 단계성에 즉응하여 비판된다는 것이다. 『차이와 반복』에서는 감성론적인 현상론이, 『의미의 논리』에서는 의미작용의 형성론이 서술의 축을 이룬 것과는 크게 다르다. 여기서는 코드화가 상대화되고 시대 속에 가둬진다. 그러한 세계사성이 코드화, 초코드화, 탈코드화에 의해 구분되고, 부정否定의 직조에 의해 생기는 초월은 토지나 국가에 관한 체제의 논의와 결부되는 것이다. 혼효면은 그러한 탈코드화 끝에 드러나는 것으로서, 자본주의적인 운동의 한계와 연관지어진다.

『안티오이디푸스』에서는 이러한 상황에 관해 추상도가 매우 높은 논의가 펼쳐지는데, 그것이 구체적인 세계사적 상황을 얼마나 정말로 포괄할 수 있을지 그리 확실치 않다. 하지만 『천의 고원』에서는 '얼굴'이라는, 의미성과 주체성이 포개어지고 기표적인 지각세계가 출현하는 데 중핵이 되는 사태가 그리스도의 얼굴과 서양문명이라는, 아주 구체적이고 상대화 가능한 것으로서 그려진다. '얼굴성'은 '탈기관체'와 겹치는 혼효면에 가장 두드러지게 대립하는 초월과 다름없다. 그것은 인칭성이라는 축을 가진 의미의 지평이 열리기 위해 불가결한 것이다. '얼굴'이야말로 의미와 주체로서 인간의 인간성이 형성되는 데 중심을 이룬다. 『천의 고원』의 서술에서는 그것이 시대적으로 상대화되어 버린다. 그리고 혼효면이 지닌 분열증적이고 기계 모양을 띤 운동의 위상이 자본주의의 끝에서 드러나고, 또한 드러나야 할 사태로서 계속 그려진다. 그것은 바로 동물-되기, 지각 불가능한 것-되기의 실천으로서 제시된다.

혼효면과 내재면은 『차이와 반복』에서 논의되는 '이념'의 위상과 일치하기는 하지만, 그 자체의 의의는 크게 변용해 버렸다. 그것은 역설적으로 작동하면서 '개체화'를 발동시키는 기능이 아니다. 혼효면과 내재면은 그 모습을 드러내야 할 실천적인 지평이다. 텍스트의 표현 그 자체가 그러한 실천에 가담하는 작업의 일환이 된다.

들뢰즈 철학의 전회

『철학이란 무엇인가?』의 논의는 이러한 후기의 발상을 계승한다. 제목에서도 분명히 드러나듯 이 저작은 철학이라는 영위를 다시 사유의 무대에 올렸다. 하지만 전기 철학에서 명확히 이루어진 차이의 일반존재론이라는 구상은 더 이상 없고, '전회'는 확실히 승계되었다. 무엇보다도 들뢰즈의 초기 철학이 거기서는 명확히 한정된다. 그것에 관해서도 두 가지 사항을 짚어 보자.

첫째, 여기서 들뢰즈는 철학과 과학과 예술을 사유의 세 가지 영역으로 제시하는데, 잠재성이 현실화하고 '사태'état de chose에 이르는 작용을 기술하는 것은 단적으로 과학의 역할로 여겨진다. 철학은 내재면의 축을 통해 다양한 평면을 고안하고 사유의 이미지를 그려 내면서 개념을 창조해 가는 행위다. 하지만 그러한 철학의 개념 형성에 개체의 현실화라는 테마는 포함되지 않는다. 잠재적인 위상이 가져오는, 카오스적인 무한속도의 감속에 의해 나타나는 '개체화'는 준거면과 함께 논의되어야 할 과학의 영위로 간주된다.[9] 그러한 이상, 『차이와 반복』의 미분론, 혹은 생명론이나 열역학의 논의는 철학이 아니라 과학의 몫이라 파악될 것이다. 이는 이전의 사유에 대한 중요한 입장의 전환이다.

둘째, 철학이란 유일한 내재면으로부터 각각의 시대성 속에서 제기되는 문제에 즉응하여 '사유의 이미지'를 갖춘 평면을 작성하는 개념 창조의 시도라 규정된다. 그러한 개개의 철학은 내재적인 장면에 어떤 방식으로든 초월을 반입하기도 할 것이다. 그래서 각각의 시대적 국면 속 상대적인 문제-해결의 한 사례로서만 파악된다. 그때까지 펼쳐 온 들뢰즈 사유의 개별적인 존재 방식과 개념 형성도 마치 그러한 하나의 사례인 것처럼 취급된다. 개개의 철학이 시대적·지리적으로 상대화되고, 그 다양한 존재 방식이 사유의 이미지로서 파악되는 것이다('사유의 이미지'라는 용어는 『차이와 반복』 3장에서처럼 단지 비판되어야 할 도그마적인 사유의 이미지만을 가리키는 것은 아니다). 그리고 도래할 철학이란 이를테면 일자의 내재면으로, 즉 모든

---

9) "과학은 잠재적인 것의 현실화를 가능케 하는 준거를 획득하기 위해 무한을, 무한속도를 포기한다."(QP 112/170) 잠재성이 현실화하기 위한 무한속도의 감속을 다루는 것이 과학이며, 개념을 다루는 철학은 그러한 내재면을 개념 창조를 통해 골라내는 것이라 여겨진다.

초월을 배제하여 드러나는 궁극적인 내재면으로 향하는 것이다.[10] 그것은 초월의 엇각에서 가장 멀리 있는 스피노자적 평면을 향한 상당히 단순화된 회구로서만 그려진다.

그러한 탐구에서는 『의미의 논리』의 사건성의 논의에서 받아들여진 '반-효과화'가 특별히 부각된다. 잠재적인 것의 현실화가 과학이라면, 철학은 그에 대항하는 '반-효과화'일 수밖에 없다. 그것은 일자의 내재면이라는 스피노자적인 실체와 결부된 실천적인 영위로서 이야기된다(이는 역설의 힘을 다시 철학에 주입시키는 역할도 맡을 것이다).[11]

이처럼 들뢰즈에게 나타나는 '전회'는 그 자신의 철학을 크게 이동시킨다. 이러한 '전회'를 어떻게 생각해야 할지 마지막으로 정리해 보자.

---

10) "내재면은 모두 '일자-전체'다. …… 내재면 그 자체는 얇은 층이 겹겹이 쌓인 것이다."(QP 51/76~77) 각각의 철학은 새로운 사유의 이미지를 이끄는 것으로서, 어떤 방식으로든 내재면을 작성하는 작용이다. 그러한 개개의 철학은 결국 모든 초월을 혐오하는 절대적인 바깥인 스피노자적 평면에 의거하게 된다(QP 59/89~90). 그렇지만 내재면의 복수성과 일자성에 관한 매우 기본적인 물음은 잔존할 것이다.

11) 들뢰즈의 사건성의 존재론에서 '반-효과화' 개념의 결정적 의의를 보아낸 것은 에가와 다카오(江川隆男)의 뛰어난 업적이다(『存在と差異—ドゥルーズの超越論的経験論』, 知泉書館, 2003 [『존재와 차이: 들뢰즈의 선험적 경험론』, 이규원 옮김, 그린비, 2019]을 참조할 것). 반-효과화론은 바로 『철학이란 무엇인가?』에서 철학의 작업으로서 규정되는데("거대한 암시로서의 철학. 사건은 하나의 '사태'에 관계될 때마다 어쩔 수 없이 현실화 혹은 효과화되지만, 개념을 끌어내기 위해 '사태'가 추상화될 때마다 반-효과화된다." QP 150/227~228), 원래 『의미의 논리』에서 전개된 이 개념을 둘러싼 들뢰즈 자신의 계보, 특히 동적 발생과의 연결에 관해 생각할 필요는 있을 것이다. 에가와의 논의가 후기 들뢰즈의 개념에 대한 전반적인 적용이라는 점에는 주의해야 한다.

(1) 차이의 일반존재론을 기술하는 전기의 들뢰즈는 무근거적인(비-동일성적인) 잠재적 차이의 실재성을 제시하면서도 그러한 무근거적인 위상이 마치 현상적 세계의 근거인 것처럼 기능한다는 것을 그려낸다. 현실화를 논의하는 '개체화론'은 존재 영역의 역설성을 드러내면서도 어디까지나 그러한 역설을 동인으로 하는 개체의 형성을 탐구한다. 이러한 논의들은 차이의 취소, 혹은 차이의 말소를 차이 자체로부터 이끄는 것을 축으로 한다. 『차이와 반복』에서 분명히 나타난 이러한 자세는 『의미의 논리』에서 발생론으로 이어졌다. 그렇지만 그때 드러나는 심층의 영역, 분열증적인 '탈기관체'는 선험적 영역에서의 발생이라는 구상을 뒤흔드는 내실도 갖추고 있다. 그 자체로서는 초월을 향한다고는 기술할 수 없는 심층을 노출시킴으로써 실제로는 '전회'를 준비하는 것이리라.

(2) 가타리와의 공저 시기 이후 들뢰즈는 현실화의 과정으로서 '개체화'를 논의하지 않게 된다. 또한 『의미의 논리』에서 그려진 심층에서의 발생이라는 수직적인 논의도 소멸한다. 그 대신에 도입되는 것이 코드화다. 하지만 그렇게 그려지는 초월의 위상은 혼효면이나 내재면의 일원적인 작동의 입장에서는 비판의 대상에 불과하다. 실재의 심급은 잠재적인 다양체로서 계속 그려지지만, 역설성을 축으로 한 수직적인 다이너미즘은 소실되고(분자와 몰, 매끄러움과 홈 파임 같은 대립항만이 나타나고), 추상기계가 작동하는 다양체의 평면성만이 강조된다(리좀의 논의가 대표적이다). 여기서 커다란 '전회'를 읽어낼 수 있다.

(3) 전기의 철학, 즉 현상의 발생을 논의하는 사유 자체가 상대

화된다. 동시에 내재면은 세계사적인 사태와 대조되면서 그 유물적인 출현이야말로 칭양의 대상이 된다(초코드화에 의거하는 국가의 소멸, 기독교적 도덕의 해체, 회화나 영화 등 현대예술에서의 노골적 실재의 발로 등이 그 내용일 것이다). 텍스트는 초월의 혐오와 더불어 내재면의 발로로 이어지는 한에서의 실천으로 파악된다. 더 이상 '주체'나 그 지각이 성립하는 논리가 물어지지 않는다. 단적으로 동물-되기, 지각 불가능한 것-되기가 중요한 것이다. 그것은 철학이 아니라 실천으로서의 윤리다.

(4) '개체화론'의 소멸은 무근거한 것에 기초한 근거화의 작업이라는, 그대로 유지하기도 곤란한 전기 철학의 '전회'로서 어느 정도 필연성을 띤 과정이라 파악된다. 전기 철학의 틀 자체가 초월적인 코드의 형성을 전제한 시대 속 사유의 배치에 불과한 것도 확실하기 때문이다. 이로써 들뢰즈가 논의한 철학 자체가 상대화되어 버린다. 그렇지만 다시 말해서 이러한 '전회'는 일차적 질서의 서술로부터 어쩔 수 없이 촉진되는 부분이 있을 것이다.

그러나 코드화를 일관되게 적대시하고 내재면을 실천적으로 높이 드러내는 이 텍스트들에서도 지각적 세계, 현실화적 사태, 코드화적 조직체로서 그려지는 인간의 위상은 여전히 존재한다. '얼굴성'을 축으로 한 의미성과 주체성이 교차하는 영역은 잔존할 것이다. 텍스트는 그 전복을 지향한다고 해도 이러한 사태의 해명에 관해 어떻게 생각되어야 하는가. 현실화의 논의는 과학의 영위라고 고집해도 되는가. 그렇다면 철학은 수직적인 추진력을 발판으로 삼은 판단력을 결여한 것이 되지는 않는가.

이러한 들뢰즈의 '전회'에 관한 평가는 엇갈릴 것이다. 전기의 논의에서 구상된 생명, 사회, 언어를 포괄하는 장대한 일반존재론의 기획은 분산된 다양성의 서술로 귀착해 버린다. 그렇지만 무근거에 의한 근거짓기라는 전기의 논의로부터 텍스트적인 실천으로 이행하는 과정에서 철학의 전개에 동반되는 일종의 매력이 분명히 상실될 것이다. 역설적이게도, 실천적인 비판을 지향하는 이러한 '전회'는 현실화된 수준에서만 그려지는 다양한 '지'知에 대한 비판적 효력을 헛돌게 만들 가능성도 있다. 또한 일반존재론을 포기한 후에 여전히 이야기되는 개념 창조로서의 철학에 실천적인 힘을 얼마나 불어넣을 수 있는지 생각해야 한다. 이러한 사항은 앞으로도 들뢰즈의 철학을 계승할 때 길잡이가 될 것이다.[12]

(5) 이상의 '전회'에 관해서는 더욱 세부적인 물음을 생각해야

---

12) 이 점에 관해서는 지금까지 축적된 대표적인 들뢰즈 연구서의 위치 측정도 고려해야 한다. 이미 고전적이라 할 수 있는 알랭 바디우(Alain Badiou, *Deleuze: "La clameur de l'être"*, Hachette, 1997[『들뢰즈—존재의 함성』, 박정태 옮김, 이학사, 2001])와 프랑수아 주라비슈빌리 (François Zourabichvili, *Deleuze, une philosophie de l'événement*, PUF, 1994)의 업적은 초기와 후기를 연결하면서 들뢰즈가 도입한 '이접적 종합'과 일자를 둘러싸고 들뢰즈의 작업을 철학적 영역으로서 중시한다. 마누엘 데란다(Manuel DeLanda, *Intensive Science and Virtual Philosophy*, Continuum, 2002[『강도의 과학과 잠재성의 철학』, 이정우·김영범 옮김, 그린비, 2009])와, 지나친 감은 있지만 슬라보예 지젝의 라캉주의자적 독해(Slavoj Žižek, *Organs without Bodies: Deleuze and consequences*, Routledge, 2004[『신체 없는 기관』, 이성민·김지훈·박제철 옮김, 도서출판b, 2006])도 일부는 들뢰즈의 논의를 오토포이에시스나 생명과학, 사회과학과 결부시켜 일반존재론으로서의 범위를 새로 정위한다(베르그송적 생기론의 새로운 전개로서 정당히 들뢰즈의 계열에 따르는 것이다). 결국 존재론이나 정신분석과 들뢰즈의 관련(하이데거나 라캉과는 늘 대조의 관계에 있다), 통상과학과의 결부는 중요한 테마가 되는데, 거기서는 가타리와의 공저가 갖는 의의를 포함하여 들뢰즈 사유의 변천을 신중하게 더듬는 작업이 전제가 될 것이다.

힌다. 득히 들뢰즈의 사유를 둘러싼 20세기적 인문과학들과의 교차
와 그 의의에 관해서는 새삼 재고해야 할 부분이 많다. 앞서 기술했
듯이 전기의 사유에서는 생물의 발생론과 열역학이 총체의 구도를
규정한 데 반해, 코드화 이후의 장면에서는 언어론적-화폐론적 틀
이 중시되는 사유 모델의 문제가 있다. 또한 정신분석적 지知의 철학
적 범위(『차이와 반복』의 시간론과 『의미의 논리』의 멜라니 클라인 경유
의 발생론에서 축을 이루는 등 일반존재론의 근간에 포함되었다)도 다시
생각되어야 한다. 오이디푸스 비판 속 정신분석의 재검토와 가타리
개입의 의미에 관해서도 고찰의 소재는 부족하지 않다.[13] 이것들은
들뢰즈 철학의 위치를 '전회' 내에서 사유하기 위해 필수적인 검토
재료다.

---

13) 들뢰즈의 사유에 대한 가타리의 기여도는 들뢰즈의 '전회'를 생각할 때 본래부터 간과할
    수 없는 논점이며, 가타리의 자료를 포함하여(cf. Félix Guattari, *Écrits pour l'Anti-Œdipe*,
    textes agencés par Stéphane Nadaud, Lignes manifestes, 2004), 혹은 가타리 계열 논자의
    지적에 입각하여(예컨대 杉村昌昭, 『分裂共生論—グローバル社会を越えて』, 人文書院, 2005) 다
    시 검토되어야 한다. 양쪽의 교차를 검토하는 것은 특히 정신분석의 존재론적 범위나 과학
    적 실천과 철학의 관계를 파악하는 데도 주요한 테마가 될 수 있다.

후기

들뢰즈가 사거한 지 15년이 지나고 '포스트모던'이라는 말이 다소 낡은 것(반세기 전의 유행)이 되어 버린 현재, 들뢰즈가 남긴 저작에 관해서는 시대에 미친 영향을 탐구하기보다도 철학사적 위치를 어떻게 부여할지, 그러한 위치를 부여하고 나서 21세기의 사유에 어떻게 활용해 갈지 검토하는 단계에 들어섰다. 본서는 시간론이라는 입장에서, 즉 시간론을 축으로 하여 존재론을 제시해 온 현대적인 방식에 따라 들뢰즈 사유의 20세기적인 위치와 그 내적 전개를 살펴본 것이다. 사상사적인(들뢰즈 본인과 그 철학사적 연관에 관한) 정리가 이루어졌기를, 그 내용이 미래의 철학으로 이어져 가기를 간절히 바란다. 나아가 역사적인 시간성의 논의를 통해 '테크놀로지와 사회'라는 주제와 '글로벌 자본주의 이후의 국가'의 문제에 천착하는 것이 본서를 이어받는 앞으로의 과제라 생각한다.

들뢰즈 시간론의 의의는 새로운 현대적 위상을 획득한 피시스(자연)의 존재론과 그 노모스적인 인위성의 관계에 마땅히 빛을 비춘 데 있다. 20세기의 어느 시기에 현대사상으로서 인기를 누리고 다양한 세평을 받은 이러한 사유가 21세기에 이르러서도 계승과 전개의 대상이 된 이유는, 20세기적인(근대시스템적인) 과학이 밝혀낸 자기 생성하는 자연의 모습과 거기서 중심적 위치를 상실한 인간적인 주체의 존재 방식을 인간주의에의 르상티망을 조금도 유지하지 않고 직시했기 때문이다. 인간이 컨트롤할 수 없는 것으로서 분출된 에너지가 생명과학의 영역, 정보사회론의 영역, 혹은 탈국가적인 금융글로벌리즘의 영역에서 과도하게 전개되고 있는 21세기에 고찰해야 할 하나의 단면을 참신하게 제시하는 것이다.

기묘하게도 그것은 시대 속에서 '반시대성'을 띠면서도 항상 '시류'에 즉응했다며 폄하되어 왔다. 그렇지만 이러한 폄하는 그 사유가 가리키는 것을 직시할 수 없는 나태한 자세의 산물과 다름없다. 포학하고 잔혹한 피시스 속에서 자연으로서의, 물질성으로서의 우리를 보아내는 것이 이러한 시간의 논의에서 물어진다. 그것은 근대주의적인 '해방'으로 이끌어 주지 않는다. 하지만 철학에서 중요한 것은 안이한 해방이 아니다. 추구해야 할 것은, 생성하는 자연일 수밖에 없는 우리라는 희망이다. 그것이야말로 들뢰즈의 사유를 21세기에 이어 나가는 것이다.

본서는 일곱 편의 장과 두 편의 보론으로 구성되는데, 서장과 6장은 새로 썼지만 나머지는 아래의 잡지 또는 논집에 게재된 논문을 바탕으로 가필 및 수정을 한 것이다.

1장 「第三の時間について ―ドゥルーズの時間論(一)」, 『思想』第994号,
  2007. 2.

2장 「永遠の現在 ―ドゥルーズの時間論(二)」, 『思想』第998号, 2007. 6.

3장 「見者の時間 ―ドゥルーズの時間論(三)」, 『思想』第1009号, 2008. 5.

4장 「生成の歴史 ―ドゥルーズの時間論(四)」, 『思想』第1019号, 2009. 3.

5장 「断片の歴史 / 歴史の断片 ―ドゥルーズの時間論(五)」, 『思想』第
  1026号, 2009. 10.

보론 1 「パラドックスとユーモアの哲学」, 『現代思想』第36巻 第15号,
  2008. 12.

보론 2 「ドゥルーズ哲学における〈転回〉について ― 個体化論の転変」, 小
  泉義之・鈴木泉・檜垣立哉編, 『ドゥルーズ / ガタリの現在』, 平凡
  社, 2008.

위의 출전으로 알 수 있듯이 본서의 중심적인 부분은 이와나미
쇼텐岩波書店의 『사상』에 연재된 「들뢰즈의 시간론」이다. 이 연재는
편집장 다가이 모리오互盛央 씨의 후의가 있었기에 가능했다. 또한
단행본화 작업을 할 때도 다가이 씨의 조력을 받고 『사상』편집부의
오카바야시 사이코岡林彩子 씨에게 수고를 끼쳤다. 깊이 감사드린다.

학술서, 인문서의 출판이 어려운 상황 속에서 이처럼 저작을 상
재할 수 있게 된 것은 분에 넘치는 영광이라고밖에 표현할 길이 없
다. 부족한 성과이지만 본서가 조금이나마 철학과 인문과학의 발전
에 기여하기를 바라 마지않는다.

2010년 9월

히가키 다쓰야

옮긴이 후기

본서『순간과 영원: 질 들뢰즈의 시간론』은 일본에서 에가와 다카오江川隆男의『존재와 차이: 들뢰즈의 선험적 경험론』등과 더불어 '본격적인' 들뢰즈 철학 연구서로서 손꼽히는 저작이다. 부제에서 표방하듯이 들뢰즈 시간론의 진수를 시계열적으로 추출하여 체계적으로 정리하는 데 그치지 않고, 전기에서 후기에 이르기까지 들뢰즈의 철학 전반을 시간론이라는 축을 통해 순수 철학적인 관점에서, 그리고 철학사적인 문맥에서 해독하려는 시도다.

주지하다시피 들뢰즈는 '생生'='시간'의 철학자인 베르그송의 논의를 전면적으로 계승하지만, '시간'과 더불어 '공간'의 사유를 강조함으로써 '생성'의 체계를 확장하려고 한다. 흐름 속에서 흐름의 극한인 공간성을 포착해야만 생성하는 개체를 논의할 수 있기 때문이다. 시간의 공간화는 "영원한 자연의 시간이 현재와는 다른 차원에 포함되는" 방식으로 이루어져 '순간'과 '영원'의 교착을 동반하게 된다. 이러한 들뢰즈의 시간론은 경험 가능한 양상으로서의 시간(현재='첫 번째 시간')과 경험 불가능한 순서로서의 시간(직선의 시간='세 번째 시간')이 역설적인 관계에 있다는 것을 해명한다는 점에서 중요하며, '선험적 경험론'으로 대표되는 들뢰즈 철학 전체에서도 구심적인 역할을 맡는다. 아울러 20세기까지 이어져 온 이른바 '시간중심주의'를 극복하고 '시간과 자기'의 채색이 짙은 현대 사상을 "비자기적인 '자연'의 방향으로" 전개시키는 독창적인 사유이기도 하다.

본서는 다음과 같이 전개된다. 들뢰즈 전기의 주저 『차이와 반복』에서 선험적·비경험적 시간으로 제시된 '세 번째 시간'은(1장) 『의미의 논리』에서 '아이온의 시간'으로 변용되고 '반-효과화'라는 주제와 맞물려 '순간으로서의 영원'으로 해석된다(2장). 이것이 후기의 『시네마』에 이르러 이미지화('시간-이미지') 가능한 시간으로 (3장), 가타리와의 공저 『안티오이디푸스』 및 『철학이란 무엇인가?』에서는 무한한 부감俯瞰으로 파악되면서(4장) 각각 시각예술과 '역사'의 관점에서 논의된다. 들뢰즈가 직접 다루지 않은 역사성의 문제는 벤야민과 푸코의 논의로써 더욱 천착되는데, 특히 "들뢰즈의 논의로 착각할 정도의 용어가 여기저기 등장하는" 벤야민을 매개로 한 접속이 시도된 점은 눈여겨볼 만하다(5장). 벤야민을 관류하는 바로크성은 레비스트로스의 논의로 이어지면서 행위성의 문제가 제기되기도 한다(6장). 그리고 두 편의 보론에서는 들뢰즈 철학에서의 방법론적 역설과 전회라는 측면에서 본서의 기조가 보완된다.

이처럼 일관된 논지는 들뢰즈 철학의 '내삽'과 '외삽'을 동시에 구성함으로써 그의 시간론을 20세기의 자연철학으로서 위치지을 뿐만 아니라 글로벌 자본주의와 테크놀로지의 문제를 포함한 21세기의 사유로 열어섖히는 데 성공했다는 것은 비단 역자만의 평가는 아닐 것이다. 참고로 본서는 출간 이듬해(저자의 교수 임용 15년 후)에 오사카대학 박사학위 논문으로 제출되어 호평을 받고 통과되었다 (일본의 들뢰즈 철학 및 생명론의 중진 고이즈미 요시유키小泉義之도 심사 위원으로 참여했다).

본서의 저자 히가키 다쓰야는 일본 사상계의 중진으로, 프랑스 현대 사상과 생명론을 구사하며 교토학파 이후의 일본 철학에도 매진하는 희유한 인물이다. 본서에서도 니시다 기타로의 '영원의 지금'을 논의의 주춧돌로 삼고 기무라 빈을 언급했듯이, 『니시다 기타로의 생명철학』(2005 · 2011)과 『일본 철학 원론 서설』(2015) 등의 저작을 내며 20세기를 동서로 횡단하고 있다. 본서를 통해 그의 사상이 작은 울림이라도 일으키기를 기대해 본다. 몇 해 전 이맘때, 삼청동에서 북창동까지 함께 걸으며 이야기를 나눴던 기억이 새롭다.

2021년 2월
옮긴이 이규원

찾아보기